# 中国地方法治丛书

李 林 田 禾／主编

# 宁波经验：
# 发展与稳定的平衡

EXPERIENCES FROM NINGBO:
BALANCING DEVELOPMENT AND STABILITY

田　禾／主　编
吕艳滨／副主编

社会科学文献出版社
SOCIAL SCIENCES ACADEMIC PRESS (CHINA)

# 代序　建设法治国家必须大力
# 加强地方法治建设

在中国，地方法治建设是国家整体法治建设的重要组成部分，是全面落实依法治国基本方略、建设社会主义法治国家的有效路径，是自下而上推进法治建设的重要切入点。在全面落实依法治国基本方略、加快建设社会主义法治国家，更加注重发挥法治在国家和社会治理中的重要作用的新形势下，应当高度重视当代中国法治建设的地方经验和实践意义。

## 一

自上而下提出要求、自下而上具体实施，是当代中国确立和实践依法治国基本方略、建设社会主义法治国家的一大特点，也是新时期中国政治体制改革和民主政治发展的一个基本规律。之所以要自上而下地提出要求、做出部署，主要是因为在当代中国，法治问题从来都是政治问题，法制改革和法治发展的问题，基本上都是政治体制改革和政治发展的问题，因此，法治国家建设和依法治国的任何重大举措，法制改革的任何重大动作，都具有政治意蕴或者政治体制改革的意义，必须由中央统一领导、统筹安排。而经济发展和经济体制问题，在许多领域、许多时候、许多地方，都可以先行先试地进行改革，甚至可以突破《宪法》和法律进行所谓"良性违宪、良性违法"式的改革。这或许就体现了邓小平先生一向奉行的"经济上要搞活，政治上要稳住"的基本原则。

之所以要自下而上地推进实施法治和依法治国基本方略，主要是因为十一届三中全会以来，中国的诸多改革基本上都是从地方和基层开始实践的，尤其是在法治和政治领域，中央要稳定、全国不能乱，因此在中央的明许和默许下，从某些地方和局部先行开始法治建设试验和政治改革探索，取得经验后再向全国推广，即使失败了也不会影响大局，因此自下而上地实施法制和政治体制改革，就成为中国民主法治建设"摸着石头过河"的一种经验和策略。

从一般的理论逻辑来看，一个国家真正成功有效的法制改革和政治发展，不仅应当自上而下地提出和部署，同时应当自上而下并且全国统一划一地实施和实践。由于法治和政治都属于上层建筑范畴，而在单一制国家法治和政治都需要统一划一，因此上层建筑和统一划一的问题通过上层建筑的改革和顶层设计来自上而下的解决，是最为便捷和最利于达成目标的；而经济发展主要属于经济基础范畴，经济的多样性有助于形成竞争，经济的差异性有利于产生活力，因此经济基础的问题通过经济基础自下而上的差别化的改革来解决，是最为符合国情也是最为有效的。如果法治建设、政治发展和经济改革同样套路，势必会造成经济改革与政法改革"一手硬、一手软"的局面。但从中国改革的实践逻辑来看，在依法治国基本方略没有"全面落实"的条件下，地方法治先行一步，在国家法治统一的大原则、大框架、大前提之下，从地方的实际出发，积极实践，勇于创新，探索地方层面法治的实现形式和发展路径，可以为中央和全国法治发展积累经验。事实上，良好的法治环境，已经成为一个地方核心竞争力的重要组成部分，这就是中国改革发展的现实状况，地方法治是推进法治国家建设的实践基础和内在动力。尽管在理论逻辑上"地方法治"和"地方法治建设"的概念在学术界还存有种种争论和异议，尽管实践中还存在某些地方保护主义的"地方法治建设"，甚至是违反法治原则的"地方法治建设"，但是中国的法治国情和法治实践已经并将继续证明，地方法治建设作为法治国家建设的有机组成部分，是中国法治发展中最积极、最活跃、最有生命力和实践性的要素，是中国依法治国和法治建设的基石和砖瓦，是建成社会主义法治国家不可逾越的发展阶段和不可或缺的实践形式。

在改革开放以来民主法治建设的实践过程中，尤其是执政党的十五大报告正式确立依法治国基本方略以后，1997年底全国普法办和司法部在河南郑州召开全国依法治省工作座谈会，大致形成了地方法治建设和依法治省的两种主要模式：一是河南模式，即党委领导，人大监督，政府实施，各方参与，依法治省办公室设在省司法厅的依法治省模式，当时全国多数省、自治区和直辖市实行此模式；二是广东模式，即党委领导，人大主导，政府配合，社会各界参与，依法治省办公室设在人大的依法治省模式，当时只有广东等少数省市实行此模式。

2002 年党的十六大以后，全国依法治省模式有所调整，大致有两种情况。一是有的省市实际上放弃了依法治省模式，如上海市强调加强"社会主义政治文明建设"，依法治市的任务、范围扩大到了政治领域，其领导和工作机构也发生了相应变化；北京市则把依法治市的领导机构由过去的"北京市依法治市领导小组"改为"北京市法制宣传教育领导小组"，负责人由过去市委主要领导人（副书记）担任组长改为由政法委书记担任组长，其工作任务和职责范围比过去反而变得窄小了。二是有些省市对依法治省的工作进行了调整，从原来的普法、依法治理转变为"法治 XX 建设"，更加突显了地方法治建设的主题和特色。例如一些地方出现的"法治浙江建设"、"法治江苏建设"、"法治广东建设"、"法治湖南建设"等，以及相应的"法治广州"、"法治昆明"、"法治无锡"、"法治南京"、"法治成都"、"法治杭州"、"法治余杭"等的地方建设。这些地方把依法治省（市、县）工作与民主政治和平安建设结合起来，与社会稳定及和谐社会建设结合起来，按照"三者有机统一"原则把党委领导法治工作与政权机关的民主法治建设统筹起来，在一定程度上实现了地方法治建设的工作思路和体制机制的改革创新。当然，许多省市仍然坚守着依法治省的河南模式或者广东模式。

党的十五大以来，依法治国在方式方法上有一些新内容、新变化。

一是按照现代法治的主要内容来划分，依法治国的方式方法主要涉及：执政党坚持依法执政，在宪法和法律范围内活动；立法机关坚持民主立法、科学立法，形成和不断完善中国特色社会主义法律体系；行政机关坚持依法行政，建设法治政府；国家审判机关坚持司法改革，建设公正、高效、权威的社会主义司法制度；国家法律监督机关推进体制机制改革，加强法律监督，保证法治的统一和权威；全体公民，尤其是公职人员和领导干部学法守法用法，依法办事；国家和社会加强法制宣传、法学研究、法学教育和法律服务，为依法治国提供应有的理论支持、人才条件和社会基础。

二是按照中国特色法治建设实践的作用领域、调整对象或者某些提法来划分，依法治国的方式方法主要有：（1）以行政区划为法治管理调整的对象，包括依法治国、依法治省、依法治市、依法治州、依法治县、依法治区、依法治镇（乡、街道）、依法治村、依法治港、依法治澳等等；（2）以国家政治生活中某些最重要的主体为法治管理调整的对象，包括依法治党、依法治军、依法治官

（依法治权、依法治腐）；（3）以某些特定机构（企事业单位）为法治管理调整的对象，包括依法治检（察院）、依法治院（法院、医院）、依法治部（委）、依法治局、依法治处（科）、依法治居、依法治企（厂）、依法治校、依法治馆、依法治园（幼儿园）等等；（4）以某些特定行业（领域）为法治管理调整的对象，包括依法治山、依法治税、依法治水、依法治路、依法治污（染）、依法治教、依法治林、依法治农（业）、依法治档（案）、依法治监（狱）、依法治火（防火）、依法治体（育）、依法治审（计）、依法治访（信访）、依法治统（计）、依法治考（试）、依法治矿、依法治库（水库）等等。此外，还包括地方和行业的依法治理，地方法治建设、区域法治建设等等。

当代中国地方法治建设的特点，主要是在中央与地方相比较的参照系中得到体现。在中央与地方的参照系中，地方法治建设属于区域 法治建设的范畴，全国法治建设与地方法治建设是整体与局部的关系、普遍与特殊的关系。当代中国地方法治建设是在全国政治法治统一、国体政体统一、经济社会统一、文化思想意识形态统一和中国共产党统一领导的前提下，是在一部《中华人民共和国宪法》、一个中国特色社会主义法律体系、统一司法制度、统一法律语言的前提下，开展地方法治建设的。统一性是中国法治建设的主要特点和基本要求，这是由中国《宪法》和基本政治制度决定的，也是开展地方法治建设的政治前提和法治要求，任何时候都不能忘记和脱离这个前提。

在中国宪法体制下，中央与地方既是政治关系，也是宪法法律关系，"中央和地方的国家机构职权的划分，遵循在中央的统一领导下，充分发挥地方的主动性、积极性的原则"。《宪法》规定表明，中央与地方两者之间存在着权力大小、位阶高低、管辖多少等不同的宪法法律关系。中国是单一制国家，中央领导地方，地方服从中央，中央与地方权限合理划分，同时要调动中央和地方两个积极性。地方法治建设必须维护中央法治的统一和权威，除法律允许的特殊情况外，任何时候任何条件下都不得违反或者抵触《宪法》和上位法的规定，都不得破坏社会主义法治的统一和宪法法律的尊严。

理解地方法治建设，必须强调指出的是，在任何时候都不能忘记地方法治建设的地方性、区域性、实验性和有限性的基本特征，不能忘记社会主义初级阶段城乡二元结构和城乡差别存在的中国国情，否则，地方法治建设中的改革探索就可能因为违法而触礁，因为越权而夭折。

# 二

　　国际上普遍认为，法治国家或法治社会建设必须具备三个基石。

　　第一，市场经济条件。国外政治学调查表明，"一个安全的民主'法治国家'，其国民生产总值必须达到人均6000美元以上，否则就不能维持国家的安全、预防危机。"这里需要指出的是，国外与中国的国情不同，国外法治建设对于经济条件的要求，并不意味着中国的法治国家建设、地方法治建设不能进行和成功，它只是表明法治的实现需要一定的经济基础，至于国民生产总值人均以多少美元为界，是个大课题。社会学的研究认为，在中国，GDP增速不能低于6%，否则会激化许多社会矛盾，从而有可能导致社会不稳定。另外，国际经验表明，当一个国家的人均GDP处于1000美元到3000美元的时期，可能进入社会"矛盾凸显时期"。因为经济社会不协调，各种经济社会矛盾不断显露出来，如果处理不当，矛盾激化，经济社会发展就会停滞不前，甚至引发社会动荡和倒退。因此，德国学者约瑟夫·夏辛和容敏德认为，要在发展中国家实行法治，首先需要改善经济。如果人民的生存都面临危机，关于宪政、法治等想法就只能退居第二位了。上个世纪90年代初，中国在建立社会主义市场经济体制过程中提出"市场经济是法治经济"，其本意就是要揭示市场经济与法治之间的内在联系，强调法治建设是市场经济发展的必要要求，实行法治是不以人们意志为转移的客观规律，从而通过市场经济呼唤法治、支持法治、推动法治发展。

　　第二，民主政治条件。历史经验证明，只有实行民主，法治才能保持稳定。一个法治国家的头等和最重要的大事，就是它的稳定和有效执政，看它能否独立地行使民主立法，以及是否或能否履行它的最重要的职能——保证安全、反对内外干扰。法治国家的成功有赖于几个普遍的条件，但必须考虑适应各国自己的社会、经济、文化等方面的形势。"法治国家"在国家的历史、文化、经济、社会的基础上蓬勃发展，与此同时，法治也逐步形成。列宁曾经指出："不实现民主，社会主义就不能实现，这包括两个意思：1）无产阶级如果不在民主斗争中为社会主义革命做好准备，它就不能实现这个革命；2）胜利了的社会主义如果不实现充分的民主，它就不能保持它所取得的胜利。"邓小平在对国际国内历史经验尤其是对"文化大革命"十年惨痛教训进行深刻总结后，提出了"没有民主就没有社会主义，就没有社会主义的现代化"的著名论断。他十分重视社会主义民主的制度化、法律化，明确指出"为了保障人民民主，必须加强社会主义法制。必须使民主制度化法律化，使这种制度和法律不因领导人的改变而改变，不因领导人的看法和注意力的改变而改变。"他还指出"一个国家的命运建立在一两个人的声望上面，是很不健康的，是很危险的。""还是要靠法制，搞法制靠得住些。"执政党提出的"十六字方针"，确立的依法治国基本思想，坚持党的领导、人民当家作主和依法治国有机统一，以及以人为本、全面协调可持续的科学发展观等，都是进行地方法治建设必须遵循的基本理论原则。

第三，法治文化条件（理性文化）。文化是指传统、语言和历史现象。法治文化是现代法治建设的土壤和根基。法文化的研究成果表明：没有法治文化条件，就不可能有真正的地方法治、法治社会和法治国家；有什么样的法治文化条件，基本上就有什么样的地方法治、法治社会和法治国家。法治文化条件，一是靠历史演进自然形成，但这个过程太漫长，并且充满变数，建设社会主义法治国家显然不能等待；二是靠多种形式的教育养成，因为只有而且必须是教育才能建立法治所需要的道德基础，教育培养可以缩短我们等待的时间，但也不是一蹴而就的。

根据以上标准和法治建设的内在规律，中国地方法治建设具有独特优势。同时，地方法治建设的优势和特点也是一柄双刃剑，它既可以为地方和区域率先实现法治化提供诸多资源和条件的支持，也可以给法治建设带来一些新的问题和障碍，如何扬长避短，正确规划和引导地方法治建设，是对各个地方领导能力和执政水平的极大考验。

大力加强地方法治建设，应当着力从以下几个方面展开。

第一，切实加强对地方法治建设的领导和支持。在中国，能否顺利完成由人治向法治的根本转变，实现全面落实依法治国基本方略、建成社会主义法治国家的战略目标，从中央到地方的各级领导人能否真正接受并率先遵守宪法法律，能否切实带头依法执政、依法立法、依法行政、公正司法和依法办事，是一个关键因素。因为中国的法制建设是在有几千年封建专制传统的历史背景下展开的，历史上缺少民主法治传统，因此法治建设在很大程度上必须凭借领导人的作用来推进和实现。法治国基本方略的确立本身即是中央最高领导人重视并且表态的产物，地方层面的法治建设也必须得到当地一把手的重视和支持，否则此项工作就难以启动和推进。正因为如此，前些年各省、市、自治区，各市、地、县、区在总结依法治理工作的经验时，几乎都把主要领导人是否重视依法治理工作，列为开展和推进该项工作成败的首要条件。领导人重视，依法治理工作就开展得好，依法治理工作中遇到的权威问题、规划问题、组织协调问题、经费问题、编制问题、公众参与问题等等，都容易得到解决。依法治国本来应当在民主基础上依靠法律和制度实施来落实，但是在中国的现实国情条件下，不得不靠领导人的意志和权威来推进。把依法治国的实效维系于各级领导人的思想重视和行为落实，这也许就是现阶段中国建设法治国家、建设地方法治的特征和现实需要之所在。在这个前提和背景下建设地方法治，一方面必须千方百计地争取领导人的高度重视、全力支持和率先垂范；另一方面必须千方百计地加强对地方法治建设的领导，健全领导机构，落实领导职责，完善检查监督机制。

各级领导干部、尤其是主要领导干部应当特别重视依法执政、依法行政和依法办事的能力培养和水平提高，这是我们党从革命党转变为执政党以后，对领导方式和执政方式转变提出的新要求，是社会主义法治时代对领导干部的政治意识、法治水平、管理能力、德行修养的新要求。在新的历史起点上领导社会主义现代化建设，执掌共和国各个层次和各个方面公共权力，各级领导干部不仅要敢于领导、善于领导，而且要学会科学领导、民主领导和依法领导，这是社会主义法治国家和地方法治建设的需要，更是加强党的建设、努力开创中国特色社会主义现代化建设新局面的需要。

第二，地方法治建设应当进一步厘清工作思路。地方法治建设应当从地方和区域双重角色的实际出发，尊重法治建设和地方治理的双重规律，求真务实，扎实推进。把国家法治建设的总体要求与地方治理的具体需要结合起来，把法制宣传教育与地方建设的实际情况结合起来，把地方法治建设与地方的工作大局——如维护稳定、促进和谐、发展经济、保障民生、反腐倡廉等结合起来，这样才能促进地方法治建设又好又快的发展。

地方法治建设要注重合法性、实效性、系统性和可推广性，切忌以违宪违法的方式来实现地方法治建设的目标，切忌以贴法治标签的方式来"建设"所谓的"法治地方"。地方法治建设应当有所为、有所不为，而不能包打天下。在推进地方法治建设过程中，既要防止法治虚无主义，也要防止法治万能主义。应当承认法治是有局限性的，对于实现地方建设的现代化目标而言，法治不是万能的，但没有法治却是万万不能的。地方法治建设中所构建和实施的法治，应当有粗有细，正所谓"法网恢恢，疏而不漏"。法律对于社会而言，并不是越多越好，前者对于后者应当有一定比例关系，刑事法律和民事法律与社会之间也应当有一定比例关系。英国著名历史法学家亨利·梅因爵士的观点就做了最好的回答。梅因认为：一个国家文化的高低，看它的民法和刑法的比例就能知道。大凡半开化的国家，民法少而刑法多，进化的国家，民法多而刑法少。地方法治建设的法律措施不在多，而在精、在实，在于管用，这些措施要从地方的实际情况出发，具有本地方的特色和可操作性。

第三，地方法治建设应当采取科学适当的方法。地方法治建设应当立足本省市的实际，深入调查研究，全面了解法治国情，切实摸清法治省情、法治市情，同时学习借鉴国际和港澳台的地方法治建设的经验，科学论证和设计地方法治建设的发展战略和规划方案，循序渐进地推进。各个地方应当制定科学合理、重点突出、简便易行、切实管用的地方法治建设指标体系，一方面用以落实地方法治建设的发展战略和规划方案，另一方面用以保障地方建设各项主要发展目标的实现。应当进一步加大地方法治建设的奖惩力度，赋予地方法治建设指标体系一定的拘束力和强制性，切实保证相关指标的落实。各个地方应当创新和深化法治宣传教育，探索中国特色社会主义的地方法治建设的道路和方法，探索和总结中国地方法治建设的基本规律和理论观念，探索和总结通过地方法治建设推进社会主义法治国家建设的实践经验和发展模式。

第四，地方法治建设应当协调推进。地方法治建设应当与本省市的大局和中心工作相结合，与学习实践科学发展观相结合，与实施"四位一体"战略相结合，与国家民主政治建设和全面落实依法治国基本方略相结合，与平安稳定和谐建设相结合。法治以其特有的方法（例如，公开性、明确性、可预测性、可诉性、规范性、强制性等），依照其基本规律（例如，相对保守和滞后，强调程序合法与实质合法，法律面前人人平等，尊重保障人权，依法独立行使职权等等），作用于地方建设。尤其应当注意的是，地方法治建设是一项法治系统工程，必须与本市的依法执政、民主立法（如果享有地方立法权的话）、依法行政、公正司法、法律监督、法律实施、法律服务、法学研究、法学教育、法制宣传等工作统筹进行，这些环节的任何一个方面出了问题，都会成为地方法治建设的"短板"，影响和制约地方法治建设的总体发展。

# 三

这套丛书是中国社会科学院法学研究所法治国情调研活动一系列重要成果的汇总之一。近年来，为了切实担当起党和国家思想库、智囊团的重要使命，中国社会科学院十分重视开展国情调研活动，希望学者们走出书斋、研究所和办公室，深入社会和基层，接触实践和实际，检验有关理论，发现重大问题，总结有益经验，用来自于社会、基层和实践的第一手知识武装自己的头脑，深化自己的认识，拓展自己的眼界，为党和国家决策提供更有价值的对策建议。

法学实质上是应用学科，法学发展的根基在于社会和实践，法学研究的灵感和源泉来自于社会生活。法学研究所高度重视法治实践情况的掌握，认真组织开展法治国情调研活动。为了加强法学实证调查研究，法学研究所打破传统的以主要法学学科分类设立研究室的做法，专门设置了跨法学学科的法治国情调研室。法治国情调研室成立以来，不仅每年卓有成效地编撰完成了在国内外产生重大影响的《中国法治发展报告》（法治蓝皮书），而且还到广东、浙江、江苏、山东、四川、海南等地方开展系列重大法治国情调研活动，如地方立法、行政执法、司法改革、法治指数、依法治理以及政府透明度、司法透明度、公职人员廉洁从政、行政审批改革、电视广告监管等，形成了许多很有分量的法治国情调研报告。在调研活动中，调研组创新研究方法，除了采用传统的文献分析、案例分析、座谈会、访谈等方法外，还根据调研的内容和目的，设计了多套科学严谨的调查问卷、指标体系。调研组每年都花费大量的时间，深入各地，向基层的群众和干部学习请教，观察他们的实际操作，感受他们的酸甜苦辣，聆听他们的心得体会，了解他们的所思所想……

读万卷书，行万里路。经过多年的坚持，调研组的收获远胜于"闭门读死书"。以往，这些学有专长被人尊为专家的学者，很容易沾沾自喜飘飘然。但是，深入基层和社会后，面对各种稀奇古怪的矛盾诉求和纷繁复杂的情况，这些满腹经纶的"专家学者"才发现"书到用时方觉少"，才感到自己知识的苍白和"法学的幼稚"。而基层干部群众在现行法律制度规定笼统、模糊、矛盾甚至空白的情况下，发挥能动性和创造性，创新出各种制度机制和具体做法，较好地贯彻了法律的精神，协调了各方的诉求，保障了民众的权益，其智慧着实令调研组成员叹服。几年下来，他们深切感受到，社会实践才是真正的老师，基层干部群众才是真正的专家，地方、基层和社会才是巨大的法治理论宝库，是思想和智慧的源泉。

中国法治发展做好顶层设计固然重要，但任何一项制度的创新和实施都需要发挥地方的积极性，都需要落实到具体的实践。党和国家的法律、政策不仅要出自中南海和人民大会堂，还需要深入于干部和群众，落实于地方和基层，实践于城市和乡村……否则就只能是徒具虚名的一纸空文。在此过程中，地方和基层不仅仅是简单的执行者、落实者，更是制度的实验者和创造者。社会生活和生产实践的发展，必然迸发对制度的需求。各地在自身发展过程中，为了解决面临的资源短缺、制度供给不足、法律规则空泛等问题，只能自力更生，发挥自己的聪明才智，在实践中不断摸索甚至试错，逐步磨合远方飘来的法律、政策和制度，并最终探索出适合本地发展的制度机制。经过地方实践检验证明是成功的那些制度机制，最终有可能被复制和推广到具有类似特点的其他区域，甚至最终上升为国家的制度。在中国，地域广阔、人口众多、地大物博等等，既是国人曾经引以为豪的国情事实，也是当下国家发展面临的一大难题。东西南北中、沿海与内地、农村与城市，甚至一个省内的不同地区之间，都存在巨大的差异，发展不平衡、不协调、不可持续的情况比比皆是。被认为放之四海而皆准的国家制度和法律规则，面对这些难题往往捉襟见肘，需要各地充分发挥自己的实践智慧和创造力。

近年来，调研组选取了不少重大的题目，做了深入的研究。冰雪凝冻灾害的政府应急管理，四川地震灾后重建中的法律问题，行政审批制度改革的地方实践，警务创新的法律问题，依法治省的广东模式，法治宁波的实践与创新，余杭法治发展的经验等等，既有涉及某一方面的专题性调研，也有面向某个地方的全面性研究。调研组在长期的法治国情调研过程中积累了丰富经验，取得了丰硕成果，其中一些成果已发表于《中国法治发展报告》（法治蓝皮书），产生了很好的效果。

法学研究所组织出版这套丛书，意在深度反映地方层面的法治国情，为总结交流地方法治发展的新经验、新实践、新成果提供另外一个平台。总结分析地方生动鲜活的法治实践，把好经验提炼出来并分享给其他地方，甚至推动上升为国家层面的制度规范，这是法学研究所作为党和国家在民主法治建设方面思想库、智囊团义不容辞的职责。通过法治国情调研，挖掘地方法治建设的创新经验，了解地方法治发展面临的制度瓶颈，反映地方法治实践遇到的困难障碍，既有助于推动地方法治发展，也有助于服务党和国家的相关决策，更为法学研究提供了源源不断的实践素材和思想源泉。因此，法学研究所很愿意承担这项工作。此套丛书是法学研究所在《中国法治发展报告》（法治蓝皮书）之外，为总结地方法治建设和地方法治创新发展，而专门开辟的一个新平台。今后，我们将继续依托《中国法治发展报告（法治蓝皮书）》，逐步总结经验，不断提高质量，努力创新内容，合理扩大规模，把《中国地方法治丛书》越编越好，为推进地方法治建设、服务地方科学发展作出新贡献。

# 目　录

第一章　宁波市法治发展概况 ························· 001

第一节　宁波市经济社会发展状况 ················· 001

第二节　各级党委坚持依法执政 ··················· 005

第三节　善用地方立法权为经济社会发展服务 ······· 013

第四节　民主法治有机结合推动政府法治建设 ······· 020

第五节　充分发挥基层民主参与的积极性和创造力 ··· 021

第六节　稳健推进司法改革 ······················· 023


第二章　宁波市法治政府建设 ······················· 029

第一节　法治政府的概念与建设目标 ··············· 029

第二节　完善重大行政决策机制 ··················· 031

第三节　加强行政规范性文件管理机制 ············· 037

第四节　深化行政审批制度改革 ··················· 044

第五节　规范行政处罚自由裁量权 ················· 053

第六节　创新行政复议制度 ······················· 057


第三章　宁波市推动政府透明的实践 ················· 063

第一节　政府透明概述 ··························· 063

第二节　宁波市推动政府透明建设的成效与经验 ····· 068


第四章　宁波市中小企业法治保障实践 ··············· 082

第一节　宁波市中小企业发展概述 ················· 082

第二节　宁波市推进中小企业诚信环境建设 ········· 087

第三节　宁波市对中小企业的积极外部扶持 ········· 107

**第五章　宁波市司法改革与创新**···········································111

　　第一节　司法改革概述················································111

　　第二节　推动司法公开················································116

　　第三节　审判、执行机制创新··········································127

　　第四节　强化司法审查提升行政水平····································137

　　第五节　司法主动服务经济、社会转型··································146

**第六章　宁波市法治环境建设**·············································153

　　第一节　法治环境概述················································153

　　第二节　普及法律知识，树立学法懂法观念································157

　　第三节　完善法律服务，增强守法用法意识································164

**第七章　宁波市法治建设的经验与展望**·····································172

**后记**·····································································183

# 第一章　宁波市法治发展概况

## 第一节　宁波市经济社会发展状况

宁波市简称"甬",地处中国海岸线中段,长江三角洲南翼,是中国首批沿海对外开放城市、计划单列市和副省级城市,也是一座具有深厚文化底蕴的历史文化名城。全市陆域总面积9816平方公里,其中市区面积为2461平方公里。

宁波市辖海曙、江东、江北、镇海、北仑、鄞州6个区,宁海、象山2个县,慈溪、余姚、奉化3个县级市,共有78个镇、11个乡、63个街道办事处、626个社区居民委员会和2569个村民委员会。全市户籍人口576万,流动人口460多万。

宁波是"海上丝绸之路"的始发地之一,唐宋以来一直是中国对外贸易的重要口岸。宁波港拥有1200余年历史,是一个集内河港、河口港和海港于一体的多功能、综合性的现代化深水大港,也是中国四大深水枢纽港之一,截至2011年底,已经发展成为年货物吞吐量超4亿吨的国际大港。宁波港现有万吨级以上泊位74座,集装箱航线228条,其中远洋干线124条,最高月航班1464班,与世界100多个国家和地区的600多个港口通航。依托港口优势,宁波市还设立了10个国家级开发开放功能区,形成了化工、电力、钢铁、造纸、修造船等临港产业群。

### 一　经济实力不断提升

近年来,宁波市经济一直保持着较好的发展态势。2006年以来,宁波市经济持续高速增长,除2009年外,均保持在10%以上。据《2011年宁波市国民经济和社会发展统计公报》,2011年,宁波市地区生产总值6010.48亿元,按常住人口计算人均生产总值为77983元,外贸自营进出口总额突破1000亿美元。另据《2012年宁波市政府工作报告》,2007年以来,宁波港港口货物吞吐量从3.1

亿吨增加到 4.3 亿吨，港口集装箱吞吐量从 706.8 万标箱增加到 1451.2 万标箱，分别居世界第 5 位和第 6 位。口岸进出口总额达到 2004.4 亿美元，"三位一体"港航物流服务体系初步建立。

据《2011 年宁波市国民经济和社会发展统计公报》，近年来，宁波市财政收入快速增长。2011 年，全市实现财政一般预算收入 1431.8 亿元，比上年增长 22.2%，增速同比提高 0.9 个百分点，其中地方财政一般预算收入完成 657.6 亿元，增长 23.8%，增速同比提高 1.1 个百分点。在地方税收中，营业税、增值税、企业所得税、个人所得税分别增长 5.4%、20.6%、34.6%、12.7%。

为了保持经济的可持续发展，宁波市积极推进经济发展方式的转变。宁波市实施了工业创业创新倍增计划和工业转型升级工程，新材料、新能源、节能环保、生命健康等战略性新兴产业发展迅猛。2008 年，宁波市政府出台《今后五年宁波市服务业跨越式发展行动纲要》，将外贸进出口及内贸、运输物流、金融服务、会展、休闲旅游等六大支柱产业和科技与信息、文化创意、中介、高端培训等四大主导产业确定为今后五年全市服务业发展的重点领域。经过多年努力，宁波市港口物流、金融服务、旅游会展、文化创意等现代服务业快速发展，第三产业增加值年均增长 12%，现代服务业增加值占第三产业比重达到 50.5%。2011 年，工业增加值年均增长 11.9%，达到 3004.8 亿元，跃居浙江省第一。同时，宁波市还启动了智慧城市建设，2010 年《中共宁波市委宁波市人民政府关于建设智慧城市的决定》（甬党〔2010〕14 号）提出，宁波智慧应用体系建设将突出三大主题，即经济转型升级、和谐社会建设和政府公共管理。2012 年，宁波市又提出，智慧城市建设将着力于四个方面：加强智慧基础设施建设和基础资源的整合共享、提高智慧应用水平、培育智慧产业、优化智慧城市发展环境。

## 二 社会事业同步发展

宁波市不但注重经济高速稳步发展，还注意社会事业的同步发展。以 2011 年为例，宁波市全年完成财政一般预算支出 1432 亿元，增长 22.2%，其中，教育、社会保障和就业、医疗卫生支出分别增长 31.8%、70.3%、28.9%。

教育是经济社会发展之本，宁波市一直高度重视教育事业发展。截至 2011 年末，全市共有各级各类学校 2068 所，在校学生 133.1 万人，教职工 9.8 万人，其中专任教师 7.5 万人；全日制民办中小学（幼儿园）1050 所，在校（园）生

29.3 万人，占全市全日制中小学（幼儿园）在校（园）生数的 31%。全市高等教育毛入学率达到 55%，比上年提高 5 个百分点；中等职业学校 57 所，在校生82783 人；学前三年幼儿纯入园率保持在 99% 以上，义务教育段入学率和巩固率分别保持在 100% 和 99.9% 以上，初中毕业生升入高中段的比例保持在 98% 以上。

立足于改革医疗卫生体制，公平分配医疗资源，全市医疗卫生事业也不断加快发展。宁波市 2011 年 7 月印发了《宁波市公立医院改革试点指导意见》，确定了公立医院改革的主要任务是强化区域卫生规划、改革公立医院管理体制、改革公立医院补偿机制、改革公立医院运行机制、健全公立医院监管机制、优先发展建设县级医院、加快数字化医院建设、形成多元化办医格局等八个方面。2011年 4 月，宁波市还下发了《宁波市数字化社区卫生服务中心建设实施方案》和《宁波市数字化社区卫生服务中心建设评估细则》，对基层医疗卫生机构的数字化建设进行全面指导和规范。近年来，城乡居民医疗卫生条件进一步改善。截至2011 年末，全市实有病床 2.7 万张，拥有专业卫生人员 5.3 万人，卫生技术人员4.6 万人，其中执业医师（含助理）1.8 万人，注册护士 1.6 万人。按户籍人口统计，每千人床位数、卫技人员数、执业医师（含助理）数和注册护士数分别达到 4.7 张、8.0 人、3.2 人和 2.8 人。以每千人床位数为例，2010 年全国的平均水平为每千人口医疗卫生机构床位 3.56 张①，宁波为每千人 4.7 张，高于全国的平均水平。宁波市社区卫生和农村卫生工作快速发展，至 2011 年末全市共设置社区卫生服务中心（卫生院）151 家，建成省级规范化社区卫生服务中心 126家，创建率达 83.44%，居浙江省全省首位。新型农村合作医疗制度进一步巩固，参合人数为 311.6 万，参合率达 97.59%，人均筹资水平从 2010 年的 344.5元增加到 2011 年的 396 元。

此外，全市社会形势稳定。针对影响人民群众生命财产安全的突出问题，宁波市近年来深入开展了打黑除恶专项斗争，加大对涉枪涉爆、"两抢一盗"、涉"黄赌毒"、醉酒驾驶等犯罪的惩治力度，开展了打击涉众型经济犯罪专项行动，严厉打击人民群众反映强烈的危害食品药品安全、破坏资源环境等犯罪行为，始终保持对违法犯罪行为的高压态势。2011 年还重点整治食品添加剂滥用行为，

---

① 参见 2011 年《中国统计年鉴》。

共组织检查药品生产和经销单位 3621 家，受理举报投诉 1340 件，立案 205 件，结案 182 件，有力地保障了群众食品安全。针对社会矛盾纠纷化解的难点问题，宁波市全面建立涉诉信访风险评估机制。2011 年全市共受理群众来信总量 4285 件，来访总量 31847 人次，比上年分别下降 47.3％ 和 8.6％，接待群众集体上访 17933 人次，比上年下降 6.6％，近几年信访办结率均保持在 95％ 以上。2011 年全市各类安全生产事故起数比上年下降 4.2％，死亡人数下降 3.9％，直接经济损失下降 9.1％（连续七年实现"负增长"）。

## 三　人民生活水平不断提高

经济社会发展的出发点和最终目标是改善人民生活水平。近年来，宁波市居民收入不断提升，就业成效明显，农民生活不断改善，城乡差距不断缩小，社保覆盖面继续扩大。

根据《2011 年宁波市国民经济和社会发展统计公报》，2011 年市区居民人均可支配收入 34058 元，比上年增长 12.9％，农村居民人均纯收入 16518 元，比上年增长 15.8％，城乡居民收入差距由 2010 年的 2.115：1 缩小为 2011 年的 2.062：1，而根据国家统计局的数据，2011 年全国城镇居民人均可支配收入与农村居民人均纯收入之比为 3.13：1。宁波市的城乡差距远远低于全国城乡的平均收入差距。

在就业方面，2011 年全市新增城镇就业岗位 14.8 万个，比上年增长 4.1％，6.2 万名城镇失业人员实现再就业，其中困难人员再就业 1.9 万人，组织农村劳动力培训 3.6 万人，年末城镇登记失业率为 3.44％，而全国的城镇登记失业率为 4.6％①，宁波的失业率远低于全国的平均水平。

2009 年，宁波市出台了《关于加强农村住房制度改革和住房集中改建用地管理的实施意见》，通过旧村改造、农村居民住房集中建设和宅基地置换城镇住房等途径，鼓励村民放弃宅基地申请或退宅还耕，进而促进农村居住点相对集中，村民向城镇集聚，提高农村建设用地利用效率。截至 2011 年底，宁波市农村住房改造取得新进展，完成投资 129.9 亿元，开工改造建设农村住房 7.8 万户，完工 4.8 万户，完成农房改造面积 653 万平方米。

---

① 参见温家宝在第十一届全国人民代表大会第五次会议上所作的政府工作报告。

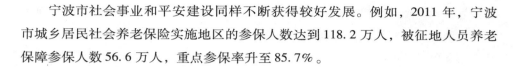

宁波市社会事业和平安建设同样不断获得较好发展。例如，2011 年，宁波市城乡居民社会养老保险实施地区的参保人数达到 118.2 万人，被征地人员养老保障参保人数 56.6 万人，重点参保率升至 85.7%。

### 四 依法治市为宁波经济社会发展提供良好的法治环境

宁波市经济社会的较好发展离不开党和国家的支持，离不开浙江省及周边省市持续健康发展的大环境，离不开宁波市党委、政府的领导，也离不开宁波市法治建设的推动与护航。从宁波市近年来经济社会发展和法治建设的情况看，经济社会发展为民主法治发展提供了必不可少的物质基础，民主法治也为宁波市的经济社会发展提供了良好的法治环境。

宁波市的社会经济发展呈现出新面貌并走在全国同类城市的前列，这与宁波市大力推行依法执政和依法行政分不开。2006 年 4 月 27 日，中国共产党宁波市第十届委员会第六次全体会议通过《中共宁波市委关于建设法治宁波的决定》，正式开启了"法治宁波"的建设历程。建设法治宁波是中共宁波市委落实中央关于社会主义经济建设、政治建设、文化建设、社会建设、生态文明建设"五位一体"总体布局的重大举措，是建设社会主义法治国家在宁波的具体实践，是对依法治市工作的进一步深化和发展。宁波市委为此专门设立了"建设'法治宁波'领导小组"及其办公室，负责组织领导、指导协调、督促检查等职能作用，建立健全了"法治宁波"的领导体制、工作机制和责任机制。宁波市还着力完善市、县（市）区、部门单位上下联动、相互配合、协同推进的工作机制，各县（市）区根据市里的部署和要求，结合本地实际，制定实施年度法治建设工作计划。领导小组成员单位发挥各自职能优势，明确任务，落实责任，认真抓好法治建设各项工作。"法治宁波"是一项全局性、战略性、长期性的系统工程，正是因为宁波全市各级党政部门和社会各方面齐抓共管、共同推进，才使宁波市的法治建设走在了全国前列。

## 第二节 各级党委坚持依法执政

法治建设是中国共产党科学执政、民主执政、依法执政的根本要求。依法治国是中国共产党领导人民治理国家的基本方略，党既领导人民制定宪法和法律，也领导人民实施宪法和法律，维护中国特色社会主义法治是坚持党的领导的重要体现。坚持中国共产党的领导是建设中国特色社会主义法治国家的根本保证，是社会主义民主的内在要求。只有坚持党的领导，才能不断推进和完善社会主义民主和法治。因此，在各地方实施法治建设的过程中必须加强，而不是削弱党委对法治建设的领导。宁波市在推进"法治宁波"建设的过程中十分注重加强党委的领导。

## 一　有序推进党内民主建设，健全权力监督体系

有序推进党内民主建设，健全权力监督体系是加强党委对法治建设领导必经之路。在中国，一个地方的法治建设是否成功，与当地党委的领导是否坚强有力有密切的关系。为此，宁波市健全了党委会议事规则和决策程序，完善了党委讨论决定重大问题和任用重要干部票决制，进一步落实了常委会向全委会定期报告工作并接受监督制度。与此同时，宁波市按照民主集中制原则，着力完善党的代表大会代表任期制，建立健全代表提案、例会、述职评议等制度，健全市、县（市）区两级党代表联络服务机构，全面推行乡镇党的代表大会常任制，在有条件的地方开展县（市）区党的代表大会常任制试点。宁波市还研究制定了基层党内民主建设的实施意见，积极推进基层党内民主建设示范工程，健全党内民主议事决策机制，推行党员首议制、提案制、票决制，拓宽了党员参与民主决策的途径。

党内民主建设和权力监督工作离不开党务公开制度的完善，为了提高党务透明度，宁波市在市级党委部门全面推行新闻发言人制度，扩大公开范围，规范公开程序，丰富公开形式，提高公开质量。宁波市还鼓励各县（市）区市区探索扩大基层党内民主多种实现形式，利用现代信息和通讯技术手段，拓宽党员沟通交流、意见表达的渠道。健全基层党员定期评议基层党组织领导班子成员制度，探索建立党员信访举报受理、查核和反馈机制。

为了规范权力运行，强化对"一把手"的监督，宁波市在全市推行主要领导"五个不直接分管"制度，即不直接分管财务、人事、行政审批、工程项目和物资采购工作。为了健全民主决策制度，宁波市制定出台了《中共宁波市委关于落实重大决策责任制的规定》，推行"一把手"末位发言和无记名投票等决策方式，避免"一把手"在决策时的暗示和引导性作用；建立决策失误责任追

究制度，防止"一把手"操纵决策和滥用权力。

完善用人机制是加强党的领导的重要内容。为了强化用人的监督机制，从制度上深化干部选拔任用监督工作，增强选人用人公信度，真正将党和民众信得过的人选拔到合适的领导岗位上，宁波市制定出台了《中共宁波市委关于规范市委及县（市）区委主要负责人用人行为的意见（试行）》、《宁波市县（市、区）委书记用人行为离任检查实施细则》，在干部任免方面宁波实行用人审计制度和用人评议制度。所谓"一把手"用人行为离任审计制度，就是指县（市）、区委书记离任时，市委组织部对其任期内贯彻执行《干部任用条例》和有关规定等九个方面的情况进行检查。该制度的基本思路源自领导干部经济责任审计，基本做法参照干部选拔任用工作监督检查办法，检查中涉及县（市）、区委书记用人权力的界定、责任区分等一些敏感问题，是扩大民主途径的一种监督方法。检查主要采取听汇报、问卷调查、个别谈话、查阅资料、专项调查等步骤。为了拓宽权力监控渠道，宁波市积极开展党内询问和质询工作，注重巡视监督和对部门领导班子的专门监督，全面实行市直纪检监察派驻（出）机构统一管理，建立健全派驻机构的联系机制、协作机制和考核机制。此外，宁波市出台了《关于深化干部人事制度改革的实施意见》（以下简称《实施意见》），在建立健全科学化的选人用人机制方面迈出了更大的步伐，《实施意见》主要就如下方面作出了规定：规范干部任用提名制度，探索重要岗位空缺预告制度，充分发挥全委会成员在干部选拔任用中的作用；完善领导干部考核评价机制，制定领导班子和领导干部综合考核评价实施细则，研究提出领导干部"德"的考核评价办法；重视从基层一线选拔干部，开展从优秀村（社区）干部中公开选拔乡镇（街道）领导干部工作，完善市级机关从县（市）区、乡镇两级遴选干部办法；加大竞争性选拔干部力度，开展市和县（市）区联合公开选拔领导干部工作，积极探索公推竞职等多种竞争性选拔方式，扩大乡镇党委领导班子成员公推直选试点，加大机关、高校、企事业单位等基层党组织领导班子直接选举推行力度；全面落实规范党委（党组）及主要负责人用人行为制度，健全完善干部工作公开评议和用人行为离任检查制度，探索建立干部选拔任用工作责任追究制度；建立健全干部人事工作社会评价机制，用好组织工作满意度民意调查结果。上述制度在保证党对法治建设的领导和推动方面发挥了重要的作用，使宁波市的法治建设迈上了一个新台阶。

## 二 深化公职人员惩防体系建设

公职人员行为规范与党的权威和形象直接相关，一些地区出现的公职人员腐败行为严重恶化了党群关系，为此，宁波市委提出，要按照"创新、实干、增效"的要求，加强反腐倡廉的制度建设和制度执行力建设，着力构建具有宁波特色的惩治和预防腐败体系。为了有针对性地反腐败，构建有效的反腐体系，宁波市对全市近五年来公职人员利益冲突问题进行了调查，发现 90% 以上的利益冲突发生在以下领域。

（1）工程建设领域。主要表现为在规划建设审批、工程招标投标、工程结算等环节，土地、规划、招标投标等部门公职人员非法收受贿赂、礼金，通过审批、许可、提高容积率、变更设计等方式，违规违法为相关企业或业主谋取利益。

（2）财政资金领域。主要表现为截留、挪用、挤占、虚报冒领财政资金；截留、隐瞒应上缴的财政收入；设立"小金库"等违反财经法律法规行为。

（3）国土规划领域。主要表现为利用职务便利非法批地、低价出让国有土地使用权、擅自改变用地性质获取非法利益以及滥用职权造成国家和集体重大损失；擅自变更规划、调整容积率获取非法利益；违规干预和插手土地、矿产开发利用获取非法利益等。

（4）教育、医疗等社会领域。教育领域的利益冲突问题主要表现为违规招生、买卖文凭、权学交易、钱学交易、乱收费、教育采购吃回扣等。医疗领域的利益冲突问题主要表现为暗吃回扣、哄抬药价、分节多收费、恶性竞争病人、收受或索要贿赂等。

（5）国有企业经营领域。主要表现为在一些国有企业的主管干部和管理人员，利用监管漏洞，大肆攫取公有资财；违规交易提取巨额"回扣"；低价处置公有资产为私人所有；与不法外商勾结侵吞国有企业资产等。

（6）执法、司法领域。主要表现为通过私自设卡，滥收滥罚，白吃白要白占；在税费减免及优惠等方面进行寻租活动；滥用手中权力，在案件审查、调查等活动中接受请吃、收受贿赂等。

针对现实中存在的问题，宁波市着力建设事前预防性制度和事中预警性制度。事前预防性制度重在规范公职人员的行为，防止出现利益冲突。《宁波市人民政府系统领导干部廉洁从政规定》、《宁波市市级领导干部廉洁自律守则》等一系列带有防止利益冲突内容的规定，为公职人员防止利益冲突打下了良好的基础。《宁波市人民政府系统领导干部廉洁从政规定》规定了十项制度：严禁在行使行政审批权和分配使用财政资金过程中搞权钱交易，为个人和小团体谋取利益；严禁利用职权违反规定干预和插手建设工程招标投标、经营性土地使用权出让、房地产开发与经营等市场经济活动；严禁收受与行使职权有关系的单位、个人的现金、有价证券和支付凭证；不准接受企业赠送的股份，不得接受可能影响公正执行公务的馈赠和宴请；严禁在配偶、子女、亲友及身边工作人员职务提升、工作调动、贷款、经商、工程招投标、公费出国（境）、案件查处、司法诉讼等方面，利用职务之便向有关方面打招呼疏通，不得在分管单位和部门安排亲属就业或任职，不准默许或授意配偶、子女及身边工作人员打着自己的旗号以权谋私；严禁用公款为个人建造、购买和装修住房，不得利用职权为本人和他人压价购房；严禁用公款出国出境旅游或变相旅游，不准用公款通过旅游渠道出国出境，不得进行无实质内容的出国考察、培训，不得为亲属出国旅游、探亲、定居和留学向国内外个人或组织索取资助；严禁用公款吃喝玩乐，不得进出与本人身份不符的高消费场所，参与低格调的娱乐活动，不准借婚丧喜庆、治病、出国等事宜敛财；严禁以各种名义经商办企业、在经济实体中投资入股或兼职兼薪，不得为亲属和身边工作人员经商办企业提供便利和优惠条件；严禁利用各种名义和方式到企业及下属单位索要钱、物，不得在企业和下属单位报销应由本人及其配偶、子女支付的个人费用；严禁搞沽名钓誉、劳民伤财的各种"形象工程"、"政绩工程"，不准超编制、超标准配备使用小汽车，不准在各类会议中赠送礼品和纪念品，不得向企业事业单位摊派会议经费。

在事中预警制度方面，宁波市制定了《廉情预警机制建设实施意见》和关于信息收集、信息分析、信息反馈、信息运用四个配套实施细则，全面推进廉情预警机制建设，如构建预警网络，加强廉情分析，制定廉情分级预警办法，根据单位或个人在廉洁和作风方面暴露出来问题的性质，以"红、黄、蓝"三色进行分级预警、分别处理等。

为了创新行政监察方式，规范行政电子监察工作，提高政府机关的行政效能和公共服务水平，促进行政权力公开透明、廉洁高效运行，宁波市政府于2011年12月2日审议通过了《宁波市行政电子监察管理办法》（以下简称《办法》）。

《办法》首次确定了电子监察的概念，将其界定为"行政监察机关运用现代电子信息技术对行政权力运行实施的监督、预警、评估及信息服务的活动"。电子监察是行政监察机关基于电子系统平台，针对行政权力的运行开展程序审查与形式审查的重要手段，其优势在于宏观预警与及时反馈，目的在于提高行政监察水平，促进行政权力的规范公正、透明高效运行。宁波市还拓展了电子监察的范围，如《办法》进一步明确，监察机关可以运用行政电子系统对行政许可、行政处罚、公共资源交易及政府重大投资建设、政务信息公开及信息共享、信访投诉处理以及电子监察系统能够监督到的其他行政行为进行监察。

与此同时，宁波市有针对性地突出工作重点，以市场监管、公共服务、社会管理等部门为重点推进行业构建，以行政审批、工程建设、土地出让、资金管理等领域为重点推进专项构建，提升体系建设的规范化水平。此外，宁波市还注意夯实基层基础，规范乡镇机关权力运行，制定村级集体资产、资金、资源管理措施，探索发挥村务监督委员会作用的有效途径和办法，强化国有企业重要经营领域和关键管理环节的监督，进一步加强高校、公用事业单位、新经济组织、新社会组织和城市社区的党风廉政建设。为了使这些制度行之有效，宁波市注意完善督查机制，制定项目管理工作方案、惩防体系绩效测评办法，做好惩防体系检查的考核工作。

## 三　推行党务公开，保障党内民主

党内民主是党的生命，党内公开是党内民主的重要内容，深入推进基层党务公开工作，是一项政治性、系统性和实践性很强的工作，对于发展党内民主、加强法治建设具有十分重要的意义。宁波市推进党务公开是一个不断深化和实践不断发展的过程，具有鲜明的与时俱进的特征，充分体现了党的十六届四中全会关于逐步推进党务公开的精神。

宁波市的党务公开是由乡村向城镇推进的。早在2000年，宁波市所属的宁海县就率先进行了党务公开试点。2001年11月，宁海县明港镇党委出台了《关于在行政村党支部推行党务公开的实施意见》，这是宁波市基层党组织制定出台的第一个党务公开规范性文件。2002年，慈溪市推行村级党务公开制度，首次将党务公开的形式分为固定公开、定期公开和随时公开三种。2004年，余姚、鄞州、奉化、象山等地全面推行村级党务公开。2005年，党务公开工作开始由村级公开向街道乡镇延伸，比较具有代表性的是慈溪市周巷镇和江东区百丈街道。2006 年，在总结各县（市）区党务公开的实践经验基础上，宁波市委出台了《宁波市基层党组织党务公开实施办法（试行）》，明确了乡镇、街道党（工）委党务公开的四个方面 14 项内容，农村、社区党组织党务公开四个方面 13 项内容，规定了党务公开的主要形式、时间、范围、主要程序等。各县（市）区以此为契机，相继出台了一些贯彻落实《实施办法（试行）》的规范性文件，使党务公开得到了全面推进。2010 年，宁波市委根据中央《关于党的基层组织实行党务公开的意见》的部署，着手研究制定贯彻落实办法。2011 年 4 月，《宁波市党的基层组织党务公开实施办法》出台，党务公开工作规范化、科学化水平得到了进一步提高。

10 多年来，宁波坚持以扩大和保障民主权利为出发点和落脚点，不断扩大党务公开的形式与内容，完善和规范党务公开的途径与方法，初步构建起了民主开放、公开透明、高效运作的党务公开运行机制。据宁波市委提供的数据，截至 2011 年 6 月 30 日，宁波市在全市 23707 个基层党组织中，有 21912 个按要求实行了党务公开，总体覆盖率达到 92.4%。其中，各级机关、学校、科研院所和乡镇、街道、行政村、城市社区、乡镇社区的党务公开覆盖率均为100%。

宁波市在推进党务公开过程中着力完善"公开"的制度和机制，推动党务公开由"无规可依"向"有章可循"转变。党务公开具有长期性、复杂性和艰巨性的特点，因此，持续推动党务公开，关键是加强制度建设，建立健全长效机制，确保党务公开的科学性与有效性。为此，宁波市采取了一系列有针对性的措施。首先，注重健全党内情况及时通报制度。党内情况及时通报制度是实行党务公开的重要途径和形式。宁波市要求各基层党组织制定完善党内情况通报制度，定期召开党代会、党务工作例会和党员大会，办好党建网站，及时公布党员群众关心的问题，广泛接受群众的监督。其次，完善重大决策咨询听证制度，保障大多数党员、群众的知情权、参与权、选择权和监督权，增强党组织决策的透明性、前瞻性和科学性。为了落实该制度，宁波市要求各级党组织要将涉及本地经济与社会发展、机构改革、与人民群众切身利益相关的重大决策及时适当地向党员、群众公开，使其更好地了解和参与党的事务，以党群互动促进党务公开，切实提高党组织决策的科学性和民主性。再次，宁波市还进一步完善党务公开的监督考核机制，建立健全定期的督促检查和奖励机制，将公开工作列入年度目标责任考核，通过不定期的走访调研、专题检查和年中年末两次集中检查，对照评价体系，实施量化考核，表彰先进、鞭策后进。最后，宁波市还着力建立党务公开的评估机制，运用前沿理论和科技手段，形成了一套能够从内容、程序、办法和效果等方面对党务公开实践作出科学评价的机制，便于党务公开工作成效评估，推动党务公开工作不断优化循环。

宁波市在推动党务公开过程中，注重突出重点，以保证党务公开的内容具体直观。宁波市委明确要求，凡是本地区、本单位党员、群众关注的重大事项和热点问题，只要不涉及党内秘密都应公开。近年来，宁波市重点公开了八个方面的内容：党组织决议决定及执行情况、党的思想建设情况、党的组织建设情况、领导班子建设情况、干部选拔和管理情况、党员联系和服务群众情况、党风廉政建设情况，以及根据党员群众要求认为有必要公开的或上级党组织要求公开的其他有关情况。宁波市委提出，党务公开的目的是增强党组织工作的透明度，使党员、群众更好地了解和参与监督党内事务，进一步扩大党员群众对党内事务的知情权、参与权、选择权和监督权，只有广大党员群众参与其中，才能实现这个目的。

宁波市各县（市）区也制定了较为详细具体的操作办法，把干部群众关心的热点作为公开的重点。有的突出公开党委的重大问题决策、重要干部任免、重大项目投资决策、大额资金使用等"三重一大"事项。例如，江东区要求各街道各部门党组织通过局域网公开本单位专项经费安排使用情况、公务接待开支情况、房屋出租、租金收缴情况、5000元以上的大额资金开支情况，学习、培训、差旅费开支情况等等，同时还将政府投资的重大项目信息在江东信息网、江东党政新闻网上予以公示。有的突出公开涉及群众切身利益的工作，例如，江北区结合所属社区便民服务中心建设，设立阳光党务公开栏，把党员民主评议、社区年度工作任务完成情况、社区为民办实事等情况作为公开的重点。有的基层党组织召开辖区党员大会，将本年度党建工作计划和活动安排向全体党员汇报，听取大家意见以及时修改，并时常督促工作的开展。例如，海曙区南门街道实行了公开承诺，街道的103个党组织，2000余名党员，向广大群众作出承诺一万余条，同时把群众反映的突出问题及整改情况和典型推荐情况向社会进行公示。一些街道、乡镇还推行"点题式"党务公开，例如，宁海县岔路镇的党员群众可以通过采取电话点题、电子邮件点题、信函点题、口头点题等方式"点题",街道、乡镇党(工)委有针对性地进行公开,并承诺"点题公开"内容为一般政策咨询、日常事务性工作的,及时予以答复,一般不超过5天;属重大事项,需提交党(工)委会讨论后决定,一般在15天内答复。

宁波市在推动党务公开过程中,注重强化监督,确保党务公开深入持久。一些县(市)区强化民主监督,积极建立基层党务公开监督员制度,如象山县18个镇乡(街道)、490个村和24个社区居委会共聘请了1326名党务公开监督员,对党务公开的内容、形式、时限等提出合理化建议。江北区聘请党代表、人大代表、基层党支部书记等相关人员担任街区"党风政风监督员",对监督党务公开的真实性、针对性、合法性、严肃性进行监督。强化党内监督,鼓励全体党员干部群众参与党务公开监督,还通过发放意见征求表、问卷调查、召开行风评议员会议等形式广泛征求意见建议,并对征求到的意见建议梳理归类,认真整改。有的县(市)区出台了《党务公开情况反馈制度》,对群众提出的意见建议进行认真研究并加以回复。例如,北仑区建立《村务决策"一事一议一签一公开"制度》,增强了村务工作的透明度,突出了党员群众的主体地位。鄞州区设置了村党组织《党务公开登记簿》,及时将公开的内容、时间、审核人逐项逐次登记,归档备查。宁海县建立了村级党务公开"答疑制",结合各行政村每年规定的民主理财日,村务监督委员对相关事项有疑虑而解答不满意的,有权要求提交村民代表大会讨论,这些做法进一步增强了党务公开的刚性约束。

在抓好乡镇(街道)、村(社区)、企业等基层党务公开的同时,宁波市还开展了县(市)区党务公开工作和权力公开透明运行试点,制定县(市)区党务公开工作实施方案,编制县(市)区党务公开目录和权力流程图,确定廉政风险点,完善权力运行监控机制,完善权力运行监控合同制,拓展党务公开渠道,全力推动"县权公开"。

## 第三节　善用地方立法权为经济社会发展服务

新中国地方政府立法权限的配置经历了一个逐步发展演进的过程。改革开放以来,中央与地方的关系变化主要表现为逐步打破中央高度集权制的中央与地方关系模式，包括逐步扩大地方的立法权限。① 经过近 30 多年的发展，地方政府的立法权限以及与其他上位法律规范之间的关系已经基本得到明确。

《宪法》、《立法法》、《地方各级人民代表大会和地方各级人民政府组织法》对各类立法主体的立法权限、立法的位阶和效力等作出了规定。按照上述规定，地方立法包括地方性法规和地方政府规章。前者的立法权限由省、自治区、直辖市的人民代表大会以及省、自治区的人民政府所在地的市和经国务院批准的较大的市的人民代表大会享有；后者的立法权限则相应地由省、自治区、直辖市的人民政府以及省、自治区的人民政府所在地的市和经国务院批准的较大的市的人民政府享有。为执行法律、行政法规的规定，需要根据本行政区域的实际情况作具体规定的，以及属于地方性事务需要制定地方性法规的事项，可以制定地方性法规；而地方政府规章也只能是由有权的地方政府"根据"法律、行政法规和本省、自治区、直辖市的地方性法规来进行创制，所能规定的事项只能是：为执行法律、行政法规、地方性法规的规定需要制定规章的事项；属于本行政区域的具体行政管理事项。当然，地方立法无疑应以本地经济社会发展为根本出发点，为改善民生服务。近年来，宁波市在推动"法治宁波"建设过程中，就十分重视用地方立法权推动本地经济社会发展。

## 一 提高地方立法计划的编制质量

宁波市把服务改革发展稳定大局和解决经济社会发展中的制度性深层次矛盾作为立足点，认真做好地方性法规和政府规章的立、改、废工作。立法计划的编制是关系到立法工作质量的重要环节。通过调研，宁波市人大发现，由于缺乏统一的制度，在立法计划的制定和实施中，还存在一些问题，诸如，立法建议项目的征集途径过于狭窄，征集方式单一；立法建议项目论证的主体、内容和方式不够明确，论证过程中存在随意性；部分立法计划制定项目缺乏充分调研和科学论证，匆促立项或随意增减，影响了立法的严肃性、科学性；有的部门和单位没有严格按照立法计划的要求如期完成调研和论证工作，影响了下一年度的立法工作等。为了做好立法计划的编制工作，宁波市第十二届人民代表大会常务委员会于

---

① 参见崔卓兰、赵静波《中央与地方立法权力关系的变迁》，《吉林大学社会科学学报》2007 年第 2 期。

2004 年 5 月制定了《宁波市人民代表大会常务委员会立法计划制定办法》，将立法计划制定工作细分为征集、论证立法建议项目和拟订、通过、调整立法计划等环节，分别加以规范。

　　以 2012 年宁波市立法计划的编制工作为例，宁波市人大常委会在制定 2012 年立法计划时提出，以邓小平理论和"三个代表"重要思想为指导，以科学发展观为统领，按照完善中国特色社会主义法律体系的总要求，在总结本届地方立法工作经验基础上，紧紧围绕宁波市"十二五"规划主线，紧紧围绕发展社会主义先进文化要求，将社会管理、民生保障和文化产业方面的立法作为立法重点。在制定新法规的同时，宁波市人大还强调要把修改完善已有法规摆在更加突出的位置，积极探索科学立法、民主立法的新思路新办法，更好地发挥市人大及其常委会的立法主导作用，为宁波市的经济社会发展提供更加有力的法制保障。根据立法计划制定地方法规规章的程序，宁波市人大常委会办公厅于 2011 年 8 月上旬向市级各有关部门和单位、各县（市）区人大常委会、政府，社会各界和市人大代表小组发出书面通知，征集 2012 年立法建议项目，共收到立法建议项目近 20 件。法工委将建议项目进行了汇总、整理，并分送各工委、市政府法制办进行初步论证，同时对 2011 年立法论证调研项目实施情况、市人大有关专门委员会对代表立法议案审议结果、本届人大常委会立法规划项目库的实施情况以及法规清理后续工作情况等进行了综合分析。围绕全市工作大局，本着急需先立、立改废并重和少而精的原则，法工委与各工委和市政府法制办、有关部门进行反复协商，提出 2012 年立法计划（征求意见稿），分送各部门、各县（市）区人大常委会和政府、市人大常委会委员和代表小组，并在《宁波日报》、"宁波人大信息网"刊登通告向全社会公开征求意见。期间，法工委会同有关工委对拟列入立法计划的四个制定或修改项目召开了立项论证会，进行必要性、合法性、可行性论证；通过市政府法制办向市政府征询对立法计划（草案）的意见，同时与省人大常委会立法计划进行衔接；法工委全体会议也对立法计划（草案）进行了研究讨论。

　　在上述工作基础上，宁波市人大常委会确定 2012 年立法计划由三部分组成，其中，制定和修改项目（共六件）为：（1）《宁波市出租汽车客运管理条例》（修订）；（2）《宁波市公共汽车客运条例》（修改）；（3）《宁波市市容环境卫生管理条例》（修订）；（4）《宁波市民办博物馆条例》；（5）《宁波市献血条例》

（修订）；（6）《宁波市宗教活动场所管理办法》（修改）。其中，《宁波市公共汽车客运条例》（修改）是因为公交行业管理部门的调整，管理职能由市城管局移交市交通运输委，需要及时修改相应条款。《宁波市市容环境卫生管理条例》（修订）是 2008 年立法论证调研项目。按照法规清理的要求，需要对相关行政强制方面的内容作适当修改。同时，随着宁波市城市化的进一步深入，《宁波市市容环境卫生管理条例》已不适应当前市容环境卫生管理工作新要求，有必要进行修改和完善。考虑到修改内容较多，采用的是修订方式。其他四个项目属于 2011 年立法论证或调研项目，已经宁波市常委会有关工委会同有关单位论证调研，具有立法的必要性和可行性。废止项目（共一件）为《宁波市外国企业常驻代表机构管理条例》。该《条例》制定于 1995 年，已不适应实际需要，其大部分内容已被 2011 年 3 月 1 日施行的《外国企业常驻代表机构登记管理条例》（国务院令 584 号）所涵盖，故需要废止。论证或调研项目（共六件）为：（1）《宁波市养老服务促进条例》；（2）《宁波市工资集体协商办法》；（3）《宁波市职业技能培训与考核条例》；（4）《宁波市企业安全生产标准化建设条例》；（5）《宁波市溪口雪窦山风景名胜区条例》；（6）《宁波市燃气管理条例》（修改）。这些项目将分别由宁波市人大常委会有关工委牵头，组织有关单位进行论证调研，并向主任会议提出论证或调研结果的报告，为常委会制定下一年度立法计划提供依据。

## 二　健全地方立法机制

立法机制运行良好是立法成功的保障之一。为了做好立法工作，充分吸取民意，落实立法科学化、民主化，宁波市坚持开门立法，市人大及其常委会对审议的地方法规，采取召集人大代表、各阶层人士和有关组织代表座谈会的形式，直接听取利益相关方对法规草案的意见，对一审后的法规草案，均采取全文登报、网上公告的方式，广泛征求社会公众的意见；市政府坚持政府网站全文刊登规章草案，并研制面向社会公众的立法草案意见征集系统软件，着力提高立法意见处理的效率。为了提高立法的科学性，宁波市坚持民主立法与专家咨询相结合，市政府组建了行政立法专家库，聘请 15 名省、市法律界专家和学者为专家库首批成员。宁波市在立法中还十分注重坚持地方性法规与政府规章协调立法，建立了立法工作联席会议、立法项目起草工作动态管理等有关工作制度。

在具体的立法活动中，宁波市人大及其常委会十分注重相关立法规定的落实，以《宁波市出租汽车客运管理条例》的修改为例，《宁波市出租汽车客运管理条例》于 1997 年 8 月 1 日经宁波市十届人大常委会第三十四次会议通过，1998 年 2 月正式实施，2003 年、2004 年分别作了修改。该条例的颁布实施对宁波市出租汽车行业稳定健康发展起到了积极的作用。但是，随着宁波市经济社会的快速发展，对出租汽车运行管理提出了新的要求。一是国家及省相关法律法规的相继颁行，需要对条例加以修改。二是原有的出租汽车管理模式需要根据行业发展要求，作进一步的完善，如营运权的配置、运力投放机制、市场准入和退出机制、营运权到期处置等问题，亟待通过修改条例予以进一步明确。三是宁波市人大代表也多次就《宁波市出租汽车客运管理条例》的修改提出议案。为了做好该条例的修改工作，宁波市人大财政经济委员会、市人大常委会财经工委提前介入《条例（修订草案）》的调研、修改和论证工作。2010 年 11 月，市交通运输委员会全面启动了《条例（修订草案）》的修改工作，听取了方方面面的意见和建议，作了较大幅度的修改、完善和规范。2012 年 5 月 30 日《条例（修订草案）》经市政府第四次常务会议讨论通过。与此同时，市人大财政经济委员会就《条例（修订草案）》又征求各县（市）区人大常委会和市有关部门的意见和建议。6 月 7 日，市人大财经委召开全体会议，对《条例（修订草案）》进行了初步审议。审议过程中，各方面提出了以下问题。（1）关于出租汽车管理及利益处理问题。出租汽车管理的好坏，事关城市的整体形象。当前，宁波市的出租汽车管理有时不够到位，服务质量尚不够高。因此，在规范管理，优质管理，提高出租汽车行业的整体形象方面，要有具体的措施和办法。出租汽车事关各方利益，处理不当，容易引发各种问题，因此，在条例的修改中，应当明确新老体制的过渡、利益各方的权责，确保平稳、顺利过渡。（2）关于出租汽车行业的属性定位问题。出租汽车行业的属性定位应该是公共交通的必要补充，首先要满足百姓的出行需要。但是，目前宁波市出租汽车投放数量偏少，使之变成稀缺资源，造成百姓打的难，出租汽车营运权证私下炒卖价格畸高等问题。因此，应当加大出租汽车的投放力度，保持供求的相对平衡。（3）关于营运权使用问题。《国务院办公厅关于进一步规范出租车行业管理有关问题的通知》（国办发〔2004〕81 号）规定：所有城市一律不得新出台出租汽车营运权有偿出让政策，已经实行出租汽车经营权有偿出让的，要进行全面的清理和规范。这个规定已经实施 8 年，宁波市逐步实行无偿使用的规定还没有明确的时间表，需要及早明确。
（4）关于营运权取得的问题。《条例（修订草案）》规定：客运出租汽车营运权除
通过服务质量招标、投标、依法转让等三种方式取得外，第四种"以其他公平、公
正的方式取得"的表述太过笼统，难以操作，最好能具体明了。（5）关于规模化、
公司化经营问题。《条例（修订草案）》规定，客运出租汽车营运权期满终止后，
原出租汽车个体经营者，经服务质量考评合格，按要求组建公司或由出租汽车公
司兼并的，可以取得客运出租汽车营运权。但这样规定可能会出现假公司真挂靠
现象，最好能有制约的措施。

　　宁波市人大财政经济委员会将上述意见汇总分析后，提出具体修正建议提交
市人大常委会，为市人大常委会的审议工作提供了有力的技术支撑。可以说，健
全的立法机制确保了地方立法的质量和针对性。

### 三　加强规范性文件备案审查

　　规范性文件备案审查是地方人大常委会的一项重要法定职权，是地方人大常
委会行使监督权的重要手段。为了做好这项工作，宁波市很早就制定了《宁波
市规章备案审查程序规定》（2001 年 9 月 26 日市十一届人大常委会第三十次会
议通过，2005 年 7 月 21 日市十二届人大常委会第五十三次主任会议修改）。根
据该规定，市人民政府规章应当在公布后的 30 日内由市人民政府报市人大常委
会备案，报送备案的文件包括备案报告、市人民政府令、规章文本、说明等，市
人民政府法制工作机构应当在每年一月底前将上一年度的规章目录（含公布时
间）报送市人大常委会法制工作委员会备查。为了加强对规章的监督，该规定
要求，市中级人民法院、市人民检察院和各县（市）区人大常委会认为规章超
越法定权限，限制或者剥夺公民、法人和其他组织的合法权利，或者增加公民、
法人和其他组织的义务的，同法律、法规规定相抵触的，或者有其他不适当的情
形的，可以向市人大常委会书面提出进行审查的要求，由市人大常委会法制工作
委员会报秘书长批请有关专门委员会进行审查。

　　此外，为了加强规范性文件的备案审查，宁波市政府还发布了《关于认真
贯彻落实〈浙江省行政规范性文件管理办法〉的通知》（甬政发〔2011〕24
号）。其中要求，行政规范性文件应当自发布之日起 15 日内，各级人民政府制定
的行政规范性文件，报上一级人民政府备案；县级以上人民政府依法设立的派出

机关制定的行政规范性文件，报设立派出机关的人民政府备案；县级以上人民政府所属工作部门、实行省以下垂直管理的部门以及法律、法规授权实施公共管理的组织制定的行政规范性文件，报本级人民政府和上一级行政主管部门备案。同时，制定机关应当适时组织对行政规范性文件的实施情况进行评估，经评估，行政规范性文件不应继续执行的，应当及时予以修改或者废止，避免行政规范性文件之间出现不协调、相互"打架"等现象，制定机关应当每隔两年组织清理本机关制定的行政规范性文件，清理后应当及时公布继续有效、废止和失效的行政规范性文件目录，并定期汇编本机关已公布和清理的行政规范性文件，未列入继续有效的文件目录的行政规范性文件，不得作为行政管理的依据。

以 2011 年的规范性文件备案审查工作为例，宁波市人大常委会当年共收到市政府报送备案的规章 8 件，其他规范性文件 59 件；共收到县（市）区人大常委会报送备案的规范性文件 11 件，其中江东区人大常委会报送 8 件，象山县人大常委会报送 2 件，镇海区人大常委会报送 1 件。宁波市人大常委会法工委将各有关专门委员会的审查意见、建议和自身主动审查中提出的初步意见进行了汇总分析，认为从法律审查角度来看，报送备案的规范性文件，基本上不存在与现行法律法规相抵触之处或者明显不适当的问题，但也发现个别规范性文件的有关规定与现行法律、法规的有关规定之间存在衔接不够严密的现象。例如《宁波市建筑垃圾管理办法》中第 14 条第 1 款列举的"申请建筑垃圾经营服务企业资格许可"的条件，与建设部根据《国务院对确需保留的行政审批项目设定行政许可的决定》（国务院令第 412 号）作出的《关于纳入国务院决定的十五项行政许可的条件的规定》中第 4 项"城市建筑垃圾处置核准"的条件，在表述上存在不一致之处，容易产生歧义，可能会影响国家有关规定的正确理解和实施。宁波市人大常委会法工委就此专门与市法制办进行了沟通，请制定机关对有关规定的合法性、必要性、可行性等问题进行解释，并就有关情况作出书面说明。

此外，宁波市人民政府法制工作办公室也依法对各县（市）区人民政府和市政府各部门、各直属单位报送市人民政府备案的规范性文件进行审查，并逐月公布备案后的行政规范性文件目录①。

---

① 见宁波市人民政府法制工作办公室网站，www. nbfz. gov. cn。

## 第四节 民主法治有机结合推动政府法治建设

### 一 加强权力制衡监督，防止利益冲突

推动政府法治建设的落实，关键是推进防止利益冲突的保障措施。在这方面，宁波市提出，不仅要解决有法可依的问题，还应明确执法主体和执法程序，设立配套的监督机构，完善规范落实的保障机制，增强规范的执行力和约束力。在权力设置上，应建立权力分解和制衡机制，最大限度地减少自由裁量权。在权力配置上，应进一步明确岗位职责，督促决策权、执行权、监督权适度分离和合理制约，形成既适当分工、相互制约又相互协调的权力结构。在权力的运行上，应明确规定各种权力的实施机关、实施条件、实施幅度、实施方式和实施程序，尽量减少权力运行的随意性。在权力的监督上，应有效整合党内、行政、司法以及人大、政协等权力监督机构的力量，积极探索建立以职业道德制约行政权力的机制，切实增强社会公众维护合法权利的意识，更好地发挥监督机构、社会、群众和舆论监督的作用，使多方位多层次的监督力量交叉，形成合力。在责任追究上，应强化权力监督部门工作责任，形成检查督促机制，督促监督工作的及时到位。应落实责任追究制度，对政府及各组成部门领导干部在执行党风廉政建设责任、民主决策责任、行政执法责任等方面的情况进行全面考察评价，加大问责力度，严格责任追究。应突出制度建设在防止利益冲突中的根本性作用，构建以法律法规为主干的制度体系，健全事前预防性制度、事中预警性制度和事后惩戒性制度，将限制党员领导干部本人行为、防止直接利益冲突与规范党员领导干部家属行为、防止间接利益冲突紧密结合起来，以从源头上预防和治理腐败。

### 二 努力提高政府透明度，营造良好的政府法治环境

在政府信息公开工作方面，宁波市建立了完善的领导体系和工作机制，形成了一套行之有效的制度，探索了多渠道的公开形式，公开了一大批事关人民群众切身利益的政府信息。市民不仅可以通过"中国宁波"政府门户网站政府信息公开专栏，或者在图书馆、机场、宾馆等公共场所查阅免费赠送的政府公报，还可以通过政府组织的新闻发布会来了解各种政府政策、法规公文、工作信息、财

政信息、人事信息、公共服务、办事指南等等。2011 年，围绕市委、市政府的中心工作和社会民生问题，宁波市政府组织实施了 52 场新闻发布会。宁波市新闻发言人制度扩大到市级 70 个部门和 11 个县（市）区，新闻发言人超过 100 人。多渠道的政府信息公开形式为公民获取政府信息提供了极大的便利。2011 年，全年共受理政府信息公开申请 839 件，内容主要涉及财政收支、公共预算、土地规划、房屋拆迁、城市规划、交通管理、工资福利待遇、劳动就业、行政审批事项等方面。

宁波市还加强重点领域的政府信息公开工作。比如，建立重大行政决策公开制度。规范重大行政决策的程序，完善相关的听证制度，把公众参与、专家论证作为重大行政决策的必经程序，作出重大决策前，广泛听取、充分吸收各方面的意见，意见采纳情况以及理由以适当形式反馈或公开，作出重大行政决策后，决策结果向社会公开。又比如，宁波市加大了财政预算信息公开力，宁波十三届人大六次会议财政经济委员会第一次会议决定，将 49 个市级政府部门预算在网上公开，以进一步加大公共财政的透明度。

公开透明的政府不但规范了政府管理活动，提升了依法行政及服务于经济社会发展的能力和水平，满足了公众生产生活中对信息的需求，也提升了政府公信力，又立体提升了当地发展的软环境。

# 第五节　充分发挥基层民主参与的积极性和创造力

## 一　积极实施基层党内民主示范工程

宁波市通过大力推行党员首议制、提案制、票决制，为基层民主的发展提供制度基础。宁波市专门成立了党代表联络服务机构，全面建立市和县（市）区党委部门新闻发言人制度，建立健全重要情况向党代表通报、重大决策征求党代表意见以及组织党代表调研视察、代表联系党员群众、参与民主推荐和评议干部等制度。2010 年出台的《关于构建城乡统筹基层党建新格局的意见（试行）》，提出在全市构建起城乡统筹基层党建工作体系，形成符合城乡统筹要求的基层党组织设置体系、基层党组织互帮互助体系、基层干部队伍管理体系、党员动态教育管理体系、基层党建工作支持保障体系、基层党建工作责任体系，并建成一批城乡统筹基层党建工作示范乡镇（街道）和重点区域。2010年，宁波市制定了《关于深化干部人事制度改革的实施意见》，出台有关规范干部德行考核、民主推荐、任用提名、差额选拔等办法，并于2010年6～7月开展了规范提名和差额选拔干部试点工作，得到了中组部和浙江省委领导的批示肯定。

宁波市提出，在社会主义民主政治建设上，要进一步规范党委与人大、政府、政协和其他国家机关的关系，支持人大及其常委会依法行使立法、监督、人事任免、决定重大事项等职权，把有利于推动科学发展的决策政策和成功经验，通过法定程序转化为全市人民的共同意志；支持各级政府依法行政，规范行政执法行为，加快建设法治政府；支持人民政协围绕团结和民主两大主题履行职能，推进政治协商、民主监督、参政议政的制度化、规范化、程序化；支持工会、共青团、妇联等人民团体依照法律和各自章程开展工作，参与社会管理和公共服务；推进决策科学化、民主化，增强决策透明度，从各个层次、各个领域扩大公民有序政治参与。

## 二 全面推行社区居委会直接选举

全面推行社区居委会直接选举在落实基层民主自治，提高基层民主参与积极性方面具有重要作用。2011年，宁波市圆满完成第八届社区居委会换届选举工作，在全部430个完成换届选举的社区中，实行直选的占76.7%，比第七届增加40%。宁波市委还要求各县（市）区所属乡镇利用第九届村委会换届选举工作，积极推进"一村一策"，帮扶整转"后进村"。经过积极努力，2012年宁波全市83.3%的"后进村"完成基本整转，村级组织换届准备工作基本完成。与此同时，宁波市还积极开展行政村规模调整后续完善工作，努力理顺村"两委会"关系，原来严重影响合并后新行政村内部融洽关系的"并村不并账、并村不并心"的状况得到有效改善。为了推进村级事务民主决策、民主管理、民主监督，宁波市鼓励各县（市）区根据本地实际情况，在市委文件所规定的原则和思路基础上，尝试创新措施。比如，象山县推行以村民"问事、议事、定事、办事、评事"为主要内容的"村民说事"做法；北仑区推行村级事务"一事、一议、一签、一公开"的"四个一"决策模式，这些做法都取得了较好的成效。

## 三 深入开展基层民主法治创建活动

党委和政府引导基层单位开展基层民主法治创建活动，逐步使法治的意识深入人心，使法治观念潜移默化地转化为人民群众的日常活动。宁波市在浙江省内率先开展创建"法治镇乡（街道）先进单位"活动，按照现有镇乡（街道）20%的比例范围，实行既有先进单位动态管理，仅 2009 年就有 31 个镇乡（街道）被评为创建先进单位。宁波市还在全国率先开展创建"民主法治示范村（社区）"活动，截至 2011 年，全市共有全国"民主法治示范村（社区）"7 个、省级"民主法治示范村（社区）"71 个、市级"民主法治示范村（社区）"148 个、四星级"民主法治示范村（社区）"400 个，县（市）区级以上"民主法治示范村（社区）"比率达到 84.6%。与此同时，宁波市开展第三轮现代化和谐社区建设群众满意度评估工作，顺利实现到 2010 年全市 90% 以上的社区成为群众满意的现代化和谐社区的目标。协调推进"和谐企业"与"诚信守法企业"两项创建活动，命名表彰首批 153 家市级"和谐企业"和"诚信守法企业"，全市约有 60% 的企业参与创建活动。

### 四　不断健全平安建设机制

平安需要法治的保障，也是法治发展的终极目标之一。近年来，宁波市大力推进乡镇（街道）综治工作中心和村（社区、企业）综治室规范化建设，截至 2012 年 6 月，全市已有超过一半的乡镇（街道）综治工作中心达到市级"示范综治工作中心"标准，较大村、社区和 300 人以上规模企业综治工作室建成率达到 100%。宁波市深入推进基层和谐促进工程，全市村、社区以及 200 人以上企业的和谐促进会建成率进一步提高；率先探索并全面推行基层"法制促进员"制度，从政法部门抽调 1395 名中层干部和业务骨干担任基层法制促进员，进驻 1416 个重点村（社区）及重点工程项目；进一步加强基层人民调解工作，全面推进行业性、专业性调解组织建设。

## 第六节　稳健推进司法改革

### 一　推行阳光司法

2011 年为贯彻落实最高人民法院《关于加强人民法院审判公开工作的若干意见》、《关于司法公开的六项规定》、《司法公开示范法院标准》和浙江省高级人民法院《浙江法院阳光司法实施标准》等文件精神，加快全市法院高标准推进阳光司法各项工作，宁波市中级人民法院发布了《宁波法院实施阳光司法工作方案》，提出全方位建立健全开放、透明、便民、信息化的阳光司法工作机制，树立司法公信力与司法权威，保障人民群众的知情权、参与权、表达权、监督权，为宁波市"十二五"规划的顺利实施及经济社会的全面发展提供强有力的司法保障。宁波市中级人民法院成立了阳光司法工作领导小组，由院长任组长，协调解决该项工作中的重大问题与困难，全面评估本院阳光司法工作的综合状况与实际效果，指导全市各基层法院提升阳光司法工作的整体水平。

## 二　全面建设廉洁司法风险防控机制

宁波市中级人民法院制定了《关于全面推进廉洁司法风险防控机制建设的实施办法（试行）》。在院党组的统一领导下，中级人民法院成立了院廉洁司法风险防控工作领导小组，负责建设工作的组织领导，由院党组书记、院长任组长，党组成员、纪检组组长任副组长，其他院领导为成员。《办法》要求法院的工作人员和各部门根据职权职责和工作实际，查找在思想道德及作风、履行职责、执行制度和外部环境等方面存在或潜在的廉洁司法风险点；单位重点查找在重大决策、重要人事任免、重大项目安排和大额度资金使用等方面的风险点。院领导小组办公室对查找出的风险归纳整理，结合信访举报、考核检查等渠道获得的信息，形成包括单位、院领导和内设部门三个层次的廉洁司法风险信息库，并根据情况变化，及时更新录入廉洁司法风险信息，实现动态管理。风险信息经院领导小组审定后，在一定范围内公示，接受监督。

廉洁司法风险根据大小、发生频率、危害程度和形成原因，从高到低依次划分为三个等级：一级风险为发生几率高，或者一旦发生可能造成严重后果，有可能触犯国家法律，构成犯罪的风险；二级风险为发生几率较高，或者一旦发生可能造成较重后果，有可能违反党纪政纪和相关法规，受到党纪政纪处分的风险；三级风险为发生几率较低，或者一旦发生可能造成不良的社会影响，但未达到党政纪处分程度的苗头性、倾向性问题。

廉洁司法风险信息主要通过下列渠道采集：（1）从审判流程管理、案件评查督查中发现问题；（2）从群众控告检举、廉政监督卡反馈内容及上级交办、转办信访件中发现问题；（3）从各部门报送的《廉洁司法风险预警信息报告表》

中发现问题；（4）从司法巡查、明察暗访、巡视督查及专项治理中发现问题；（5）从监察员参与对外委托评估、拍卖、鉴定，人事任免、选拔、招聘，基建工程、物资装备采购招投标等行为的监督中发现问题；（6）从干部考察、民主评议、述职述廉、干警个人重大事项报告中发现问题；（7）从定期与人大、政协及其廉政监督员、纪委、检察机关联系、会商、沟通中收集相关信息；（8）从定期开展社会问卷调查、座谈、电话访问、发征求意见函、走访有关乡镇（街道）、村（居）委以及企事业单位等方式中收集相关信息。

院领导小组办公室对采集到的廉洁司法风险信息进行整理、甄别、分析，一旦发现个人、部门及单位有发生廉洁司法风险可能的，及时发出预警警报。预警根据风险等级划分为"红、黄、蓝"三级。可能发生一级风险的为"红色"一级预警，可能发生二级风险的为"黄色"二级预警，可能发生三级风险的为"蓝色"三级预警。

宁波市法院系统将廉洁司法风险防控机制建设工作纳入党风廉政建设责任制考核和岗位目标管理考核范畴，由院领导小组对各部门落实廉洁司法风险防控机制建设情况进行考核、评估。考核主要包括下列内容：（1）对建设工作是否重视，组织领导是否健全，分工是否明确，责任是否到位；（2）风险点查找是否全面透彻，防控措施是否切实可行；（3）组织本部门干警开展廉洁司法风险防控教育学习活动是否经常，台账资料是否齐全；（4）对廉洁司法风险的监控、预防等措施是否落实到位，接到预警警报后是否立即进行预防和整改，干警遵守审判执行纪律和廉洁自律相关规定的情况如何；（5）是否注重研究和总结加强廉洁司法风险防控机制建设工作，结合实际不断修正廉洁司法风险点内容并有针对性地完善防范措施，是否将防控措施形成制度，创新建设工作；（6）是否及时报送本部门的《廉洁司法风险预警信息报告表》。院领导小组办公室分别通过查看台账资料、听取汇报、召开座谈会、组织民主测评、重大案件回访、廉洁司法座谈、明察暗访等形式对各部门廉洁司法风险防控机制建设工作开展检查或抽查，年中进行半年考评评估，年终进行年度综合考核评估，考核情况形成书面意见报院党组。廉洁司法风险防控机制建设工作考核结果分为优秀、良好、及格、不及格四个等次。考核结果作为落实党风廉政建设责任制、评优评先和干部选拔任用的重要依据。

### 三　健全联调、联处机制，化解社会矛盾

为妥善化解社会纠纷，充分贯彻调解优先的原则，实现案结事了，促进经济社会又好又快发展，根据相关法律、法规的规定，结合工作实际，宁波市中级人民法院和宁波市人民检察院联合发布了《关于民商事抗诉、申诉案件联合调处、调解的实施意见》（以下简称《实施意见》），实现了人民法院和人民检察院的相关人员共同协作、相互配合，做好案件当事人或者案外人的和解、撤诉、调解及协调处理工作。

《实施意见》明确规定，民商事抗诉、申诉案件的联合调处、调解实行自愿原则，但是，对下列民商事抗诉、申诉案件应当由人民法院和人民检察院联合调处、调解：（1）在本市辖区内有重大影响的案件；（2）疑难复杂案件；（3）涉及社会稳定的案件；（4）其他有必要联合调处、调解的案件。民商事抗诉、申诉的案件承办法官负责案件的联合调处、调解工作，必要时可由庭、处领导共同参加，还可视情况要求原审法官及受理民商事申诉案件的人民检察院承办检察官一并参与。调处、调解过程中，人民法院和人民检察院应当密切联系，协同司法，及时交流意见，统一司法尺度。调处、调解案件时，人民法院和人民检察院协调配合，做好申诉人和被申诉人及其他相关人员的工作，努力化解矛盾，提高调处、调解成功率。人民检察院调处的民商事申诉案件经联合调处达成和解协议的，人民检察院应当终止审查，制作结案决定书送达双方当事人及相关人民法院。人民法院审理的民商事抗诉案件经联合调处、调解，申诉人撤诉或当事人之间达成和解、调解协议的，人民法院应当制作民事裁定书或民事调解书，送达双方当事人并送人民检察院。《实施意见》还要求人民法院和人民检察院应经常性地就案件事实认定、证据采信、法律适用等方面问题进行交流沟通，及时了解民商事案件当事人及相关人员申请再审的动态，不断探索促使当事人和解或撤诉、息诉的经验与做法，以减少各类涉诉信访事件的发生。

为了避免案件久拖不决以及过分依赖联合调处、调解机制忽视常规的裁判、处理程序，《实施意见》明确规定，人民检察院调处的民商事申诉案件经联合调处后，难以达成和解协议的，应终结调处。由人民检察院及时予以处理。人民法院审理的民商事抗诉案件经联合调处、调解，未能达到申诉人申请撤诉或当事人之间达成和解、调解协议目的的，由人民法院及时作出判决，并应对当事人做好

析法明理、服判息诉工作。

从健全社会矛盾纠纷解决机制，推动行政调解与人民调解、司法调解相衔接的大调解联动机制实现各类调解主体的有效互动，形成调解工作合力的精神出发，宁波市的基层法院和检察院也根据本地情况，探索健全联调联处机制的实践。以宁波市江北区人民法院为例，该法院在调解工作中注重对于诉前调解的审查、引导、规范，强调诉前调解案件必须双方当事人均联系到场。对于是否启动诉前调解，首先由立案的法官对案件调解成功的可能性进行评估，对于明显不存在调解成功可能性的案件不启动诉前调解程序。对于被诉方当事人无法联系到场，材料无法送达的案件，法庭原则上不启动该项程序。法庭在开展调解工作时仍然十分重视当事人的意思自治。在收到诉状后充分对诉讼风险以及诉前调解的优势进行解释，征询当事人意见，并取得至少一方当事人同意后，法庭才启动调解程序。对于一些事实比较复杂、矛盾比较激烈或当事人之间存在特殊身份关系的案件，立案法官在审查评估后，会主动向当事人解释诉讼风险，诸如诉讼的成本、执行难度，可能给双方关系带来的裂痕，以及诉前调解带来的诉讼成本的节约等等，并适当引导当事人选择诉前调解程序。此外，对于确实不属于法院受案范围的纠纷，也不是简单一推了之，在对具体情况进行审查、分析后，也可根据当事人申请对纠纷双方进行诉前调解。

为进一步发展法院调解工作机制，宁波市的基层法院在总结经验和不足的基础上，积极探索诉讼与非诉讼对接机制。首先，加强对非诉讼调解工作机制的宣传。宁波市不少基层法院都面临案多人少的严峻形势，为提高办案效率，有的法院回避调解径行依照法律进行判决，结果不少案件出现了缠诉和"执行难"的问题。因此，宁波市注重加强对法院调解工作的宣传，促使各法院和各具体承办法官加大力度对案件进行调解，想方设法化解民众纠纷。其次，强化立案前调解的力量，以法院在编人员为主，结合外聘人员等，专门负责立案前调解工作。调解工作难度高、工作量大，为此，宁波市注重有意识地增强法院非诉讼调解的力量，并且对这部分人员进行调解技巧等方面的业务培训。另外，明确非诉讼调解协议的强制执行效力，以充分调动立案前调解的积极性和立案后委托调解与协助调解的积极性。最后，科学设置非诉讼调解工作机制，确保非诉讼调解工作的简便易行。在立案前调解上，宁波市注意确定调解案件的范围，把握调解的进度，控制调解的时间，采取灵活多样的调解方式，提高调解人员的道德素养。在立案后的调解上，尽可能减轻承办法官因调解而积累的工作量，尽可能扩大委托调解、协助调解的范围。

根据中央和浙江省委把宁波市列为全国、全省社会管理创新综合试点的工作要求，宁波市成立了市社会管理创新综合试点工作领导小组，全面启动综合试点工作，探索在法治的轨道上创新社会管理的路径。试点工作的主要内容是：创新和完善八大体系，即社会化公共服务保障体系、多元化社会矛盾调处体系、动态化社会治安防控体系、现代化新型城市管理体系、系统化综合信息管理体系、人性化的实有人口管理体系、法治化依法规范管理体系、集成化社会力量联动体系；抓好12个重点项目，即基层社会服务管理模式、社会管理综合信息系统、社会矛盾联合解决机制、外来务工人员服务管理体系、公共安全基层监管体系、重大事项信访维稳风险评估与预防化解保障制度、网络社会综合监管体系、县域社会治安动态防控体系、新经济组织管理服务机制、新社会组织培育管理机制、城市管理综合执法机制、社会公共服务平台；推进38项工作任务，即把"八大体系"进一步细化和分解，提出具体任务和落实措施。争取在2012年实现整体工作有进展、重点项目有突破、体制机制有创新、特色工作有亮点，在全市初步形成较为完善配套的符合民主法治要求的社会管理体系。

# 第二章　宁波市法治政府建设

## 第一节　法治政府的概念与建设目标

"法治政府"的概念源于西方，其本质要求是"一切行政活动只能在法律的规范和制约下进行，从而保证行政权力的运用符合法律所集中体现的意志和利益并防止行政权力的扩张和滥用，实现和保障公民、法人和其他组织的合法权益"。① 相较于西方的"法治政府"模式，中国特色社会主义法治政府建设就是在中国共产党依法执政领导下，以人民民主为根基，以法律为准绳，以权力制约为条件，以依法行政为核心的人民政府。②

20 世纪 80 年代以来，中国法治建设得到迅速的恢复和发展，有效保障了中国特色社会主义建设事业有序推进。1997 年，中共十五大报告正式提出"依法治国，建设社会主义法治国家"的治国方略。1999 年，九届全国人大二次会议将"依法治国，建设社会主义法治国家"写进《宪法》；同年，国务院出台《关于全面推进依法行政的决定》，首次以国务院文件形式明确提出"依法行政"的基本要求。2002 年，中共十六大将发展社会主义民主政治，建设社会主义政治文明，作为全面建设小康社会的重要目标之一，并且明确提出"加强对执法活动的监督，推进依法行政"。2004 年，国务院出台《全面推进依法行政实施纲要》，规定了未来十年全面推进依法行政的指导思想和具体目标、基本原则和要求、主要任务和措施，并首次提出建设"法治政府"的施政目标。2010 年，国务院出台《关于加强法治政府建设的意见》，进一步明确了当前和今后一个时期推进依法行政的重点任务。③

---

① 马凯：《加快建设中国特色社会主义法治政府》，《求是》2012 年第 1 期，第 8 页。
② 马凯：《加快建设中国特色社会主义法治政府》，《求是》2012 年第 1 期，第 9 页。
③ 秦佩华：《国务院法制办负责人就〈国务院关于加强法治政府建设的意见〉答记者问》，人民网，2010 年 11 月 9 日。

从建设目标来看，"法治政府"突出表现为有限政府、责任政府、透明政府以及服务政府。[①]

有限政府是指权力有限的政府。作为行政机关，其主要职能是执行法律，对社会进行管理。因此，政府要被授予履行其职能所必需的行政权力，否则就难以有效开展工作。但是，行政权力必须受到制约，否则就有可能侵害其管理对象的正当权益，从而对社会产生伤害。具体而言，有限政府"权力有限"突出表现为权力的范围和行使方式仅限于立法机关的授权。对此，国务院《全面推进依法行政实施纲要》明确指出，"行政机关实施行政管理，应当依照法律、法规、规章的规定进行；没有法律、法规、规章的规定，行政机关不得作出影响公民、法人和其他组织合法权益或者增加公民、法人和其他组织义务的决定。"

责任政府是指向国家立法机关和全体人民负责，积极回应并满足公众的各种合理诉求，其不负责任的各种行为将受到有效监督和制约的政府。国家权力基于人民授权而形成，因此必须对人民负责。政府作为行政权力的行使者，法律在授予其权力的同时规定了必须承担的相应责任。对此，国务院《全面推进依法行政实施纲要》明确指出，"行政机关依法履行经济、社会和文化事务管理职责，要由法律、法规赋予其相应的执法手段。行政机关违法或者不当行使职权，应当依法承担法律责任，实现权力和责任的统一。依法做到执法有保障、有权必有责、用权受监督、违法受追究、侵权须赔偿。"

透明政府是指行政权力的行使、行政管理的过程及结果都应公开透明。行政公开是现代行政法的基本要求，也是现代民主政治的必然要求。从透明政府建设来看，关键在于完善政府信息公开制度。对此，国务院《全面推进依法行政实施纲要》明确指出，"行政机关实施行政管理，除涉及国家秘密和依法受到保护的商业秘密、个人隐私的外，应当公开，注意听取公民、法人和其他组织的意见"。

服务政府是指以为人民服务为宗旨，并承担服务责任的政府。现代政府是基

---

① 参见杨海坤、章志远《中国行政法基本理论研究》，北京大学出版社，2004，第87～88页；马怀德：《法治政府特征及建设途径》，《国家行政学院学报》2008年第2期，第36～37页；张弩：《法治政府建设是政府自身建设的根本》，《国家行政学院学报》2009年第4期，第18页；王勇：《法治政府的内涵及其经济作用》，《唯实》2010年第10期，第62～63页；马凯：《加快建设中国特色社会主义法治政府》，《求是》2012年第1期，第9页。

于人民的委托而行使国家管理权，因此必须为人民的利益和幸福行使管理权。从服务政府建设来看，核心任务在于推动行政管理和社会服务的体制改革，从而能更高效、更便捷、更有针对性地满足人民群众的现实需要。对此，国务院《全面推进依法行政实施纲要》明确指出，"行政机关实施行政管理，应当遵守法定时限，积极履行法定职责，提高办事效率，提供优质服务，方便公民、法人和其他组织"。

2006 年出台的《中共宁波市委关于建设法治宁波的决定》要求"坚持依法行政，严格按照法定权限和程序行使职权，加快法治政府建设"，并提出到 2010年"建设法治政府的目标要求全面落实"，到 2020 年"基本实现经济、政治、文化和社会生活的法治化，使我市法治建设整体上走在全国全省前列"，从而为宁波法治政府建设指明了方向。

本章将重点分析宁波法治政府建设在有限政府和责任政府方面的探索与实践，其中包括完善重大行政决策机制、加强行政规范性文件管理机制、深化行政审批制度改革、规范行政处罚自由裁量权、创新行政复议制度等工作。有关透明政府和服务政府方面的改革与创新，本书将在后续章节进一步探讨。

## 第二节　完善重大行政决策机制

### 一　确立重大行政决策的法治目标

行政决策是指国家行政机关或行政人员发挥行政管理职能，作出处理国家公共事务的决定。[①] 《宁波市人民政府重大行政决策程序规定》（2011 年）规定，重大行政决策包括：编制全市国民经济和社会发展中长期规划、年度计划；市人民政府制定的城市总体规划，重要次区域规划；涉及现行财政扶持政策和办法的制定；与公共利益密切相关的重大政府投资项目和重大国有资产处置事项；政府定价或者指导定价的重要商品（服务）价格、公用事业收费的确定和调整；资源开发利用、环境保护、劳动就业、社会保障、住房保障、医疗卫生、食品药品安全、科技教育、城乡建设、交通管理、安全生产等方面的重大政策措施；制定

---

① 朱勤军主编《公共行政学》，上海教育出版社，2002，第 153 页。

行政管理体制改革的重大措施；需由市人民政府决策的其他重大事项。同时，《宁波市人民政府重大行政决策程序规定》规定，以下事项"不适用本规定"：政府规章的制定，地方性法规建议案的拟定；政府人事任免；政府内部事务管理措施的制定；突发事件的应急处理。

重大行政决策涉及事项直接关系到经济发展、社会稳定、人民幸福，因此必须予以高度重视。对此，国务院在《全面推进依法行政实施纲要》中明确提出建立"科学化、民主化、规范化的行政决策机制和制度"的总体要求。其中，科学化是指"行政决策主体要坚持实事求是、一切从实际出发原则，运用科学的理论、方法和手段进行决策，正确处理决策主体与决策客体的关系，使主观的决策活动符合客观事物的实际，最终解决行政管理的实际问题。"民主化是指"行政决策主体在决策过程中与社会公众保持密切联系，最大限度地让人民群众参与决策，使人民群众能通过各种有效的信息渠道，充分表达对各种行政决策选择方案的意见和建议，达到决策体制符合民愿、决策目标体现民情、决策方式考虑民力、决策过程尊重民意、决策结果顺应民心，最终实现最广大人民群众的根本利益。"[①] 规范化是指行政决策过程必须遵循正当合理的程序，从而为科学化和民主化决策提供可持续、可操作、可监督的制度保证。

国务院在《关于加强市县政府依法行政的决定》（2008 年）中进一步提出了重大行政决策的相关制度建设要求，其中包括：完善重大行政决策听取意见制度、推行重大行政决策听证制度、建立重大行政决策的合法性审查制度、坚持重大行政决策集体决定制度、建立重大行政决策实施情况后评价制度、建立行政决策责任追究制度等。国务院在《关于加强法治政府建设的意见》（2010 年）中再次重申"坚持依法科学民主决策"的要求，并对规范行政决策程序、完善行政决策风险评估机制、加强重大决策跟踪反馈和责任追究等制度建设提出了具体指导意见。基于国家要求和具体市情，宁波市在《中共宁波市委关于建设法治宁波的决定》（2006 年）中提出"规范政府决策行为，坚持公众参与、专家论证和政府决定相结合的政府决策机制，规定决策权限、决策程序和决策责任，完善行政决策跟踪反馈和责任追究制度"的法治建设目标。从近年来的实践看，宁波

---

① 彭程甸、罗依平：《行政决策民主化、科学化、法治化及其辩证关系》，《湖南财经高等专科学校学报》2002 年第 5 期，第 54～55 页。

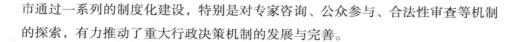

市通过一系列的制度化建设，特别是对专家咨询、公众参与、合法性审查等机制的探索，有力推动了重大行政决策机制的发展与完善。

## 二　建立重大行政决策专家咨询委员会

现代社会的专业化分工日趋细化，因此在涉及国计民生的重大行政决策过程中，政府部门有必要听取相关领域专家的意见和建议，提高行政决策的科学化水平，以避免出现不必要的技术性问题。为此，国务院在《关于加强法治政府建设的意见》中明确将"专家论证"列为重大决策的必经程序。《宁波市人民政府重大行政决策程序规定》（2011 年）中规定，"对重大、疑难、复杂和技术性强的决策草案，承办单位应当组织 3 名以上相关专家或者研究咨询机构，对决策草案进行必要性、可行性和科学性论证。专家或者研究咨询机构的论证意见应当作为决策的重要依据。"从而为重大行政决策的专家咨询工作提供了首要的程序保证。

基于专家咨询工作的规范化和常态化需要，宁波市于 2011 年设立宁波市人民政府咨询委员会。根据《宁波市人民政府咨询委员会工作规则》（2011 年）的规定，咨询委员会是"市委、市政府为推进决策过程的科学化、民主化而建立的决策咨询机构，是市委、市政府领导全市经济社会发展的参谋部和智囊团，是听取专家意见、吸纳民意的桥梁，是综合性、战略性和政策性的决策咨询服务平台"。其主要职能包括：对全市国民经济和社会发展战略、方针政策和重大问题进行咨询论证；对全市中长期规划和重要规划进行研究和咨询论证；对全市经济社会发展中带有前瞻性、全局性和涉民重大问题以及经济运行中出现的突出问题进行咨询研究；对政府投资的重大建设项目，根据委托进行咨询论证；市委、市政府交办的其他咨询研究和论证任务；指导县（市）区政府决策咨询机构相关业务工作，加强与市级其他研究部门和机构的沟通与联动。通过咨询委员会，宁波市在政府部门与专家学者之间成功构建了稳定、有序、便捷的交流平台，从而为重大行政决策的专家咨询工作提供了可靠的组织保障。作为宁波市政府设立的官方机构，咨询委员会的咨询研究课题经费和咨询委员会办公室的工作经费都纳入市政府财政预算，因此能有效保证专家咨询工作的可持续运作。

专家咨询委员会承担了大量的重大决策咨询工作，但由于咨询委员会的官方机构背景，在某种程度上影响了其社会公信力。根据《宁波市人民政府咨询委员会工作规则》，咨询委员会委员主要在市级部门退出领导岗位的干部和少量在职领导干部，部、省、市属大学和科研机构中具有较高知名度、较深专业造诣的学科带头人、专业研究人员，以及具备一定咨询研究能力的社会各界知名人士中遴选，并且经由市委批准，市政府聘任。但是，《宁波市人民政府咨询委员会工作规则》并未规定明确的遴选程序，仅原则性地规定了委员任职资格。这就使得咨询委员会的科学性、客观性和公正性可能受到公众的质疑，特别是在涉及公众切身利益的重大行政决策中，如果咨询委员会结论与公众预期不符，就有可能被视为政府的"应声虫"，难以得到公众的认可和支持。

从实践来看，如何增强咨询委员会的社会公信力，已成为有效发挥咨询委员会的平台功能，完善专家咨询机制的重要课题。为此，有必要进一步完善相应制度设计，特别是咨询委员会委员的遴选制度，以及咨询课题的独立研究制度，从而保证专家咨询工作坚持科学、客观、公正的工作原则和"知实情、讲真话、提建议、不干扰"的工作方针，切实做到从整体利益和人民群众根本利益出发，提出科学合理、切实可行的决策咨询意见。

## 三　健全重大行政决策的公众参与制度

重大行政决策事项与社会公众的切身利益密切相关，因此政府在决策前有必要听取和采纳公众意见和建议。这一方面有助于提高行政决策的正确性和可行性，另一方面有利于增强公众对行政决策的认可度和接受度，从而为行政决策的贯彻落实创造良好氛围。对此，国务院在《关于加强市县政府依法行政的决定》中明确提出，"市县政府及其部门要建立健全公众参与重大行政决策的规则和程序，完善行政决策信息和智力支持系统，增强行政决策透明度和公众参与度"，并规定"涉及重大公共利益和群众切身利益的决策事项"要进行听证。宁波市在重大行政决策的公众参与方面主要进行了三方面的制度设计：

其一是征求意见制度。《宁波市人民政府重大行政决策程序规定》规定，"除依法不得公开的事项外，决策承办单位应当通过政府网站、新闻媒体等方式向社会公布重大行政决策草案，广泛征求意见。"从实践效果来看，征求意见制度具有覆盖面广和传播速度快的优势，但其有效信息反馈性较差，通常情况下很难获得高质量的意见和建议，更多的是庞杂的政策咨询或无效信息。

其二是会议咨询制度。《宁波市人民政府重大行政决策程序规定》规定，

"决策草案公布后，决策承办单位还应当根据决策对社会和公众的影响范围、程度等，采用座谈会、协商会、咨询会等方式充分征求社会各界、党派团体和群众代表的意见。"从实践效果来看，会议咨询制度具有专业性和针对性较强的特点，有助于获得高质量的意见和建议，但其对抗性较弱，通常情况下很难在政府与公众观点分歧较明显的问题上进行深入辩论，难以在敏感问题上产生社会公信力。

其三是公众听证制度。《宁波市人民政府重大行政决策程序规定》规定，"重大行政决策有下列情形之一的，应当按照公开、公正、便民、效率的原则组织听证会：涉及重大公共利益和人民群众切身利益的；对全市经济、社会发展产生重大影响的；公众对决策草案有重大分歧的；法律、法规、规章规定应当听证的。"

从制度的总体设计来看，宁波重大行政决策的公众听证具有公开、公平、负责任的特点，有助于更好实现政府与公众的沟通交流，从而提高重大行政决策的科学性、民主性。其中，公开主要体现在听证程序方面，根据《宁波市人民政府重大行政决策程序规定》，"除涉及国家秘密、商业秘密和个人隐私外，听证会应当公开举行，听证会组织部门应当至少提前10日公布听证会的举行时间、地点、内容和听证代表的报名条件，接受公众报名"，并且"涉及听证事项的决策草案及其说明等相关材料应当至少在听证会举行前5日送达听证代表"，此外，"听证会应当设旁听席位，允许群众旁听和新闻媒体采访报道"。公平主要体现在代表遴选方面，根据《宁波市人民政府重大行政决策程序规定》，"听证会应当根据听证草案的内容和影响范围区分不同利益群体，并按比例确定相应听证代表名额，决策承办单位的现职公务员不得被选为听证代表。"负责任主要体现在听证结论方面，根据《宁波市人民政府重大行政决策程序规定》，"听证会应当制作听证笔录和听证报告。决策承办单位应当充分考虑、采纳听证代表的合理意见，不予采纳的应当说明理由。听证会形成的听证报告应当作为决策的重要依据，并向社会公告听证报告的决策采纳情况。"

从实践来看，宁波的公众听证工作成效明显，已成为重大行政决策科学化和民主化的重要制度保证。但从长期发展来看，现行公众听证制度面临的听证主持人的独立性问题、听证代表的遴选程序问题、听证报告的实际效力问题等，尚待进一步解决。否则，公众听证就有可能成为提供政府决策合法性的"过场"，从而丧失社会公信力，难以承担提高政府执政能力、推动民主法治建设、增进社会和谐的预期效能。

## 四 重大行政决策的合法性审查

行政机关的主要职能是执行法律，对社会进行公共行政管理。因此，政府要被授予履行其职能所必需的行政权力，否则就难以有效开展工作。但是，行政权力必须受到制约，否则就有可能侵害其管理对象的正当权益。恰如有学者所言，"任何事情都必须依法而行。将此原则适用于政府时，它要求每个政府当局必须能够证实自己所做的事是有法律授权的，几乎在一切场合这都意味着有议会立法的授权。否则，它们的行为就是侵权行为（例如征购某人的土地）或侵犯了他人的自由（例如不批准他人的建设计划）。"① 于是，事先对行政决策特别是重大行政决策进行合法性审查，也就成为法治政府建设的必然要求。

国务院《关于加强市县政府依法行政的决定》明确提出，"市县政府及其部门作出重大行政决策前要交由法制机构或者组织有关专家进行合法性审查，未经合法性审查或者经审查不合法的，不得作出决策。"《宁波市人民政府重大行政决策程序规定》规定，"决策承办单位应当对拟提交市人民政府集体审议的决策草案进行合法性初步审查，并向市法制办提交初步审查意见、法律依据及相关说明等材料，由市法制办完成合法性审查。"

从合法性审查的主体来看，政府法制机构是承担具体工作的实施机构。《宁波市人民政府法制办公室主要职责内设机构和人员编制规定》（2011年）明确规定，市政府法制办职责调整，"增加负责市政府重大行政决策合法性审查工作的职责"。此外，政府法律顾问也在重大行政决策的合法性审查中扮演重要角色。《宁波市人民政府关于加强政府法律顾问制度建设的意见》（2011年）以及《宁波市人民政府法律顾问工作规则》（2011年）都明确规定，政府法律顾问所承担的工作包括"对市政府拟订的重大行政决策草案提出合法性审查意见或者进行法律风险评估"。据统计，截至2011年底，宁波市各县（市）区政府均设立法律顾问团，80％的乡镇（街道）也都聘请了法律顾问，从而有力推进了行政决策的法治化进程。

---

① 〔英〕威廉·韦德：《行政法》，徐炳等译，中国大百科全书出版社，1997，第23页。

从合法性审查的内容来看，依据《宁波市人民政府重大行政决策程序规定》规定，主要包括三方面内容：其一是决策草案涉及事项是否符合法定权限；其二是决策草案的内容是否合法；其三是决策草案的起草过程是否符合规定程序。这就使得在合法性审查工作中，不仅要重视实体合法，也要关注程序合法，从而改变长期以来政府部门"重实体，轻程序"的不良倾向，有利于行政决策的规范化和制度化建设。

从合法性审查的时限来看，《宁波市人民政府重大行政决策程序规定》规定，"市法制办应当自收到送审材料之日起 10 个工作日内提出合法性审查意见。对特别重大、疑难、复杂的决策草案，可以适当延长审查时间，但延长期限不得超过 10 个工作日"，"对决策承办单位提交材料不齐的，市法制办可以要求补交相关材料，补交材料时间不计入合法性审查时间"。通过刚性的具体审查时限规定，有助于切实提高行政工作效率，避免政府部门间的"推诿扯皮"问题。

从实践来看，宁波市重大行政决策的合法性审查机制已基本成形，但是相关制度安排特别是决策承办单位、市政府法制办、政府法律顾问的工作承接与协调机制还有待进一步调整与磨合，从而确保合法性审查工作的顺畅有序。

## 第三节　加强行政规范性文件管理机制

### 一　行政规范性文件的法治建设目标

根据《浙江省行政规范性文件管理办法》（2010 年）的规定，行政规范性文件是指"除政府规章以外，行政机关依照法定权限和规定程序制定的，涉及不特定的公民、法人或者其他组织的权利义务，在一定时期内反复适用，在本行政区域内具有普遍约束力的各类行政文件"。

尽管行政规范性文件的效力层级较低，但其在行政管理领域却往往得到普遍适用，而且是行政主体作出具体行政行为的主要依据，因此对经济建设和社会生活具有广泛影响。《宁波市人民政府关于认真贯彻落实〈浙江省行政规范性文件管理办法〉的通知》（2011 年）指出，"行政规范性文件是各级行政机关贯彻执行法律、法规、规章、上级行政机关的决定和命令，依法履行各项行政管理职能的重要依据，其合法与否、质量高低，直接关系到政府机关的形象和人民群众的切身利益。"

长期以来，行政规范性文件在有效弥补法律法规的疏漏和缺位、从而实现对具体行政行为规范性指导的同时，也存在监管无序的问题，甚至影响到政府公信力和执行力。"缺乏规范性文件制定规划和计划，有的机关甚至根据某领导的一句话、一个批示、一次大会发言便'炮制'一个规范性文件；未作深入的调查研究，也不作充分论证；没有广泛征求意见、集体讨论，便草草出台规范性文件，缺乏制定规范性文件所必需的民主程序；个别行政机关没有落实规范性文件发布前的领导集体审议制度，导致一些部门行政执法时发生争议"。① 因此，加强行政规范性文件的管理机制建设，也是法治政府建设的重要课题。

国务院《全面推进依法行政实施纲要》（2004 年）提出，规范性文件应"符合宪法和法律规定的权限和程序，充分反映客观规律和最广大人民的根本利益，为社会主义物质文明、政治文明和精神文明协调发展提供制度保障。"国务院《关于加强市县政府依法行政的决定》（2008 年）和国务院《关于加强法治政府建设的意见》（2010 年）进一步提出了"建立健全规范性文件监督管理制度"尤其是完善行政规范性文件的起草制定、备案审查、定期清理等机制的具体要求。

《浙江省行政规范性文件管理办法》（2010 年）对行政规范性文件的制定与公布、备案与监督、评估与清理进行了制度化规范，并指出，行政规范性文件管理应当遵循以下原则：保证法律、法规的正确实施；维护社会主义法制统一和政令畅通；维护公民、法人和其他组织的合法权益；坚持公开、公众参与；坚持精简、效能和权责一致。

《宁波市人民政府关于加强规范性文件管理工作的意见》（2000 年）指出，依法制定规范性文件，是依法行政的重要内容和必然要求，并对行政规范性文件的编制、起草、论证、审议、发布、备案审查、清理、修改、废止提出了制度化意见，旨在"保证规范性文件的科学性、合法性和可行性"。《中共宁波市委关于建设法治宁波的决定》（2006 年）提出，"市、县两级政府及其部门制定的规章和规范性文件，由相应的法制机构牵头进行评估，并及时作出清理。坚持法治统一，严格按照法定权限和程序建章立制，防止地方性法规、规章与宪法、法律

---

① 占志刚：《行政规范性文件监控机制研究》，《行政与法》2005 年第 4 期，第 66~68 页。

相抵触，防止法规、规章、规范性文件之间相互矛盾，防止立法中的部门利益倾向。"

近年来，宁波市在结合政策要求和具体市情的基础上，通过探索和实践，初步构建起行之有效的行政规范性文件管理机制，并在制定与公布、备案与监督、评估与清理等制度建设方面取得明显成效。

## 二　行政规范性文件的制定与公布

作为政府具体行政行为的重要依据，行政规范性文件必须满足合法性、合理性、可操作性的基本要求，否则就会直接影响到法治政府建设成效。于是，加强源头治理、完善行政规范性文件制定程序也就成为政府法治建设的重要课题。从实践来看，宁波在完善行政规范性文件制定程序方面重点加强了调研论证、合法性审查、文件公布等环节的流程设计和制度建设。

### （一）调研论证

作为政府的抽象行政行为，行政规范性文件出台后会影响到社会公众利益，因此为保证文件起草质量和社会公信力，有必要进行广泛的调研和论证。《宁波市人民政府关于加强规范性文件管理工作的意见》（2000 年）提出，文件起草应"进行深入的调查研究，广泛征求各方面的意见。必要时，还应当召开论证会、听证会，听取有关专家、学者和行政管理相对人的意见"。从实践来看，宁波行政规范性文件的调研论证制度建设，主要有以下特点：

其一是调研论证具有广度和深度，不仅包括"要不要"的问题，而且涉及"好不好"的问题。《宁波市城市管理局（城市管理行政执法局）行政规范性文件管理办法》（2011 年）就规定，"起草部门应当对制定行政规范性文件的必要性和可行性进行论证，并对行政规范性文件所要解决的问题、拟确立的主要制度或者拟规定的主要措施等内容进行充分调研论证。"

其二是调研论证具有公开性，重视公众参与。《宁波市江东区行政规范性文件管理规定》（2012 年）规定，"除依法不得公开及应急性的事项外，行政规范性文件在起草过程中应当公开征求意见；涉及重大公共利益和群众切身利益的，应当采取座谈会、听证会等多种形式，广泛听取行政管理相对人和有关基层单位的意见；涉及区域经济社会发展的重大事项或者专业性较强的，应当事先组织专家进行必要性和可行性论证。"

其三是调研论证具有互动性，重视政府对公众意见的回应答复。《宁波市质量技术监督局行政规范性文件管理办法》（2011 年）规定，"起草部门对公民、法人和其他组织提出的意见和建议应当记录在案、研究处理，说明采纳意见情况；意见未采纳的，需说明理由。存在重大分歧意见的，起草部门应当进行协调。"

### （二）合法性审查

作为法治政府，行政规范性文件应在法律授权范围内作出，因此对行政规范性文件的合法性审查也就成为必然要求。《浙江省行政规范性文件管理办法》规定，"行政规范性文件草案应当由制定机关的法制机构进行合法性审查，未经合法性审查的，不得提请审议。"从实践来看，宁波行政规范性文件的合法性审查制度建设，主要有以下特点：

其一是通过政府法律顾问制度借助社会力量加强专业化建设。《象山县人民政府法律顾问团工作规则》（2006 年）规定，法律顾问团"参与县政府规范性文件草案咨询论证或起草工作"。《宁波市镇海区政府法律顾问团工作办法（试行）》（2008 年）规定，法律顾问团"受区政府委托，对区政府起草和拟发布的相关规范性文件从法律方面提出修改意见和建议"。《宁波市人民政府法律顾问工作规则》规定，政府法律顾问根据市政府的要求，"对市政府或市政府办公厅拟订的规范性文件草案进行合法性审查或者法律论证并提供法律意见和建议"。

其二是审查范围既包括合法性，也涉及合理性。宁波市质量技术监督局和城市管理局《行政规范性文件管理办法》都规定，合法性审查内容包括：是否超越本部门的法定职权；是否与法律、法规、规章和上级行政机关的决定、命令相抵触；具体规定是否适当；是否与相关的规范性文件协调、衔接；制定程序是否规范，是否公开征求意见，是否对不同意见进行协调处理；其他需审查的内容。

其三是审查时限具有刚性。由于合法性审查涉及合理性问题，因此审查难度较大，如不加以约束，很容易出现拖期现象。《宁波市城市管理局行政规范性文件管理办法》规定，"局政策法规处应当自收到送审材料之日起 10 个工作日内提出合法性审查意见"。《宁波市质量技术监督局行政规范性文件管理办法》规定，政策法规处应当在收到送审材料之日起 10 个工作日内提出审查意见，"需要进一步调查研究或者征求意见的，经分管局领导同意后可再延长 5 至 10 个工作日"。从而有效提升了行政工作效率。

### （三）规范性文件的公布

行政规范性文件必须为社会公众所了解，才能一方面规范公众行为，提高行政效率，一方面接受公众监督，制约行政权力。为此，国务院《关于加强市县政府依法行政的决定》要求，"对涉及公民、法人或者其他组织合法权益的规范性文件，要通过政府公报、政府网站、新闻媒体等向社会公布；未经公布的规范性文件，不得作为行政管理的依据。"

《宁波市人民政府关于认真贯彻落实〈浙江省行政规范性文件管理办法〉的通知》（2011 年）规定，行政规范性文件应当"及时通过各种新闻媒体公布和刊登全文，让社会公众充分知晓"。从实践来看，随着网络技术的发展，政府网站已成为行政规范性文件的重要公开方式。《宁波市质量技术监督局行政规范性文件管理办法》规定，行政规范性文件"可以通过局门户网站公布"。《宁波市江东区行政规范性文件管理规定》规定，行政规范性文件的公布方式和程序应"按照《政府信息公开条例》第 15 条至第 18 条规定执行"。①

## 三　行政规范性文件的备案与监督

通过对行政规范性文件备案审查工作的制度化建设，有助于增强政府部门的行政层级监督能力，从而切实推进法治政府建设。国务院《全面推进依法行政实施纲要》规定，"规范性文件应当依法报送备案"，并要求，政府法制机构对报送备案的规范性文件应依法严格审查，做到"有件必备、有备必审、有错必纠"。国务院《关于加强市县政府依法行政的决定》进一步要求，"市县政府发布规范性文件后，应当自发布之日起 15 日内报上一级政府备案；市县政府部门发布规范性文件后，应当自发布之日起 15 日内报本级政府备案。"

经过探索和实践，宁波市现已建立了行之有效的行政规范性文件备案审查机制，并将所有新出台的行政规范性文件全部纳入备案审查范围。2010 年，宁波市政府法制办公室和象山县政府法制办公室被确定为"浙江省行政规范性文件备案审查示范点"。2011 年，宁波市政府共受理县（市）区政府、市级部门备案规范性文件 289 件，其中准予备案 277 件，退回修改 4 件，无须备案 8 件。从制

---

① 《政府信息公开条例》第 15 条规定，"行政机关应当将主动公开的政府信息，通过政府公报、政府网站、新闻发布会以及报刊、广播、电视等便于公众知晓的方式公开。"

度设计来看，宁波市行政规范性文件备案审查工作在以下两方面颇具成效。

其一是在备案审查过程中不仅进行形式审查，而且重视实质审查。《宁波市江东区行政规范性文件管理规定》明确要求，区政府法制办应当对报备行政规范性文件的下列事项进行实质审查：制定机关是否适格，有无法定职权依据；有无违法设定行政许可、行政处罚、行政强制或者违法规定行政收费、减免税等事项；规定限制或者剥夺公民、法人和其他组织合法权利，或者增加公民、法人和其他组织义务的内容，有无法律、法规、规章依据；有无规定地区封锁、行业保护、行政垄断及与世贸规则相冲突等内容；有无自我授权或者规避法定职责义务，以及职权交叉、冲突的内容；有无与现行上位法相抵触的其他内容；行政规范性文件制定程序、施行日期是否符合规定。通过实质审查，有助于切实保证行政规范性文件的合法性、合理性和可操作性。

其二是在备案审查过程中重视网络技术的应用。《宁波市人民政府关于认真贯彻落实〈浙江省行政规范性文件管理办法〉的通知》着重提出，"从 2011 年 3 月 1 日起，各县（市）区政府、市政府各部门、各直属单位向市政府报备的行政规范性文件，可直接通过宁波政府法制信息网中的《宁波市行政执法责任制信息管理系统》，实行网上报备，无须提供纸质文本。"截至 2011 年底，宁波市已全面实现行政规范性文件的网上备案审查，从而有效提高了行政工作效率。

## 四　行政规范性文件的评估与清理

行政规范性文件具有制定周期短、处置灵活、针对性强的特点，因此在具体的行政工作中功效显著。但是，行政规范性文件的主要作用在于弥补法律法规疏漏和解决特定现实问题，因此随着法律法规完善或现实环境改变，需要对行政规范性文件进行适时评估和及时清理，否则不合时宜的行政规范性文件就可能从依法行政工作的助力变为阻力，甚至成为行政权力滥用的工具。国务院《全面推进依法行政实施纲要》提出，"规章、规范性文件施行后，制定机关、实施机关应当定期对其实施情况进行评估。实施机关应当将评估意见报告制定机关；制定机关要定期对规章、规范性文件进行清理。"《浙江省行政规范性文件管理办法》规定，制定机关应当"适时组织对行政规范性文件的实施情况进行评估"，及时修改或废止不应继续执行的行政规范性文件；应当"按照国家有关规定，每隔两年组织清理本机关制定的行政规范性文件"，修改或废止不符合法律、法规、规章规定，以及不适应经济社会发展要求的行政规范性文件。

从行政规范性文件的评估来看，宁波市具有相对规范的工作机制，实现了对评估机构、评估内容、评估方式、评估时限、评估报告等事项的常规化管理。近年来，如何规范和拓展评估方式，保证评估工作的客观、公正、准确，成为宁波市各级政府和职能部门的重要课题。《宁波市江东区行政规范性文件管理规定》规定，"有关执行机关应当通过检查、调研、座谈等方式对其负责执行的区政府行政规范性文件的实施效果进行评估"，从而对评估方式予以制度规范。宁波市人力资源和社会保障局在行政规范性文件的评估工作中，主要采用"网络调查、问卷调查、实地调研、召开座谈会或者论证会、专家咨询等多种方法"。① 《象山县行政规范性文件评估细则》规定，评估工作可以"采取公开收集公众意见，发放调查问卷，组织实地调查、座谈等方式进行"，同时指出，公众意见中应当包括"行政相对人代表、行业协会、政府法律顾问、人大代表、政协委员以及一般群众等各方面的意见"，并规定，"公民、法人和其他组织可以通过信函、电话、电子邮件等方式"提出对行政规范性文件的评估意见和建议，从而在制度上有力保证了在评估工作的公众参与，有助于提高评估结果的科学化和民主化。

从行政规范性文件的清理来看，宁波市近年来的全面清理工作成效显著。2010 年《宁波市人民政府办公厅关于开展行政规范性文件清理工作的通知》发布后，市政府即组织各县（市）区政府和政府各部门对规范性文件进行全面清理。据统计，清理市政府及办公厅规范性文件 345 件，废止 36 件，修改 18 件，继续有效 291 件；清理县（市）区政府和市、县（市）区政府有关部门以及乡镇政府（街道办）规范性文件 7864 件，废止 2273 件，宣布失效 554 件，已修改 6 件，拟修改 119 件，继续有效 4852 件。②

尽管清理行政规范性文件的工作效果明显，但清理工作具有明显的短期政策特征，难以满足可持续发展的需要，因此宁波市在行政规范性文件的清理工作中，始终重视对常规清理工作的制度化建设，特别是清理工作的组织机构建设。

---

① 《宁波市人社局认真落实行政规范性文件"八统一"管理制度》，宁波市人民政府网站，2012年 3 月 30 日。

② 《宁波市行政规范性文件的管理制度不断完善》，宁波市人民政府网站，2011 年 1 月 25 日。

《宁波市江东区行政规范性文件管理规定》规定，"以区政府及区政府办公室名义发布的行政规范性文件由区法制办负责组织清理"，其他制定机关的行政规范性文件清理工作，由制定机关法制机构组织实施。《宁波市质量技术监督局行政规范性文件管理办法》规定，政策法规处应"牵头组织对行政规范性文件的实施情况进行清理评估，各起草部门具体负责落实"。通过对相关机构职责的明确分工，有力保证了规范性文件清理工作的有序性，从而有助于清理机制的常态化和规范化建设。

## 第四节　深化行政审批制度改革

### 一　行政审批制度改革的法治建设要求

所谓"行政审批"，是指法定有权行政机关因行政相对方的申请，依据法律或政策，经审查，以要式行为方式准予其从事特定活动、认可其资格资质、确立其特定主体资格、特定身份或同意其从事某一特定活动的行为。[①] 长期以来，行政审批一直是政府调配社会资源的重要行政管理手段。但是，随着市场经济发展和社会结构变化，行政审批在制度设计方面的弊端逐渐显现，成为制约行政效率和服务质量的瓶颈，甚至成为权力寻租的途径。于是，行政审批制度改革成为各级政府的重要议事日程，也是推进有限政府、法治政府、服务型政府的重要内容。

1999 年，浙江省将宁波市列为行政审批制度改革试点城市，促成宁波市在行政审批制度改革工作方面的率先破题。据统计，从 1999 年到 2004 年，宁波市先后通过"减少审批、规范程序、加强监管、改善服务"和"转变政府职能、改革行政管理方式、规范审批行为、健全行政监督"为主要内容的两轮行政审批制度改革工作，将行政审批、核准事项从行政审批制度改革前的 1289 项减至 2004 年的 278 项，减幅高达 78.4%，取得显著成效。[②]

---

① 朱维究：《行政许可法的实施与行政审批改革》，《国家行政学院学报》2004 年第 3 期，第 28 页。

② 宁波市体改办：《改革行政方式，提升机关效能——宁波市进一步深化行政审批制度改革情况》，《浙江经济》2004 年第 22 期，第 63 页。

2001 年，国务院对全面推进行政审批制度改革作出部署，成立国务院行政审批制度改革工作领导小组，并在监察部设立了国务院行政审批制度改革工作领导小组办公室（以下简称"国务院行政审批制度改革办"）承担日常工作。行政审批制度改革开始从地方试点发展成为中央主导的全面改革。① 2004 年，国务院《全面推进依法行政实施纲要》要求"认真贯彻实施行政许可法，减少行政许可项目，规范行政许可行为，改革行政许可方式"。2010 年，国务院《关于加强法治政府建设的意见》要求"认真执行行政许可法，深化行政审批制度改革，进一步规范和减少行政审批，推进政府职能转变和管理方式创新"，从而进一步明确了行政审批制度改革的发展方向。

在这种精神的指导下，近年来，宁波市继续深化行政审批制度改革，相继开展了"行政机关内设机构审批职能归并改革"和"行政审批服务标准化建设"，从而在行政审批制度改革工作方面再次率先破题，有力地提升了政府部门的行政效率和服务质量。

## 二 行政机关内设机构审批职能归并改革

2007 年 9 月，宁波市委市政府出台《关于进一步深化行政审批制度改革，推进行政机关内设机构审批职能整合的意见》（以下简称《意见》），启动了行政机关内设机构行政审批职能归并改革工作，旨在"围绕建设服务型政府的总体要求，以行政机关内设机构行政审批职能归并为核心，以行政服务中心为操作平台实施配套改革，加快推进政府职能转变和管理创新，健全行政服务体制，提高行政效能，促进公共权力依法规范高效运行"。此次改革涉及县（市）、区政府部门 337 个、市级政府部门 43 个，职能调整覆盖到所有行政审批事项及相关人员。

从实践来看，宁波市行政机关内设机构行政审批职能归并改革的举措主要包括三方面内容。

**（一）调整行政机关内设机构职能配置，构建"批管分离"的内部工作机制**

长期以来，由于政府部门采取"批管一体"机制，从而引起"重审批、轻

---

① 徐增辉：《改革开放以来中国行政审批制度改革的回顾与展望》，《经济体制改革》2008 年第 3 期，第 12～14 页。

监管"、"重审批、轻服务"，甚至"以批代管"、"不批不管"的现象，严重影响行政效率和服务质量。因此，通过改革建立"批管分离"机制，实现"审批集中化"和"监管日常化"，也就成为行政审批制度改革工作的重点。以北仑区为例，《中共北仑区委、北仑区人民政府、开发区管委会关于深化行政审批制度改革实施行政机关内设机构审批职能整合的意见》（2008 年）明确要求，调整相关科室，设立行政审批科，代表本部门集中办理法定的行政审批事项。具体有两种做法，一是单独设立行政审批科。行政审批职能由二个或二个以上科室承担的部门，其内设机构及工作职能应进行分类、归并、调整，撤销一个原有科室，单独设立行政审批科。如工作性质特殊，撤销一个原有科室确有困难，可在合并原有科室的基础上（保留原有科室名称）单独设立行政审批科。二是挂牌。行政审批职能由一个科室承担或者行政审批量少的部门，如单设行政审批科确有困难，可在原有科室增挂行政审批科牌子。《意见》同时规定，行政审批科做好行政审批工作，相关业务科室将主要精力转向制定行政审批事项的规则、标准和批后监管，按流程建立审批和监管相互贯通、前后衔接的工作机制。

到 2009 年，宁波市行政审批及相关公共服务基本实现一个门进出，行政部门基本实现一个窗口对外。宁波市参与改革的 43 个部门都设立了行政审批处，其中独立设置的 11 个，相当于独立设置的 6 个，挂牌设置的 26 个。而且，38 个审批职能部门已按照"批管分离"要求，明确了每一审批事项的审批责任处（室）及运作方式、批后监管处（室）及执法监管制度、内部监督管理处（室）及监督措施，并分别制定了 228 项内部运作规范，合计近千万字。通过审批职能归并，宁波市本级 43 个行政审批部门承担行政审批职能的处室从 189 个减至 49 个；分管审批的负责人减至 47 个（未包括财政税务局、盐业管理局、民族宗教事务局等），减幅达 69.1%。多数部门实现了一个窗口受理，一个处室审批，一名领导分管，一枚公章办结，从而有效缩短了行政审批环节。例如，宁波市交通局的"临、跨、拦航道建筑物审批"事项在改革前是内部审核环节最多的事项，需要经过航道管理处、港口管理处、规划处、建管处等 4 个处室审核和 3 个分管领导的签署意见，至少要经过 8 个环节；改革后，仅需要经过港航审批科的受理和决定两个环节即可办妥，缩减了 3/4 的审批环节，显著提高了行政工作效率。

通过"批管分离"体制，各部门的日常工作重心得以从个案审批中超脱出来，从而能够将更多的人力和物力转入制定规则标准、强化日常执法监管，从而实现行政管理重心从"审批"到"日常执法监管"的真正转移。例如，宁波市质量技术监督局提出"清醒有为、科学监管"的方针，统筹市、县（市）区两级力量，致力于构建"五预"（预告、预析、预测、预警、预治）的产品质量安全大预防体系和"五查"（日常巡查、专项检查、质量抽查、实地核查、工作督查）的产品质量安全大监督体系，探索科学监管长效机制。通过加强日常执法监管，2010 年宁波市问题企业率和立案企业率实现双下降，其中问题企业率同比下降 37.5%，立案企业率同比下降 83.5%。再如，宁波市安全生产监督管理局于 2008 年 7 月基本完成行政审批制度改革工作后，执法监督检查能力得到有效提升。2009 年 4 月统计显示，宁波市安监系统监督检查各类生产经营单位62685 家、68405 次，占全省总数的 59%、37%。2009 年宁波市查出各类事故隐患同比减少 37.9%，重大事故隐患同比减少 50%。

### （二）进一步提升行政服务中心的整体功能

通过行政服务中心的建设，有助于改变传统行政模式，实现"以人为本"的行政服务转型，推进行政管理体制的创新和发展。但是，经过数年的探索与实践，"职能不到位"、"人员不到位"、"授权不到位"始终是困扰行政服务中心建设的瓶颈。因此，完善行政服务中心的整体功能，也就成为行政审批制度改革工作的重要内容。以北仑区为例，《中共北仑区委、北仑区人民政府、开发区管委会关于深化行政审批制度改革实施行政机关内设机构审批职能整合的意见》明确提出"行政审批科成建制移驻行政服务中心"，要求"各行政部门根据新设的行政审批科的职能情况，独立设置的，全体成员进驻区行政服务中心，挂牌的要保证有足够的力量和专业骨干进驻区行政服务中心"，并且规定，"行政部门尽可能向行政审批科授权，实现一个领导分管，一个窗口对外"。

到 2009 年，宁波市已基本实现"两集中、两到位"的要求，即一个行政机关的审批事项向一个处室集中，行政审批处向行政服务中心集中，进驻行政服务中心的审批事项和审批权限到位。从职能到位情况来看，宁波市 38 个部门的行政审批处进驻行政服务中心（分中心），其中 19 个行政审批处成建制进驻或达到成建制进驻效果，占审批职能部门总数的 44.2%；583 项行政审批事项进驻行政服务中心（分中心），占审批事项总数的 91.7%，其中行政许可事项进驻 388项，占 91.3%。从人员到位情况来看，119 名公务员与事业编制工作人员进驻行政服务中心，占行政服务中心工作人员总数的 74.8%，窗口直接受理行政审批申请的工作人员全部为公务员或有执法资格的事业编制工作人员，基本能胜任审批工作。从授权到位情况来看，先后刻制34枚专用于行政审批的行政公章，并由行政审批处及窗口保管。

### （三）创新行政审批工作的配套服务

作为行政管理体制改革的重要内容，行政审批制度改革"牵一发而动全身"，将涉及诸多方面的问题，需要多方面的制度创新。因此，"以优化流程、提高效能、强化监督为重点实行配套改革"，进一步完善"批管分离"机制配套服务，也就成为行政审批制度改革工作的重要课题。从宁波市的行政审批制度改革工作来看，主要包括以下方面。

针对行政审批职能归并改革后可能出现"从分散腐败到集中腐败"的问题，宁波市各部门竞相创新内部监督制约机制，多方聚焦集中监管，打破以往审批权力运作过程的暗箱操作、潜规则，有力保证行政审批的依法规范运作。比如，宁波市文化广电新闻出版局开展行政审批档案标准化，翔实记录行政审批的全过程，提高对行政审批责任的可追溯能力。宁波市人民防空办公室建立了行政审批结果复核制度，由业务处室对口抽样复核审批处已办理的审批件，从技术上保证了审批的正确和公正。宁波市规划局建立了行政审批案卷的检查复核制度，由法规监督处对审批材料的分类、归卷情况不定期抽查，核查审批决定的合法性、正确性和完整性。宁波市安全生产监督管理局建立了责任追究和绩效评估制度，对行政审批工作进行绩效评估，对不履行或者不正确履行职责、不作为、慢作为、乱作为以及多次明显工作失误的相关人员进行问责，给予相应的处罚。

针对审批职能归属与工作量增加的现实矛盾，宁波市食品药品监督管理局在坚持"权责一致、职能集中"的基础上，采取了由审批处根据业务需要牵头组织相关处室人员进行现场踏勘或会审的做法，将传统审批方式下的8名工作人员压缩到3人，从而显著减少了审批处所需的人力和物力。

针对重大复杂审批事项的办理机制问题，宁波市各部门探索并建构了分类处理机制。宁波市发展和改革委员会将全部事项划分为决策性事项与操作性事项，其中操作性事项由审批处直接办理，决策性事项由审批处受理，牵头组织相关处室或专家会商，综合各方意见后，由行政审批处提出意见报委领导决策。宁波市规划局将全部事项的办理程序划分为简易程序、一般程序、特殊程序，其中简易程序和一般程序由审批处直接办理，特殊程序遵循专门规程办理。

由于机构改革、职能归并等原因，有的行政机关出现了由多个许可主体组成的审批运作机制。对于这样的问题，不少部门积极采取措施对相关职能进行整合，提高行政审批效率和水平。如市交通局在职能归并改革中，针对下属的港航局、公路管理处、公路管理局等二级单位也是法律授权行政许可主体的特点，创造性地提出了在二级单位设行政审批科，接受交通局行政审批处业务管理，并整合设立市行政服务中心交通分中心，集中办理涉及交通行政审批事项的改革举措。市公安局则独立设置行政审批处，从二级单位抽调专业骨干承担全局的行政审批职能。

## 三 行政审批服务标准化建设

2010 年 5 月，宁波市出台《关于深化行政审批制度改革，推进行政审批服务标准化建设的实施意见》，启动了行政审批服务标准化建设工作，力求"在行政审批职能归并改革的基础上，充分发挥行政服务中心综合平台的集聚优势，大力推进行政审批服务标准化和联合审批运作机制建设，为经济社会发展营造一流的创业环境，提供优质的公共服务"，从而化解"行政审批领域政府内部条块隔阂，政策法规脱节，审批标准不够细化、条件互为前置等问题"。

宁波市行政审批服务标准化建设的初期目标是通过分步制定不同行业、不同区域的许可（准入）标准，逐步建立一整套基于一级政府权限内的基本建设、行业准入、技术改造和外资外商外贸等方面行政审批的一体化标准，同时建立联合审批会审会办工作机制，实现行政审批标准一体化、环节整体化、进度同步化、过程透明化。具体而言，主要包括以下内容。

### （一）编制单个事项的行政审批标准

宁波市《关于深化行政审批制度改革，推进行政审批服务标准化建设的实施意见》明确提出，市和县（市）区政府职能部门要依据法律、法规、规章和实施细则以及行业规定，重点梳理每一行政审批（包括行政许可、非行政许可审批、行政服务）事项的前置条件和具体要求，在此基础上进一步细化标准和流程，详细列明对不同的投资主体、投资规模、经营面积、兼营内容等情况下的不同条件和要求，以及申办人必须履行的义务，并按照统一的要求和格式以多种途径向社会公开。

到 2011 年底，市级 42 个有审批职能的部门在 2002 年编制的行政审批事项运作规范（即"一事一表"）基础上，编制完成了 564 个事项 1028 个子项（除不经常发生暂时冻结的事项外）共 14000 多页、20 卷本的单个事项行政审批标准。相较于原先的"一事一表"，单个事项行政审批标准在内容上增加了"适用的申请主体"、"规范表格文书的示例样本"、"援引的依据"、"国家行业标准"等栏目，细化了行政审批程序，明确了从申请到受理、审查、决定的每一步骤中审批部门和申请主体各自要办的事情，按照审批步骤细化了每一环节的办理时限，将资格条件区分为前置条件和必要条件并进一步细化明确；在服务功能上增加了"重要说明"、"注意事项"、"重要提示"、"申办中的常见错误"等警示性和提示性内容；并在正文和附录之间建立了方便索引查阅的功能。从功效来看，单个事项行政审批标准不仅是行政机关实施审批的规范，而且是公众办事的指南和监督管理机构进行监督检查的依据。

对政府而言，单个事项行政审批标准首先是使政府审批职能部门及其工作人员实施行政审批有了共同的行为准则，使市、县（市）区共有的 377 个行政审批事项有了一致的运作标准，实现了宁波市域范围内的相对统一；其次是取消了不符合法律法规、不符合市场规律的 55 个审批事项、497 条审批条件和 405 条申报材料，实现了合理合法的工作精简；再次是将依法开展行政审批工作的具体操作经验转化为人人能用的标准，使隐性经验显性化，从而打破了专业垄断，为窗口式服务提供了更好的条件；最后是细化量化了"相关"、"相适应"、"相符合"、"法律法规规定的其他条件"、"其他材料"等 766 项含糊要求，有效限制自由裁量空间，加强了对行政权力的制约与监管。

对公众而言，单个事项行政审批标准首先使公众拥有了与行政审批实施机关及其工作人员对等的信息或信息渠道，有助于改变以往行政审批工作"信息不对称"问题；其次使公众拥有了对审批实施机关及其工作人员的审批工作是否公正、公平、高效的评判标准，有助于增强社会监督力度；最后是清晰准确、详尽细致地描述获取证照批文的具体条件及其运作规范，有助于形成明确的政策预期，降低企业和群众的办事成本，改善创业投资环境。

**（二）编制联合审批标准**

宁波市《关于深化行政审批制度改革，推进行政审批服务标准化建设的实施意见》规定，将餐饮业、文化娱乐业、修理业、金属制品加工业、再生资源回收业、宾馆业、洗浴业等七类行业作为试点开展联合审批标准编制工作，并要求在联合审批标准编制过程中，要列明试点行业的区域规划标准、产业准入标准、城市管理标准、环保标准、消防标准、治安标准等内容，一次性告知行政相对人。

到 2011 年，宁波市试点行业联合审批标准的编制工作已基本完成，并发布实施了文化娱乐业的联合审批标准。作为联合审批标准的重要载体，《联合审批标准办理指南》主要包括指南概要、索引、正文和附录四部分。其中，指南概要既是指南的封面，也是指南的简化版，概要说明行业准入需要取得的证件和审批部门、简要办理流程、具有禁止性和对证照办理关系重大的条件、办理时限、办理地点、涉及审批部门的窗口及咨询联系方式等 11 项要素，有助于服务对象了解联合审批概况；索引既是整个指南的目录，也是指南制成网页后的导航链接；正文从申请条件和需要提交的材料、联合审批流程、申办所需表格样本和填写示例、注意事项、各环节办理时限、各环节申请人和审批部门的责任等 9 项要素，细致明确地说明各部门联合审批运作的全过程，有助于申请人按部就班地开展申办的准备工作；附录包含联合审批所涉及的法律法规摘要，以及获取证照批文条件相关的国家标准、产业政策、技术规范等文件。

从实践来看，对行政审批制度改革而言，编制联合审批标准的制度性创新主要表现在以下方面：

其一是变"多部门受理为一个窗口受理"，审批流程进一步优化。由行业主管部门窗口统一受理行业申请资料，形式审查后通过内部流转转给相关部门进行具体审核，并将多部门审核结果一次性告知申请人，从而使申办对象从多头办理环节真正转化成内部工作程序。

其二是变"多环节为一环节"，审批环节进一步精简。对于现场核验、竣工验收、开业前检查等需要现场勘查环节在行业主管部门牵头下进行联合踏勘。

其三是变"多表制为一表制"，申报材料进一步整合。例如，文化娱乐业联合审批标准将环保、消防、卫生、文广等多部门的申请表格整合为一张申请表，有效减少了申请人重复填写和提交申请资料。

其四是变"串联审批为同步审批"，审批时限进一步压缩。例如，文化娱乐业从各审批部门分头办理需要的 100 多个工作日压缩为 30 个工作日；一类机动车维修经营审批从各审批部门分头办理需要的 58 个工作日压缩为 30 个工作日。

**（三）构建联合审批运作机制**

宁波市《关于深化行政审批制度改革，推进行政审批服务标准化建设的实施意见》要求，凡依法涉及两个以上部门（单位）的行政审批事项，都要确定主办部门和协办部门，按照"一门受理、抄告相关、内部运作、限时办结"的原则，建立联合审批运作机制。

由于基本建设项目在所有行业许可（准入）中难度最大，而且备受政府领导和创业投资者关注，因此宁波市特别选择了基本建设项目作为突破口，旨在探索"审批标准一体化、环节整体化、进度同步化"的联合审批运作机制。2010年9月，宁波市出台《建立基本建设项目联合办理机制的实施意见》对联合审批运作机制建设进行了制度化设计。

其一是会商制度。由项目推进办公室的成员单位市发展和改革委员会、市规划局、市国土资源局、市建设委员会、市环境保护局和市行政审批管理办公室等部门参加，简称"5＋1"会商会议。主要对基本建设项目从产业政策、规划建设条件、用地政策、环境影响和宁波市经济社会发展需要等方面作出评价，定期分析项目审批推进情况和存在问题；为项目单位提供联合咨询，一次性说明产业政策、规划建设条件、用地政策、环境影响与能源消耗准入及收费等相关信息；综合分析项目的必要性和可行性问题。

其二是会审制度。由市发展和改革委员会、市规划局、市国土资源局、市环境保护局、市建设委员会、市公安局（消防、交警）、市城市管理局、市人民防空办公室、市节能办公室等与基本建设项目密切相关的部门和行业主管部门及相关单位（水、电、气等公用事业单位）进行会审，简称"9＋X"会审会议。主要对进入受理范围的基本建设项目进行具体审议，指导做好各项手续报批前的准备工作；对在办的基本建设项目，协调解决办理过程中出现的问题。

其三是分级协调制度。根据项目审批的难易程度，分别由项目推进办公室、项目所属行业的市政府分管领导、市政府主要领导（或委托常务副市长）三个层次协调。涉及项目审批的一般性问题由项目推进办公室协调解决；项目推进办公室难以协调解决的，提请项目所属行业的市政府分管领导协调解决；市政府分管领导难以协调解决的，提请市政府主要领导（或委托常务副市长）协调解决。

通过联合审批运作机制的构建与完善，提高了基本建设项目的审批工作效率。首先是适应了基本建设项目类别多、建设过程中不可预期情况多、项目审批前置条件多等客观现实，在遵循基本建设规律的原则下，灵活解决基本建设项目审批中出现的各种问题；其次是有利于推动基本建设项目涉及的相关部门之间、部门与项目单位之间的互动配合，进一步优化联合审批流程；最后是为项目单位咨询了解基本建设项目的有关法规政策和审批程序提供了畅通渠道和帮助，有助于降低项目单位办事成本和因不熟悉法规政策而造成的无谓损失。2011 年，宁波市先后组织 14 个基本建设项目的审批部门现场办公，对年内拟上马的重点工程项目进行现场会商会审，当场解决或解答了 70 个重点项目办理过程中的 160 多个问题，从而有效推进了基本建设项目的联合审批工作。

## 第五节　规范行政处罚自由裁量权

### 一　行政处罚自由裁量权的法治建设要求

行政处罚具有很强的惩戒性，因此在执法过程中必须审慎遵循"处罚法定"的首要原则，以避免和遏制行政权力的滥用及对行政相对人正当权益的损害。但是，社会环境复杂多变，法律法规的相关条文难以面面俱到地将所有情况都逐一穷尽，因此就有必要赋予行政处罚主体以一定的自由裁量权，使其能够在职权范围内，根据案情本身的事实、证据，依据法理和行政法律法规的原则、精神和立法目的作出合理、公平、正义的行政裁量决定。对此，《宁波市行政处罚自由裁量权行使规则》（2007 年）规定，行政处罚自由裁量权"是指各级行政处罚实施机关根据法律、法规、规章的规定，结合违法行为的事实、情节、社会危害性等因素，对当事人的行政违法行为在法律、法规、规章规定的处罚种类和幅度内进行裁量的权限"。

自由裁量权有助于提高行政处罚的效率和适应性，弥合法律法规与客观现实的缺口，但从实践来看，缺乏有效规制的行政处罚自由裁量权所导致的问题同样明显，尤其是自由裁量权的弹性特质会对法律法规的刚性原则产生弱化作用，甚至可能使行政处罚结果背离法律法规本意。于是，如何有效地规范行政处罚自由裁量权，使其能在提高行政效率的同时，确保公开、公平、公正原则，始终是行政部门亟待解决的重要课题。《宁波市人民政府办公厅关于开展规范行政处罚裁量权工作的通知》（2010 年）指出，规范行政处罚裁量权"既是构建惩治和预防腐败体系，加强政府自身建设，规范行政权力、保障和监督行政机关有效实施行政管理，提高行政执法水平的需要，也是维护公共利益和社会秩序，保护公民、法人或者其他组织合法权益的需要，对于全面推进依法行政，建设法治政府，维护社会和谐稳定具有十分重要的意义"。

对于规范行政处罚自由裁量权工作，国务院《关于加强市县政府依法行政的决定》（2008 年）提出，要抓紧组织行政执法机关对法律、法规、规章规定的有裁量幅度的行政处罚条款进行梳理，根据当地经济社会发展实际，对行政裁量权予以细化，能够量化的予以量化，并将细化、量化的行政裁量标准予以公布、执行；要建立监督检查记录制度，完善行政处罚案卷的评查制度。近年来，宁波市积极探索规范行政处罚自由裁量权的有效举措，其中包括细化、量化行政处罚裁量标准、行政处罚说明裁量理由、行政处罚裁量案例指导等制度安排，现已取得明显成效。

## 二 细化、量化行政处罚裁量标准制度

"处罚法定"是行政处罚工作需要遵循的首要原则。其中，"法定"最直接的体现就是法律法规条文。如果法律法规条文的内容过于宽泛，就有可能失去对行政处罚工作的刚性约束，从而为权力寻租提供操作空间，影响行政处罚的客观与公正。于是，细化裁量标准，约束裁量空间，增强裁量刚性，也就成为规范行政处罚自由裁量权的前提条件。对此，《宁波市人民政府办公厅关于开展规范行政处罚裁量权工作的通知》明确提出，市级行政执法部门要对地方性法规和政府规章进行梳理，确定需要细化、量化的处罚项目，并要制定细化、量化的规范标准和适用原则，作为本机关行使行政处罚裁量权的依据。

具体而言，细化、量化行政处罚裁量标准的工作主要包括以下内容：其一是对违法行为的种类、情节、性质和社会危害程度，以及从轻、减轻、从重处罚等情形进行细化；其二是对规定可以选择或并用行政处罚种类的，根据违法行为的事实、情节、性质、社会危害程度和违法当事人主观过错、消除违法行为后果或影响等因素，确定单处、并处行政处罚的种类和标准；其三是进一步细化行政处罚幅度，对于行政处罚罚款的裁量阶次和幅度没有具体规定的，按照比例原则匡算出相对科学、合理的裁量阶次和罚款幅度。

宁波市级行政执法部门在细化、量化行政处罚自由裁量标准的工作中，进行了多方面的探索与实践。宁波市食品药品监管局先后出台《宁波市药品（医疗器械）行政处罚自由裁量权指导意见》（2008 年）和《药械行政处罚自由裁量

权细化标准》（2011 年），对行政处罚自由裁量权行使条件、运行范围、违法种类、违法程度、情节与后果、裁量幅度、处罚标准等作出了明确规定。宁波市工商行政管理局出台《行政处罚自由裁量权实施办法》（2011 年），并同时颁布《商标违法行为行政处罚自由裁量权行使规定》、《无照经营行为行政处罚自由裁量权行使规定（试行）》、《商业贿赂行为行政处罚自由裁量权行使规定（试行）》、《企业逾期未参加年度检验行为行政处罚自由裁量权行使规定（试行）》、《违反产品质量法行为行政处罚自由裁量权行使规定（试行）》、《虚假广告行为行政处罚自由裁量权行使规定（试行）》等六个规定，从而对工商行政处罚自由裁量权形成有效规范。宁波市质量技术监督局出台《宁波市质量技术监督行政处罚自由裁量权行使规则》（2011 年），并同时颁布全文共 7 章 28 节近 9 万字的《宁波市质量技术监督行政处罚自由裁量细则》作为行政处罚工作的法定依据，从而初步形成了行政处罚自由裁量权的标准化体系。

细化、量化行政处罚裁量标准有助于加强对行政处罚自由裁量权的规范和约束，但在具体实践特别是基层工作中，需要留意矫枉过正的问题。如果片面强调行政处罚标准的具体化和细节化，就有可能在客观效果上限制甚至于消除行政处罚自由裁量权，从而使行政处罚工作难以应对复杂多变的社会现实。对此，《宁波市人民政府办公厅关于开展规范行政处罚裁量权工作的通知》明确提出"留有余地"原则，要求建立行政处罚裁量标准制度"应当考虑到社会生活的实际情况，为行政执法留有适当余地，不能消除裁量权"。

### 三　行政处罚说明裁量理由制度

行政处罚的根本目的不是惩戒，而是以罚止罚，使被处罚的违规人员不再犯，使其他人员引以为戒。因此在行政处罚工作中切实做到"晓之以法，以理服人"，使当事人认识到行政执法机关作出的行政处罚行为事实清楚、证据确实充分、程序合法、处理适当、合情合理，具有重要的现实意义，不仅有利于行政相对人释疑服罚，减少抵触情绪，增强信任理解，化解执法矛盾，减少不和谐因素，而且有助于增强执法人员的自律意识和法律素养，避免权力寻租或处罚不公问题。《宁波市人民政府办公厅关于开展规范行政处罚裁量权工作的通知》明确提出建立健全"行政处罚说明裁量理由制度"，要求行政执法部门在作出行政处罚决定前，应向当事人"说明违法事实、依据和理由，并对当事人的陈述、申辩意见是否采纳作出说明"，并将行政处罚决定书作为制度化建设的关键抓手，提出在行政处罚决定书中要对"违法行为的事实、情节、性质、社会危害程度、当事人主观过错等因素及最终选择的处罚种类、幅度等情况"作出详细说明。

作为行政执法机关实施行政处罚行为的重要载体，行政处罚文书不仅直接反映出行政执法机关的行政执法能力和水平，而且是行政相对人和社会公众了解行政机关行政执法状况的重要窗口。但从实践来看，行政处罚文书普遍存在认定违法事实过于简单、证据表述过于笼统、适用法律条文解释和行使处罚裁量权的理由阐述不够充分等问题，难以切实表明对违法行为进行处罚的事理、法理和情理。因此，在行政处罚说明裁量理由制度的建设过程中，宁波市重点加强了对"说理性"行政处罚文书的规范化和制度化建设。宁波市《关于推行说理性行政处罚文书的通知》（2011 年）要求，所有"按一般程序办理的行政处罚案件"，都要在行政处罚事先告知书和行政处罚决定书中对案件事实的表述、证据的列举及对案件的认定和处理等方面进行说理。

根据规定，说理性行政处罚文书通常包括九个部分：首部（主要包括标题、文号、当事人基本情况，案件的来源等）；违法事实；采取措施；证据；陈述、申辩及听证；理由说明；处罚决定；履行（行使）方式、期限及救济途径；尾部（主要包括行政执法机关的名称和作出决定的日期等）。其中，"理由说明"部分是说理性行政处罚文书的规范化建设重点。《宁波市人民政府关于推行说理性行政处罚文书的通知》明确要求，理由说明部分应当"写明对违法事实认定后实施处罚的理由和依据"。首先要写明是否采纳当事人陈述、申辩意见的理由，对当事人陈述、申辩或者听证中提出的质疑意见及其证据是否予以采纳应当进行明确，并阐明采纳或者不采纳的理由；其次要写明法律依据适用的理由，应结合具体案情事实，对具体适用某一法律条款作出必要的说明；最后要写明行使行政处罚裁量权的理由和依据，包括依法从轻、减轻、从重等情节的适用理由和依据。

从实践来看，通过对行政执法人员定期和不定期的学习培训，以及对行政处罚文书的规范化定期考核和年度优秀评比，宁波市以推行说理性行政处罚文书为抓手，有力推动了行政处罚说明裁量理由制度的构建与完善，有助于促使行政处罚工作从"不说理"到"要说理"、"会说理"的转变发展。

#### 四　行政处罚裁量案例指导制度

行政处罚自由裁量权的存在，使得行政处罚工作的合理性在相当程度上取决于具体办案人员的经验性判断。由于行政执法人员的法律水平、业务能力、社会阅历存在客观差异，因此对违法事实、情节、性质、社会危害程度基本相同或者相似的行政违法行为，不同的行政执法人员有可能产生不同的行政处罚意见，从而导致不同的行政处罚结果，难以保证行政处罚工作的规范性、公平性和平衡性。对此，《宁波市人民政府办公厅关于开展规范行政处罚裁量权工作的通知》明确提出建构"行政处罚裁量案例指导制度"，要求行政执法部门定期汇编或发布具有指导意义的典型案例，并通过培训等形式传授给行政执法人员，从而保证"同案同办"，避免"因人而异"的行政处罚失衡问题。

近年来，宁波市相关行政执法部门对行政处罚裁量案例指导制度进行了积极探索，并取得明显成效。其中，宁波市食品药品监督管理局利用信息化网络技术构建的行政处罚案例数据库，颇具实用价值和借鉴意义。该数据库于 2011 年 7 月建成并投入运行。从内容来看，该数据库录入了宁波市食品药品监督管理系统历年来作出的所有行政处罚决定，并且在录入过程中，对影响案件自由裁量的关键要素进行了梳理、分析、归纳，从而形成了具有指导意义的行政处罚决定参数变量；从功能来看，该数据库设置了自由裁量查询、组合查询、数据统计等项目，可以便捷地进行纵向的历史比对与横向的区域比对，从而在行政处罚工作中为系统内的行政执法人员提供相似案例的自由裁量参照标准。行政处罚案例数据库的构建，有助于在系统内实现行政处罚自由裁量权适用规则和标准的统一，保证行政处罚工作的相对公平与公正。

### 第六节　创新行政复议制度

#### 一　行政复议的法治建设要求

行政复议是指公民、法人或其他组织认为行政机关行政行为侵犯其合法权益、依法向有复议权的行政机关申请复议、复审的法律制度。行政复议具有多元功能，既是一种监督制度，又是一种救济制度，还是一种解决行政争议的制度。从行政复议申请人、被申请人和行政复议机关构成的三方关系来看，行政复议更多地是一种解决行政争议制度。①《中共中央关于构建社会主义和谐社会若干重大问题的决定》（2006年）指出："构建社会主义和谐社会是一个不断化解社会矛盾的持续过程"。和谐社会并不是没有矛盾与冲突的社会，而是能够有效运用法律制度和程序规则来不断化解矛盾与冲突的动态稳定社会。通过行政复议的渠道依法撤销或变更违法的或不当的具体行政行为，用法律手段消除因行政争议引发的不和谐因素，维护群众合法权益，有利于调整社会关系、平衡社会利益、化解社会矛盾、维护社会秩序。

作为解决行政争议的重要制度和法定渠道，行政复议具有诉求表达、利益协调、矛盾调处、权益保障等内在功能。通过相关机制的有效运作，有助于正确了解、把握和妥善处理不同群体及公民的特殊利益，倾听人民群众的利益诉求，解决人民群众最关心、最直接、最现实的利益问题，并促使各级行政机关不断修正工作中的失误，不断提高人民群众的满意度，有利于密切党群、干群关系。因此，随着行政争议日渐成为社会矛盾的主要表现形式，行政复议也被社会各界寄予厚望，作为化解行政争议、维护人民群众合法权益、推动行政机关依法行政、实现社会公平正义的重要法定渠道。国务院《全面推进依法行政实施纲要》（2004年）明确要求，"认真贯彻行政复议法，加强行政复议工作"。

但是，行政复议工作的实际成效却差强人意，"大信访、中诉讼、小复议"成为行政救济格局的普遍现象。究其原因，一是行政复议工作未能发挥快捷、便利和高效的机制优势，二是行政复议工作缺乏必要的社会公信力，难以取得民众的认可与支持。对此，《宁波市人民政府关于贯彻落实公民权益依法保障行动计划的实施意见》（2008年）明确要求，加强行政复议工作，建立行政复议和解、调解机制，实行行政复议简易程序，畅通行政复议申请渠道，建立行政复议与信访、行政监察、行政审判工作的协调、沟通机制，加强行政复议队伍建设，实行行政复议人员资格管理制度，并要求到2012年，行政复议"案结事了"率保持在90%以上，行政复议生效决定执行率达到98%以上。

近年来，宁波市积极探索改进行政复议制度，并取得重要进展，2011年12月，国务院法制办授予宁波市政府法制办"全国行政复议工作先进单位"荣誉

---

① 应松年：《把行政复议制度建设成为我国解决行政争议的主渠道》，《法学论坛》2011年第5期，第5~6页。

称号。统计显示，从 2008 年至 2011 年，宁波市共审理行政复议案件 2152 件，其中受理 1890 件，不予受理 244 件；市政府本级审理 868 件，审理案件中 100 人以上的群体性复议案件 62 件，涉及申请人 21562 人，其中最多一件申请人数达 746 人。宁波市不仅办理案件数在全国同类城市中名列前茅，而且在化解行政争议、维护群众利益、规范政府行为、推进依法行政、维护和谐稳定方面也取得显著成效。从制度创新来看，宁波市的行政复议专家库建设以及行政复议和行政审判联席会议制度，都具有重要的现实意义和借鉴价值。

## 二 行政复议专家库制度

行政复议工作的客观效果在很大程度上直接取决于行政复议社会公信力。行政复议公信力越高，公众提起和参与行政复议的热情就越高，行政复议工作的作用就越明显，反之，行政复议工作的作用就会受到限制。[①] 从目前情况看，中国行政复议工作的社会公信力与预期目标相比，还有相当明显的距离。对此，国务院法制办公室《关于在部分省、直辖市开展行政复议委员会试点工作的通知》（2008 年）指出，多年来，"在各级行政复议机关及其工作人员的不懈努力下，行政复议办案质量有了一定提高，依法及时有效化解了大量行政争议，维护了人民群众的合法权益，促进了社会和谐稳定"，但"由于行政复议人员力量比较薄弱，一些群众对由行政机关自身解决行政争议还存有疑虑等因素的影响，行政复议办案质量和社会公信力还有待进一步提高"。

行政复议社会公信力的提升，关键在于坚持公正原则。"任何解决争议的制度，其核心要求都是公正。这对于设置在行政系统内的行政复议制度来说，尤其重要。行政复议制度能否成为解决行政争议的主渠道，其关键也在这里。"[②] 中共中央办公厅、国务院办公厅《关于预防和化解行政争议健全行政争议解决机制的意见》（2006 年）强调指出，行政复议工作必须始终坚持"以人为本、复议为民"，坚持依法公正审查案件，提高办案质量，使每一件行政复议案件裁决都能够成为经得起历史检验的"铁案"，真正做到"定分止争、案结事了"，同时

---

① 张华民：《论提升我国行政复议公信力》，《广东行政学院学报》2008 年第 12 期，第 45～49 页。

② 应松年：《行政复议应当成为解决行政争议的主渠道》，《行政管理改革》2010 年第 12 期，第 50 页。

还要处理好保护当事人合法权益与维护公共利益的关系、公平与效率的关系、原则性与灵活性的关系、合法性与适当性审查的关系以及实体法与程序法的关系。国务院《关于加强法治政府建设的意见》（2010 年）提出，"办理复议案件要深入调查，充分听取各方意见，查明事实、分清是非"。

基于提高行政复议公正性的需要，宁波市创设了行政复议专家库，从而为政府系统内的行政复议流程引入了外部人力资源，一方面有效提高了行政复议的专业水平，另一方面也有力增强了行政复议的客观性和权威性，有助于行政复议结果得到民众的理解与认可。2010 年 6 月，宁波市正式成立行政复议专家库，并聘请了首批 10 名行政复议专家，从而为宁波市的行政复议工作提供了"参谋部"和"智囊团"。

宁波市专门制定了《宁波市人民政府行政立法和行政复议专家库管理办法》（2010 年）《宁波市人民政府行政复议专家工作规则》。专家机制包括以下方面。

专家主要有四种来源：市政府各工作部门、直属机构和派出机构推荐；市法学会、律师协会等专业性社会团体推荐；高等院校、科研机构等单位推荐；专家推荐或者自荐。通过组织推荐与自我推荐相结合的办法，有助于保证专家遴选的公正性与客观性。

专家工作职责主要有六方面：为宁波市行政复议办公室提供法律咨询服务；参与宁波市行政复议工作有关制度建设的调研、论证、起草等工作；参与重大、复杂疑难或者群体性行政复议案件相关问题的实地调查、专题论证等活动；参与重大、复杂疑难或群体性行政复议案件的调解、协调或听证等活动；参与本市组织的行政复议法律法规宣传、培训等活动；复议办公室认为有必要邀请专家参与的行政复议其他工作。

专家工作方式主要有五种：书面征求意见，主要对行政复议制度建设计划、草案，或者对重大、复杂疑难行政复议案件审查中有关难以准确把握的相关问题；组织专题论证，主要对行政复议工作制度创新的核心问题，或者行政复议案件审查中有关专业性、技术性，或者理论性较强的问题；参加实地调查；召开听证会，主要对群体性或涉及面广、影响大的行政复议案件；其他形式，根据实际工作的需要开展调研、宣传和培训等活动。

通过创设行政复议专家库，宁波市有效提升了行政复议的民主化、科学化、制度化水平。但也要看到，行政复议专家库建设依然处于起步阶段，尚未形成标准化的制度规范。从长期来看，如何将行政复议专家纳入行政复议工作的常规流程，使专家参与成为"应当"而不是"可以"，将是行政复议制度发展与完善的工作重点，有助于进一步巩固和提升行政复议工作的社会公信力。

### 三　行政复议和行政审判联席会议制度

行政复议制度具有行政性和准司法性的双重特征。从行政性来看，行政复议是在行政系统内上级行政机关对下级行政机关所作行政行为的审查，具有行政监督的性质。同时，复议机关在审查中发现下级行政机关所作行政行为违法或不当时，有权加以纠正，因此兼具行政机关自我纠错的性质。从准司法性来看，行政复议是由具有复议权的行政机关作为第三方，居间解决因不服下级行政机关的行政行为，由公民、法人或其他组织申请而引起的下级行政机关与公民、法人或其他组织间发生的行政争议，通过解决纠纷保护公民、法人或其他组织的合法权益，因此具有部分司法行为的特质。①

相较于行政审判的司法程序，行政复议的行政程序具有快捷、便利和高效的特点，有助于实现公正与效率的统一。② 通过行政复议化解行政争议，要比其他方式更具有效率。中共中央办公厅、国务院办公厅《关于预防和化解行政争议健全行政争议解决机制的意见》明确提出，要加强行政复议工作，充分发挥其在解决行政争议、化解人民内部矛盾、维护社会稳定中的重要作用，力争把行政争议化解在基层、化解在初级阶段、化解在行政程序中。国务院《关于加强法治政府建设的意见》再次重申，充分发挥行政复议在解决矛盾纠纷中的作用，努力将行政争议化解在初发阶段和行政程序中。

基于提高行政复议工作效率的需要，宁波市创设了行政复议和行政审判联席会议制度，并于 2008 年召开首次联席会议。近年来，宁波市各县（市区）相继建立联席会议制度，并在实践中取得显著成效。

根据《宁波市行政复议和行政审判联席会议制度》（2008 年）规定，联席会议的参与者主要包括人民法院、政府法制办公室以及相关行政执法部门。宁波市

---

① 应松年：《把行政复议制度建设成为我国解决行政争议的主渠道》，《法学论坛》2011 年第 5 期，第 5 ~ 6 页。

② 袁明圣：《效率：行政复议的价值取向》，《广西政法管理干部学院学报》2001 年第 3 期，第 14 ~ 17 页。

各县（市）区对行政执法部门参与联席会议的规定不尽相同。宁波市江东区《行政复议和行政审判联席会议制度》（2008 年）规定，组成联席会议的行政执法部门包括：监察局、财政局、劳动局、建设局（房管处、拆迁办）、城管局、文广新闻出版局、卫生局、人口计生局、审计局、安监局、江东公安分局、江东工商分局、江东交警大队；同时规定"其他单位依申请并经区政府法制办公室和区法院同意后参加"。宁波市海曙区《行政复议和行政审判联席会议制度》（2011 年）规定，组成联席会议的行政执法部门包括：海曙公安分局、海曙工商分局、劳动保障局、城管局、人口计生局、海曙规划分局、房管处、卫生局，并规定区人民法院和区政府法制办公室可"根据联席会议议定事项确定其他行政执法单位参加"，其他单位也可"自行申请并经区人民法院和区政府法制办公室同意后参加"。从实践来看，赋予人民法院和政府法制办公室更多的主动权，使之能根据化解行政争议的客观需要增减与会部门，更有助于提高会议工作效率。

联席会议的工作内容主要包括三方面。其一是通报交流有关行政审判、行政复议以及行政执法方面的工作情况；其二是协商解决有关行政执法、行政复议、行政审判工作中的具体问题；其三是研究行政执法、行政复议、行政审判工作中其他应当进行沟通和协商的相关事项，尤其是针对行政执法中存在的、容易形成行政争议的普遍性、苗头性问题进行沟通，研究预防和化解措施。

联席会议具有较强的内部约束力。联席会议议定事项由会议举办方负责草拟工作简报或会议纪要，经区人民法院和区政府法制办公室审阅后编发。尽管从性质来看，工作简报或会议纪要供内部参阅指导，不在行政审判、行政复议和行政执法文书上引用，但从所起作用来看，经会议协商一致的相关事项，各有关单位应当参考适用。

通过行政复议和行政审判联席会议的制度化建设，宁波市已初步形成行政与司法良性互动工作格局，有助于共同推进依法行政、化解行政争议、维护社会和谐稳定。行政复议机关与司法审判机关以化解行政争议为目标，积极运用和解、调解等多种手段，化解矛盾，平衡利益，促进了当事人和行政机关相互理解与信任，最大限度地减少行政争议的负面效应，实现了办案的政治效果、法律效果和社会效果的有机统一。从长期发展来看，行政复议和行政审判联席会议还有待加强内部协调机制建设，提高会议决定的执行力，从而进一步推进行政争议解决机制的发展与完善。

# 第三章　宁波市推动政府透明的实践

## 第一节　政府透明概述

### 一　政府透明的含义

政府透明是当今世界政府公共行政的基本原则之一，是构建法治政府的主要内容之一。政府透明是指政府管理活动的各类信息最大限度地向公众公开，确保行政目标、过程与结果的透明，其核心是政府信息公开制度。

所谓政府信息公开，是指行政机关（包括法律、法规以及规章授权和委托的组织）依照职权，向社会公众公开其在行使国家行政管理职权的过程中形成的信息（即政府信息），以及按照法定形式和程序，应申请向特定的个人或组织公开上述政府信息的制度。前者称为主动公开，后者称为依申请公开。

专制政府往往具有神秘的性质，"民可使由之，不可使知之"的观念贯穿古今中外，行政管理中奉行秘密主义是执政者一贯的统治策略与方式。长期以来，人们梦想着把政府变成像"玻璃缸里的金鱼"一样清澈透明。然而，要做到政府透明、"阳光政府"却并非易事。自 20 世纪中叶开始，西方国家掀起了促进政府透明化的改革浪潮，尤其是 20 世纪 90 年代以来，促进政府透明化的行政改革运动呈迅猛发展态势，冲破了地域限制、文化传统界限和经济发展水平界限，在世界上许多国家得以进行。推动政府透明的直接法律依据是各国各地区颁布的政府信息公开法（或者信息自由法），中国的直接依据是 2007 年颁布、2008 年施行的《政府信息公开条例》。

政府信息公开制度的宗旨是为了最大限度保障公民知情权，扩大能自由获取政府信息的公众的范围，消除行政机关限制公众获取信息的种种限制。政府信息公开制度最早可追溯至 1766 年的瑞典，但最具影响的则是美国 1966 年的《信息自由法》（*Freedom of Information Act*）。美国在其原有《行政程序法》的基础上，专门制定了《信息自由法》。由于美国《行政程序法》赋予行政机关以公共利益、正当理由等拒绝公开的权限，且所允许申请政府信息的一般仅限于与行政程序有直接利害关系的当事人的规定，① 因此，美国制定《信息自由法》的一个重要目的就是取消对申请信息公开主体资格限制，赋予公众政府信息公开请求权，不问其是否与所申请的政府信息之间有利害关系，以保障公众知情权，满足公众的信息需求和监督政府的需要。这是政府信息公开制度的灵魂所在。该思路受到之后立法的认可，虽然各国各地区往往会从加强政府信息公开的角度出发，强调主动公开的重要性，但政府信息公开立法的重点始终都是如何设计依申请公开制度，科学合理界定不公开信息范围。虽然绝大多数政府信息的公开要靠主动公开，而不能依赖依申请公开制度，因为，无论对于行政机关，还是对于公众而言，一件件地提交申请都是很不经济的，但恰恰有了这一制度才可能制约政府机关在公开与否、公开什么、如何公开上的自由裁量权，并有助于推动民主参与。

## 二　政府透明的意义

依法行政就是要求政府按照法治的原则运作，政府的一切权力来源、政府的运行和政府的行为都必须受法律的规范和制约。政府依照法律的授权行使权力是依法行政的首要问题，其要害在于利用法律有效地控制和制约行政权力。同时，依法行政还要求政府必须是责任政府，即，有权力必有责任，权责共生，权责统一，为了实现权责统一，任何行政权力都必须被置于有效的监督之下。依法行政要求政府机关在行使权力时必须合理地行使自由裁量权，确保决策的民主化和科学化。另外，依法行政还要求政府活动必须具有尽可能高的透明度，为此，国务院《全面推进依法行政实施纲要》中明确提出了推进政府信息公开，行政机关应当公开除涉及国家秘密、商业秘密、个人隐私等事项外的其他政府信息，并为公众查阅政府信息提供便利条件。可以说，推进政府信息公开既是依法行政的题中之义，又是依法行政上述几个方面能够得以顺利实现的有力保障。

首先，确立和完善信息公开制度有利于促进政府职能转变，打造服务型政府。信息公开制度可以使政府信息的公开化有法可依，把向公民提供有关信息作

---

① 　王名扬：《美国行政法》，中国法制出版社，1995，第 955 页；〔日〕松井茂记：《情报公开法》，日本有斐阁，2001，第 483 页。

为行政机关的一项不可推卸的责任和义务。这将使政府部门明确自己的职能，增强政府工作人员为人民服务的责任感，将为公民提供服务作为自身工作的重点，提高工作效率、转变工作职能。信息公开制度也有助于打破政府部门对信息的垄断，大大提高行政的透明度，将政府工作置于广泛的监督之下。实施信息公开制度还有助于减少、避免信息资源的闲置与浪费，保证社会全体成员充分共享政府信息，满足社会各界对政府信息资源的需求。信息公开制度的实施可以及时、全面、准确地向公民提供有关信息，为公民提供高质量的公共服务，极大地方便公民的生产和生活。

其次，确立和完善信息公开制度有助于推进民主参与，提高行政决策的科学化和民主化。信息公开制度可以促进政府与公民之间的理解、联系与交流，可以实现全社会成员之间的信息资源共享。借助这一制度，可以最大限度地保障公民的知情权，使公民最大限度地了解政府工作的有关情况。这不仅有利于增强公民民主参与的积极性和自觉性，也有利于公民及时全面地向有关部门表达自己的要求、意愿以及对有关决策和制度的意见、建议。

最后，确立和完善信息公开制度有助于加强对政府行为的监督。"所有权力都易腐化，绝对的权力则绝对地会腐化"，而阳光是最好的防腐剂。历史早已证明，但凡不愿公开的地方必是最易产生腐败和权力滥用的地方。确立和完善信息公开制度可以将政府的一举一动置于公民的监督之下，有效地规范行政执法，督促有关部门及其工作人员严格依照法律授权和法定程序行使职权、履行职责，强化对行政行为的监督，可以有效地防止腐败行为的发生。

## 三 政府网站在推动政府透明中的地位与作用

随着计算机技术和通信技术的飞速发展，信息化的浪潮席卷全球，政府机构越来越多的传统事务向电子化、网络化转变。其中重要的一环是政府门户网站建设。政府门户网站是政府实施电子政务的基础平台和主要载体，建立政府门户网站是提高行政管理效率、密切政府与公民、企业关系的有效手段，对于促进政务公开、推进依法行政、接受公众监督、改进行政管理、全面履行政府职能具有重要意义。

在现代社会，政府网站是最主要也是最有效的政府信息公开平台。随着信息化技术的发展，传统政府信息公开手段已经滞后于时代的需求。传统上，政府信息公开的方式主要包括：定期公开发行政府信息专刊或利用报刊、广播、电视等其他媒体发布政府信息；设立固定的政府信息公开厅、公开栏、电子屏幕、电子触摸屏等；定期召开政府新闻发布会；设立政府信息公开服务热线等。这些方式在不同程度上均存在一定的局限性，落后于时代的要求（见表3-1）。

表3-1 政府信息公开方式的优缺点对比

| 公开方式 | 优点 | 缺点 |
| --- | --- | --- |
| 通过公开栏、公示板、墙报、布告等形式公开 | 适合基层单位公开 | 公开范围较窄、时效性不强 |
| 通过报刊、电视、广播等新闻媒体公开 | 公开范围广、速度快、时效性强 | 成本较大 |
| 通过文件、政报、通报、简报、办事手册、宣传册等形式公开 | 内容集中专一、针对性强 | 公开范围不大、时效性不强 |
| 通过办事指南、办事流程图、挂牌服务等形式公开 | 针对性强、方便快捷 | 公开范围较窄 |
| 通过新闻发布会、咨询会、说明会、答复会等形式公开 | 公开的时效性、针对性强，适合在一定范围内公开 | 受参加会议人数的限制 |

实践证明，政府网站是政府在各部门信息化建设的基础之上，建立跨部门、综合性的业务应用系统，使公民、企业与政府工作人员都能快速便捷地共享所有相关政府部门的政务信息，使用各种业务应用。政府网站现在已经成为政府机关实现政务信息公开、服务企业和社会公众、互动交流的最重要渠道。通过政府网站公开政府信息具有很多的优势，表现在以下方面。

（一） 政府网站建设有利于提高行政效率，优化政府信息资源配置

政府是最大的信息拥有者和管理者，其信息需要通过一定的平台发布出来，而政府网站是政府信息发布、在线办事和与公众在线交流互动的最重要平台，它不仅为政府管理提供了有效的信息交流和迅速的信息传递通道，并促使政府信息传递体系由传统的多层化、垂直化向扁平化转变，可以有效地提高政府与社会、企业、公众之间的信息交流效率。不仅如此，电子政务的发展也可以促进政府各部门间的业务协同，有助于减少办事环节，缩短办事时间。网络具有容量大、速度快、易扩散、复制成本低的特点，政府网站建设能够减少政府信息的传递成本，提升资源配置效率及政府行政效率。

**（二）政府网站是政府职能转变、提高执政能力的重要体现**

当前，中国国民经济和社会正在快速发展，国家大力强调通过政府的职能转变不断提高执政能力，以适应和促进经济的发展与社会的进步。政府的执政能力主要体现在"经济调节、市场监管、社会管理和公共服务"四项基本职能上。要在信息社会环境中更好地履行政府职能，实现政府职能的转变，必须及时准确地发布各种政务工作信息，以便让公众了解政府的人事、财政、重大决策等关键内容，全面掌握社会和经济发展的动态，监督政府工作，提高整个社会文明的程度。政府职能转变要求各级政府提高办事效率，减少行政成本，以方便企业经营管理和公众的日常生活为重要目标，尽可能多地造福于民众。从这种意义上说，建设优秀的政府网站于政府职能转变，对各级政府服务于企业和社会公众，促进科学执政、民主执政、依法执政和提高党的执政能力方面具有重要作用。不断加强政府网站建设，是主动顺应中国政府改革发展趋势的行动举措，对于加强构建社会主义和谐社会的能力将起到极其重要的促进作用。

**（三）政府网站有助于方便公众获取信息**

互联网具有信息高速传播，不受空间、时间限制等特点，政府网站借助互联网的上述特点，有助于将传统的政府打造为 365 天 × 24 小时的虚拟政府。上传到政府网站上的各类政府信息可以供任何地方的公众在任何时间段自由查阅、下载，不必舟车劳顿、千里迢迢地到政府机关去索取，也不受政府机关日常的上下班时间的限制。政府网站不仅大大降低了公众获取政府信息的时间成本和经济成本，还大大提高了政府管理与服务的公开性、透明度。在互联网上构建政府的门户网站，可以把政府的各类信息放在门户网站上，这就为公众获取信息提供了非常重要的窗口，就可以从根本上改变政府跟公众信息不对称的状态。

**（四）政府网站有助于提升政府服务水平，改善政府形象**

政府是为企业和公众服务的。公众、企业交了税，维系了政府的存在。政府除了维护社会秩序等一般的职能以外，一个很重要的任务就是应为纳税人提供各种各样的服务，为企业提供服务，为公众提供服务。政府与公众、企业之间是不是一个良性的关系，公众、企业对政府信任不信任，在很大程度上取决于政府提供服务的质量。政府网站是政府电子政务体系的重要组成部分，是政府部门与公众和企业的沟通渠道，政府网站能够打破时间、空间对政务活动的束缚，实现推动政府信息的全方位、全时段的公开。通过政府网站公开的政府信息具有成本低、公开内容全面、信息量大、信息获得途径便利、信息传播快速、互动性强等特点，可以提高政府的办事效率，快捷、有效地给企业和公众提供各种各样的服务。应该说，政府门户网站在增强政府亲和力，改善政府的形象，提升公众对政府的信任感方面功不可没。

## 第二节　宁波市推动政府透明建设的成效与经验

### 一　宁波市政府透明建设的概况

宁波市推动政府透明建设的工作在全国起步较早，早在《政府信息公开条例》出台之前，宁波市就已经于 2004 年发布了《宁波市政府信息公开规定》（宁波市政府令第 124 号），使政府信息公开工作有章可循、有法可依。据宁波市历年政府信息公开年度报告的统计数据，截至 2011 年底，市政府各部门、各有关单位共通过宁波市政府信息公开专栏主动公开政府信息累计达 117391 件，市政府各部门、各有关单位共受理政府信息公开申请 1516 件。宁波市的政府信息公开工作切实保障了公民、法人和其他组织依法获取政府信息的权利，有力地提升了政府管理的透明度和政府依法行政的水平。

1999 年以来，宁波市政府把在较大的市中建设政府门户网站作为电子政务建设的一项重要任务。1999 年，宁波市积极响应"政府上网工程"，于当年 10 月正式推出市政府网站。2004 年下半年，"中国·宁波"政府门户网站（简称市政府门户网站）又重新进行建设，并于 2005 年元旦开通运行。网址为 http：//www. ningbo. gov. cn/。

宁波市政府门户网站自开通以来，功能日益完善，内容不断增加，总体运行良好。而且，为了适应现实的需要一直不断地改进网站的设置。例如，2011 年，为迎合新形势、新技术、新应用下对政府门户网站的新需求，又实施了改版，新版网站在保留开创性的三个站点基础上进行优化，使网站的栏目层次结构更清晰，信息分类更科学，资源整合更充分，用户体验效果更佳。

### 二　宁波市政府透明建设的主要特点

从近年来的工作成效看，宁波市十分重视政府信息公开工作，尤其重视政府网站建设，注重通过政府网站公开等信息化手段公开政府信息。宁波市的政府信息公开工作具有如下特点。

**（一）重视政府信息公开的制度建设**

宁波市政府信息公开工作一直走在全国前列，这与其长期重视政府信息公开工作的制度建设密不可分。2004 年的《宁波市政府信息公开规定》明确规定，政府信息以公开为原则，不公开为例外，公开政府信息应当遵循合法、及时、真实、公正和便民的原则。在各种主动公开信息之外，规定还要求，政府机关拟作出的决策、制定的规章及其他规范性文件或者编制的规划、计划、方案等，涉及公民、法人和其他组织的重大利益，或者有重大社会影响的事项，在正式决定前，应当实行预公开，由起草机关或者决定机关将有关草案向社会公开，在充分听取公众意见后再作出决定。该规定在当时就已经对依申请公开制度作出了规定，即公民、法人和其他组织有权向政府机关申请公开本规定第 10 条规定以外的其他政府信息，且用列举的方式规定了不公开信息的范围，不公开信息包括：国家秘密；属于商业秘密或者公开可能导致商业秘密被泄露的信息；属于个人隐私或者公开可能导致对个人隐私权造成不当侵害的信息；正在调查、讨论、处理过程中的信息（但法律、法规和本规定另有规定的除外）；与行政执法有关，公开后可能会影响检查、调查、取证等行政执法活动或者会威胁个人生命安全的信息；法律、法规规定免予公开的其他信息。对于主动公开的渠道和形式，该规定要求，政府机关应当在制作、获得或者拥有该政府信息之日起 30 日内采用下列一种或者几种载体及时予以公开：（1）政府公报或者报纸、杂志及广播、电视等公共媒体；（2）互联网上的政府机关网站；（3）政府机关新闻发布会；（4）在政府机关主要办公地点等地设立的公共查阅室、资料索取点、政府信息公告栏、电子屏幕等场所或者设施；（5）便于公众及时、准确获得政府信息的其他载体。并且，该规定还要求各政府机关应当确定前款所列载体中的一种载体作为主要的政府信息发布渠道。对时效性强或与突发性事件有关的政府信息，则要求政府机关应当在获得或者拥有该政府信息之日起 3 日内通过公共媒体、新闻发布会或政府机关网站予以公开。针对互联网日益普及的形势，宁波市的规定要求，政府机关应当积极创造条件通过互联网及时公开本规定第 10 条规定的政府信息，政府机关已在互联网上设立网站的，应当在网站上及时公开有关的政府信息，而且，政府机关应当创造条件，方便公民、法人和其他组织通过互联网向政府机关提交申请。该规定还允许不服政府信息公开决定的当事人通过行政复议和行政诉讼获得救济。这些制度设计在当时都是比较超前的，而且，也为之后的宁波市政府信息公开工作走在全国前列奠定了重要的制度基础。

国务院颁布《政府信息公开条例》后，宁波市及时根据该条例修改了本市的规定，并于 2007 年制定了《宁波市政府信息公开指南和公开目录编制规范》，指导下属各级政府和部门做好指南与目录编制工作。

2008 年，宁波市基于政府信息公开制度实施后依申请公开将是未来工作的重点和难点的准确判断，及时出台了《宁波市关于依申请公开政府信息的若干规定》。该规定细化了《政府信息公开条例》中依申请公开制度的办理流程、义务机关的职责等内容，为该市稳妥处理公众的公开申请奠定了重要的制度基础。同时发布的《宁波市关于政府信息公开前进行审查的规定》对拟公开的政府信息应如何进行保密审查、审查内容、审查程序等也作了系统规定。

2012 年，宁波市政府办公厅还发布了《关于进一步推进政府信息公开工作的通知》（甬政办发〔2012〕119 号），针对工作中暴露出的一些薄弱环节和问题提出了改善的意见。该通知明确了未来一段时间主动公开工作的重点领域，即行政决策公开、行政审批项目公开、重大突发公共事件的信息公开、财政预算公开、重点领域信息公开（如保障性住房信息公开，食品安全信息公开，环境保护信息公开，招投标信息公开，生产安全事故信息公开，价格和收费信息公开）。对于依申请公开问题，通知要求，应不断完善依申请公开工作措施，完善依申请公开规程，细化、规范申请的受理、审查、处理、答复、查询等各个环节的工作流程，及时、妥善处理人民群众的申请，要不断完善受理方式，畅通人民群众获取政府信息的渠道。

**（二）优化网站，创新载体，拓宽政府信息公开渠道**

政府网站是政府信息公开的第一平台，具有其他政府信息公开渠道不可比拟的优势。因此，宁波市一直很注重政府网站在推动政府透明建设中的作用。宁波市早在 21 世纪初就十分重视电子政务建设，注重通过政府网站集中高效地对外发布政府信息。宁波市政府门户网站体现了电子政务的核心理念，融合 G to C（政府对公民）、G to B（政府对企业）、G to G（政府对政府）模式，有针对性地对服务对象进行了区划，分别从"公民、企业、政府"三类群体角度，设置栏目和组织内容，建立"公民站""企业站""政府站"三个站点，在各站里设置多种渠道接口进入服务栏目，从而能够使用户快速便捷地获取在线服务，提高网站可访问性。从 2007 年 12 月开始，宁波市组织专门力量着手开发政府信息公开系统网站。至 2008 年 11 月，宁波市建立了以市政府信息公开平台为主平台，以 14 个县（市）区和管委会政府信息公开平台为子平台，覆盖全市各级政府机关单位的完整平台体系。

在此基础上，宁波市新开通了"i（爱）宁波"个性门户，这是宁波政府网站群信息集成的聚合平台，用户可根据个人信息需求与行为习惯进行个性化定制处理，充分体现了互联网作为超级媒体的互动性、个性化、整合性等诸多优势。

不仅如此，宁波市政府还针对智能手机用户，开通了"宁波市政府微门户"（见图 3 - 1），借助微门户，宁波市政府能够及时发布最新信息，内容包含政务动态、公共公示、最新政策、办事指南、民生信息等，支持微博推送分享、个性化订阅、全文检索等功能，通过手机和智能终端等新载体为公众提供更快捷的服务。

图 3 - 1　宁波市政府微门户示意图

微门户作为一个新兴事物，它的出现不仅仅使得每个人能够有机会充分表达自己的诉求，同时也使得每个人都相互连接成一个媒体新闻网络，从这个角度说，微门户是推进政民网络互动的重要渠道和平台。政府部门通过微门户和群众沟通互动，使政府和群众之间的沟通成为常态，是政府由管理型政府转为服务型政府的具体体现。

微门户为舆论提供了新阵地。各级政府和各个部门结合本部门业务工作在微门户上开设专栏，发布各级党委、政府重大方针、政策；发布涉及本部门管理工作的重大政策、决策、法规、规章、规定等信息，以及涉及本部门的重特大公共事件和公众性事件的权威信息，第一时间回应群众和社会关注的问题，及时处理群众反映的问题，特别是在处置突发事件和社会热点问题时利用微门户澄清事实，解疑释惑方面能发挥很好的作用。

微门户还为网络问政开辟了新途径，微门户有利于以开明、开放的心态与网民平等交流、友好沟通。借助微门户开展网络问政，可以直接了解民情、听取民生、体察民意、汇聚民智。实现了问政于基层、问计于群众，既缩短了政府与公众距离，也让更多的人关注到了政府部门工作。

政府网站对于推动政府透明十分重要，但宁波市并没有偏废其他推动政府透明的途径。宁波市除了发挥政务网站在信息公开方面的作用外，还注重通过114电话、数字电视、电子触摸屏等方式提供多种信息公开服务，如利用数据交换和整合等技术手段，实现信息公开管理平台与114号码百事通系统、多媒体电子触摸屏系统、数字电视、宁波信息亭和现行文件中心的数据互通。宁波市在市档案馆、市图书馆、宁波大学园区图书馆设立了政府信息公共查询场所，在市行政服务中心及各单位政府信息公开机构设立了查阅点，在号码百事通开辟了114政府信息公开热线，在市数字电视台开辟了政府信息公开专栏，在遍布全市的市民信息亭中设置了政府信息公开栏目，为公民和法人组织提供全方位的政府信息公开服务。全市所有的政府机关都使用信息公开管理平台来建立和维护本单位的信息公开指南、政府信息公开目录，加载政府公开信息，处理公民和法人组织在线提交依申请公开和投诉意见。以信息公开管理平台为核心载体的政府信息公开工作已经成为各级政府部门日常行政工作的组成部分。

**（三）网站信息内容丰富，立足于满足不同需求**

截至调研组2012年7月初调研结束，宁波市政府门户网站共有一级栏目15

个，二级栏目 117 个，50 多个专题专辑，年更新量近 8 万篇。

其中，公民站从公民的视角，为老百姓提供生活、就业、教育、旅游等方面的服务，开设了感知宁波、今日关注、市民服务、百姓生活、畅游宁波栏目。针对妇女儿童、军人、外国人、残疾人、老年人、外来务工人员、三农七类群体开设了绿色服务通道，提供相关政策和服务。通过公民站全方位展现宁波历史、文化、经济、旅游等发展情况，凸显宁波地域特色，展现作为现代化国际港口、文化之城的城市魅力。

企业站是从企业的视角，为企业和投资者提供财经、投资、政策等方面的服务，该页面开设了投资宁波、经济资讯、活力经济、企业服务、企业之窗、采购招标栏目。该页面充分结合宁波港口经济发展的特点与投资环境优势，为企业搭建一个符合地域发展要求的招商引资和服务、展示的平台。

公民站和企业站开设了网上办事服务栏目，提供办事指南、表格下载、在线咨询、在线投诉、在线办理、相关政策、办件查询、办件统计、结果公示等服务内容，共有办事服务事项 2655 项，样表和表格下载共计 1283 个。在此基础上设计了"查询中心""咨询中心""投诉中心""服务中心"和"视图中心"五个中心，整合资源，方便公民和企业"一门进入、一口查询、一处办理"。

政府站则为了体现"为民、透明、责任政府"的网上政府形象，设有政府资讯、政务公开、网上办事、互动交流栏目。该页面结合宁波市政情特征，按照政府网站三大功能定位，丰富政务公开信息，整合办事服务事项，增强政民互动效果。

**（四）注重政务网站信息公开的数量与易用性**

2008 年《政府信息公开条例》正式实施后，宁波市在充分调研的基础上，将政府信息公开平台进行独立开发建设。目前，该平台包含宁波市下属 78 个市级部门和单位、19 个县（市）区政府和管委会，以及上千个县级部门和乡镇街道，应用面广、涉及面大，最大程度保障了公民知情权。平台主要包括政府信息公开目录和指南管理、信息管理、依申请公开管理、年报管理、意见箱管理、人员管理、监督考核、待办事项、网页表现、辅助功能等模块，并以"公开为原则，不公开为例外"，重点把 2003 年以来涉及人民群众切身利益的政府信息全部梳理后纳入信息公开目录，包括市民从生到死的 25 类办事事项，以及企业从登记注册到破产注销的 24 类事项。据 2011 年宁波市政府信息公开年度报告披露，截至 2011 年底，全市通过网络平台公开政府信息累计超过 25.13 万件，内容涉及机构概况、法规公文、政府决策、工作信息、行政执法、财政信息、人事信息、公共服务、办事指南、便民服务、政策面对面、地区和行业介绍等信息。2008～2011 年，政府信息公开专栏访问量逐年攀升（见图 3 - 2）。

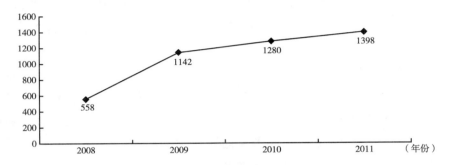

**图 3 - 2　2008～2011 年宁波市政府网站政府信息公开专栏访问量示意图**

资料来源：2008～2011 年宁波市政府信息公开年度报告。

　　结合宁波地域和文化特色，2011 版"中国·宁波"政府门户网站采用 1024 × 768 分辨率，用浅蓝、橙色、深蓝分别展现公民站、企业站、政府站，页面风格清新自然、简洁大方，充分展示了宁波"书藏古今，港通天下"的城市魅力。网站采用第一人称称谓切换栏目"我想要了解政务、获取服务、建议献策"，提供了"我想说、我想要、我要去"以及用户关注的"五大中心"等辅助导航和服务体验设计，语言亲和，功能突出，体现了"以人为本"、以用户为中心的良好用户体验效果。

**（五）门户网站功能齐全，服务方式多样**

　　宁波市政府门户网站体现"执政为民"的理念，提供多样化的服务。市长信箱为广大民众提供了在互联网上反映问题和监督投诉的有效手段。新闻发布会栏目及时把政府的重大事项通过互联网进行发布，增强政府决策透明度。智能语音能够为视力障碍者提供清晰、流畅的语音读网服务（见图 3 - 3）。搜索引擎提供对门户网站和各子网站信息的导航和检索服务。电子邮箱为公务人员提供工作邮箱，为市级企事业单位和各类组织提供公务电子邮箱。利用网上互动功能对公众关心的事件进行网上调查、投票。通过 RSS 订阅功能，用户可以直接下载所需要的信息而不需要登录网站就能了解到最新动态。手机 WAP 站为需要随时掌握政府最新消息的人员提供了一个移动的快捷入口。同时，门户网站还提供了内容管理、访问分析和诊断、个性化定制、视频点播、直播、留言板、短信、论坛、纯文字索引等多种功能。

| | | |
|---|---|---|
| 索引号： | 330200 - 042 - B02030 - 10 - 20120710 - 1 | 内容分类：2012 年度 |
| 文件编号：甬府法（2012）27 号 | | 生成日期：20120710 |

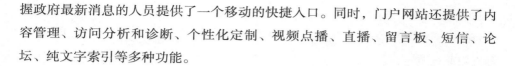

语音播放：

**关于开展 2012 年度行政许可案卷和行政处罚案卷评查工作的通知**

各县（市）区人民政府，市政府有关部门：

为贯彻落实国务院《全面推进依法行政实施纲要》和《国务院关于加强市县政府依法行政的决定》精神，进一步规范行政执法行为，提高行政执法水平，全面推进我市依法行政工作，根据《浙江省人民政府法制办公室关于开展 2012 年度行政许可案卷和行政处罚案卷评查工作的通知》（浙府法发〔2012〕39 号）要求，结合我市实际，决定在全市继续开展行政许可案卷和行政处罚案卷评查工作。现将有关事项通知如下：

图 3 - 3 宁波市政府门户网站的智能语音功能

**（六）做好政府信息主动公开和依申请公开工作**

宁波市将保证政府信息主动公开的数量和质量，及时有效地答复公民依申请公开作为政府信息公开工作的落脚点。为提高政府主动公开信息的针对性，宁波市在政府门户网站上适时开辟专栏，如 2008 年，为帮助企业应对金融危机，宁波市专门在政府信息公开平台开辟了"政策面对面"专栏，集中公开宁波市在"拓市场调结构保增长"过程中出台的政策文件，直面企业需求，做好为企业政策服务工作。

在依申请公开方面，宁波市则坚持以"答复及时，内容完整，格式规范"为标准，不断完善政府信息公开申请的受理机制，规范工作规程。中国社会科学院法学研究所法治国情调研组 2009 年进行首年度政府透明度测评时，曾匿名向 43 个较大的市的政府部门发送过政府信息公开申请，要求公开该市当年城市房屋拆迁的补偿标准。调研组发送申请后，第二天宁波市受理申请的部门就作出了正式答复，除了在网站上提供答复文件外，还以电子邮件形式发送了答复决定，并打来电话对答复内容作了说明。特别值得一提的是，虽然所涉及的信息属于其他部门职权范围，但受理申请的市政府办公厅让人主动将该文件发送给了调研组，充分表明了其积极的工作态度，展示了其较高的业务水平。根据宁波市发布的 2008 年、2009 年、2010 年和 2011 年政府信息公开年度报告，4 年间，全市受理的政府信息公开申请数量稳步攀升（见图 3－4），内容主要涉及财政收支、公共预算、土地规划、房屋动拆迁许可证及补偿安置标准、城市规划、交通管理、工资福利待遇、劳动就业、行政审批事项等方面。这既表明公众申请政府信息的意识不断提升，也表明宁波市各级政府部门面对公众的申请采取不怕、不躲、不推的态度，积极回应公众需求。

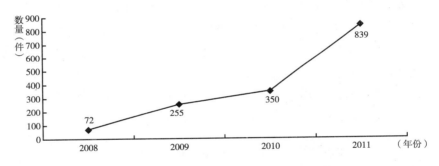

**图 3－4　宁波 2008～2011 年受理公开申请情况**

＊资料来源：2008～2011 年宁波市政府信息公开年度报告。

### （七）拓展政府信息公开新领域

近年来，宁波市着力在深化政府信息主动公开上下功夫，把关系公众利益、公众关心的事项作为主动公开的重点工作，不断扩展政府信息公开的新领域。

首先，积极稳妥地推行财政预算和"三公"经费公开。推动财政预算公开有助于打造阳光财政、透明财政，防止贪污、腐败和浪费，更是公众监督政府需求的重要内容。从宁波市政府门户网站公开的信息看，早在 2009 年宁波市就有很多部门陆续公开了本单位的预决算信息，2011 年以来更是紧跟中央部门预算信息公开的步伐，全面公开各部门的预算信息。截至 2011 年 5 月底，市级 49 家部门按市里的统一要求公开了本单位的财政预算。

其次，大力推进重大行政决策公开。宁波市从建立和完善经济和社会发展重大事项行政决策规则和程序入手,积极推进重大行政决策公开。《宁波市人民政府重大行政决策程序规定》(甬政发〔2011〕117号)明确界定了重大行政决策事项,规范了重大行政决策程序,完善了专家咨询、评估制度和重大行政决策听证制度。根据该《规定》,除依法不得公开的事项外,决策承办单位应当通过政府网站、新闻媒体等方式向社会公布重大行政决策草案,广泛征求意见,决策草案公布后,决策承办单位还应当根据决策对社会和公众的影响范围、程度等,采用座谈会、协商会、咨询会等方式充分征求社会各界、党派团体和群众代表的意见(第11条),市人民政府作出重大行政决策后,除涉及国家秘密、商业秘密和个人隐私外,应当及时通过市人民政府新闻发布会或者政府网站、新闻媒体等向社会公开。而且,市人民政府作出重大行政决策后,除涉及国家秘密、商业秘密和个人隐私外,应当及时通过市人民政府新闻发布会或者政府网站、新闻媒体等向社会公开(第23条)。

最后,重视抓好工程建设领域项目信息的公开。宁波市对项目信息公开内容、公开主体、公开载体和公开要求作了进一步的明确,及时公布重大建设项目的立项、招标投标、征地拆迁、重大设计变更、施工管理与信息。为了加强工程建设领域项目信息的公开力度,宁波市在市政府门户网站上开通了"宁波市工程建设领域项目信息公开和信用信息共享专栏",集中发布项目信息、企业信用信息、招投标信息等。

## 三 宁波市政府透明建设成效明显

为了把握政府管理透明度的实际状况,推动政府信息公开制度的实施,促进在政府机关工作人员及广大公众中形成公开意识与公开文化,中国社会科学院法学研究所法治国情调研组(以下简称"调研组")自2009年以来,以政府网站的信息公开为视角,对部分地方政府信息公开的情况进行了调研、测评和分析,并形成"中国政府透明度年度报告",至2012年已经连续发布了3期报告。其中,《中国地方政府透明度年度报告(2009)》以43个较大的市为测评对象,《中国政府透明度年度报告(2010)》以59个国务院部门和43个较大的市为测评对象,《中国政府透明度年度报告(2011)》以59个国务院部门、26个省级政府和43个较大的市为测评对象。宁波市3年被测评,结果显示,在被测评的43个较大的城市中,宁波市政府在3年的测评中都处于前列。

政府透明度测评是根据《政府信息公开条例》和相关法律法规的规定，设计了指标体系，以政府网站的信息公开为视角，进行了测评和调研。

调研组采取观察和验证的方法，即浏览相关政府网站的有关栏目和信息，分析其信息公开状况，并就有关链接、检索系统、电话、电子邮件、信息公开申请提交系统等的有效性进行网络或电话验证，以评分的形式（满分总计100分）对较大的市的政府网站内容进行测评。

3年的测评中，不同调研对象的测评指标均有一部分是一致的，即"政府信息公开目录的设置情况"、"政府信息公开指南"、"依申请公开平台的运行情况"、"政府信息公开年度报告"。同时，调研组根据每年政府信息公开的重点和被调研对象的特点，还设计了一部分专门性指标。如2009年较大的市还测评了其拆迁信息的公开情况（见图3-5），2010年测评了拆迁信息和食品安全信息的公开情况（见图3-6），2011年则测评了食品安全信息和行政审批信息的公开情况（见图3-7）。

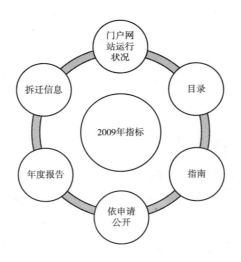

**图3-5 政府透明度2009年度较大的市测评指标体系**

政府透明度测评所依据的指标的选择和设置全部依据《政府信息公开条例》及有关法律法规的规定，以及对各级政府履行相应职责的要求。为了最大限度地避免测评人员个人主观判断、个人好恶对测评结果的影响，测评指标的设计力求使测评人员仅对被测评网站有关事项作出"是"与"否"而不是"好"与

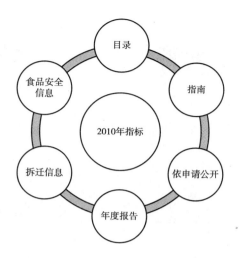

**图 3 - 6　政府透明度 2010 年度较大的市测评指标体系**

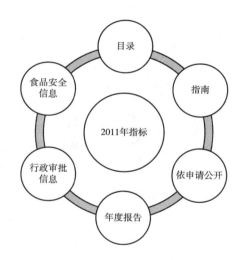

**图 3 - 7　政府透明度 2011 年度较大的市测评指标体系**

"坏"的判断。因此，依照所设定的指标，任何人在同一时间段，均可以对同一政府网站得出相对一致的测评结论。为了确保测评的公正性，调研组对所有被测评网站进行了 1 个多月的集中观察，并对测评结果进行了反复核查。

在连续 3 年的测评中，宁波市的总体测评结果一直在较大的市中排名居前。其中，2009 年，宁波以 80. 5 的总分位列第一（各板块得分见图 3 - 8）；2010 年以总分 71 分蝉联第一（各板块得分见图 3 - 9）；2011 年，以 63. 6 分排名第六

（各板块得分见图 3 - 10）。但从总分及各单项历年得分情况看，其排名均有一定的下滑。其主要原因，一是调研组逐年加大了测评难度，测评指标逐步细化，二是不少地方发挥了后来居上的优势，迎头赶上。

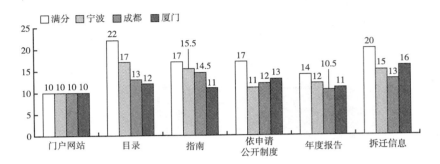

图 3 - 8　2009 年政府透明度测评前三名城市得分示意图

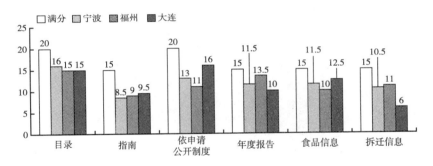

图 3 - 9　2010 年政府透明度测评前三名城市得分示意图

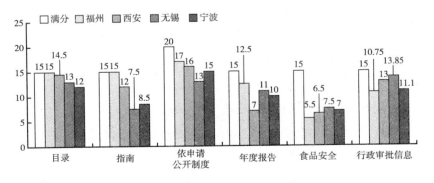

图 3 - 10　2011 年政府透明度测评宁波与前三名城市得分示意图

　　虽然近年来，宁波市政府透明建设取得了显著成效，但同全国绝大多数地方一样，均在建设透明政府中存在一些共性的问题。如在主动公开方面，还存在政府信息公开栏目不够集中、目录分类单一、目录中的信息内容与网站全部的信息内容不匹配、政府信息公开目录的编排有待细化、信息放置无序、不同网站中的同类信息不一致、个别信息链接的有效性不佳、个别部门信息更新不及时等。另外，依申请公开制度面临越来越大的挑战。从宁波4年来实施政府信息公开制度的情况看，政府信息公开申请量逐年攀升，与此同时，涉及政府信息公开的行政争议也不断增加。根据宁波市政府法制办公室提供的数据，2008～2011年，宁波市政府收到有关政府信息公开行政复议申请数量依次为25、6、12、50件，发生的行政诉讼案件依次为0、1、2、11件。这表明，虽然中间有一段时间政府信息公开的行政争议有所下降，但总体上还是不断增加的。当然，不能仅仅根据争议数量的多寡来判断政府机关实施政府信息公开的情况，特别是不能因此就对政府机关作出负面评价，但至少说明依申请公开的实施面临着越来越大的压力与挑战。而实践中，关于政府信息的范围、不公开信息的界定等还有众多不够清晰的地方，这些都有待上位法予以明确。

　　不断追求进步是宁波市法治建设，尤其是宁波市推动政府透明度建设的一个亮点。虽然该市政府透明度工作在全国走在前列，但他们并没有满足于现状，而是时刻自我加压，不断改善工作。2012年，针对调研组测评中宁波市排名下滑问题，宁波市立即着手整改，并于本书即将出版时初步完成了网站改版。改版后，宁波市政府整理和扩展了政府信息目录，对政府信息公开页面进行了重新分类，完善了信息检索功能，特别是引入了PORTAL技术，实现了政府信息公开系统的个性化定制。这些努力必将进一步提升其政府信息公开水平。

# 第四章　宁波市中小企业法治保障实践

## 第一节　宁波市中小企业发展概述

### 一　中小企业的重要性

现代国家发展的实践证明，一国经济的持续稳定增长，离不开数量众多的中小企业，在欧美日等发达国家和地区，中小企业都占到本国企业总数的99%左右。中国也不例外，改革开放以来，中小企业发展迅猛，经济贡献和社会贡献逐年提高，现在中小企业已占到全国企业总数的99.8%，在容纳就业、创造需求、技术创新、扩大出口、构建社会主义新农村等方面都发挥着至关重要的作用，成为市场经济的真正活力所在。不过，在发达国家和地区中，中小企业的平均存活时间可能达到几十年，如欧盟25年，美国17年，中国台湾地区也有13年，而在中国大陆它们却只能"各领风骚三五年"！近年来的数据调查更表明，大陆中小企业的平均寿命甚至由以前的5.7年缩短到2.4年。

事实上，现代工商业社会的经济运行一般以大型企业搭构起框架骨骼，然后依靠中小企业在各个细目中填充皮肤血肉，再进一步依靠广大雇员劳动者来完成具体的生产劳动。显而易见，在这个经济运行链条中，大型企业、中小企业、劳动者各司其职、分工合作，若其中任一环节维持不善掉下链来，都不能稳定有序地共同发展，从而影响社会整体和谐形态。研究表明，中小企业其实是真正的"大就业企业"，通常每亿元资产，对大型企业来说约需雇用150多人，而中小型企业则需要雇用300人左右；但在另外一方面，中小企业又是真正的"弱小企业"，规模小、技术弱、信息不畅，处于人才流失、融资无门的竞争劣势，更兼杂"费"多、回款不能、国企垄断等，使中小企业生存环境艰难，导致大量中小企业正在倒下或流出实体经济。

2011年10月，国务院总理温家宝在浙江考察时明确指出：中小企业在扩大

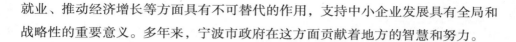

就业、推动经济增长等方面具有不可替代的作用，支持中小企业发展具有全局和战略性的重要意义。多年来，宁波市政府在这方面贡献着地方的智慧和努力。

## 二　宁波市中小企业的特点

中小企业是宁波市经济企业的主体，根据浙江省中小企业局发布的报告，浙江省规模以上中小企业中，数量最多的就是宁波地区，占全省中小企业的1/5。改革开放前，宁波市几乎没有大型企业，中小企业包罗了全部工业经济。改革开放以后，随着北仑港大规模开发建设，先后兴建了一批港口及电力、石化等临港工业大型企业，即便如此，中小企业仍占到全市工业企业总数的99.99%，长期以来在宁波市的经济发展中占有绝对优势。这些中小企业经过三十多年的发展，除了经济总量大、税收贡献多、企业规模小、吸纳就业人数多等通常特性外，主要呈现出以下三个地方性特点。

### （一）经营业务范围广泛

宁波市的中小企业行业分布很广，在国民经济行业分类的40个工业大类中，中小企业都有涉及，过去，通用设备制造业所占比重最大，其次是塑料制品业。现在从各个行业分布上，都日益呈现出外向型经济特性，越来越多的中小企业主营外贸和物流，成为吸引外资的主要载体，并且开始积极实施"走出去"战略，在境外投资形成新的增长点。这一切在呼吁增强高端的法律服务、信息咨询服务、对外经济合作人才培训、国际贸易规则的认识和运用意识、应对贸易摩擦能力等软实力。

### （二）地域文化特征突出

宁波市是具有深厚文化底蕴的土地，历史上形成了独特的"经世致用"的实学和"以商为本"的人文精神，因此在宁波地区各村落上呈现出较好的市场经济基础，中小民营企业发展早，参与人员多，认同度也高。各地以市场为导向，依靠其传统资源和加工优势，形成了明显的块状经济带，如余姚的塑料、慈溪的打火机、宁海的文具和模具制造业、天元镇的小家电和古旧家具、象山爵溪的针织衫裤等多个"一镇一品"、"一村一品"的专业生产群体。

### （三）发展面临各种困难

作为比较早发展起来的沿海开放城市，宁波市中小企业的许多问题也就比其他地方早发多发易发，对服务管理提出了很多新要求。特别是近年来，随着国家大体制的变迁，以及中小企业自身发展的瓶颈效应，其盈利和生存能力大幅下降，表现为：企业产能利用率普遍不高；资金紧张矛盾突出；增量市场的开拓日益艰难；产业层次停滞不前；企业组织结构也有待改善。

## 三　宁波市中小企业的发展瓶颈

近年来，多项发放给中小企业的问卷调查都显示，在被征询其发展瓶颈时，被访企业通常首选都是"融资障碍"项，然后会分别选择"本行业竞争激烈"、"人力资源匮乏"、"用地紧张"、"政府缺乏关于市场需求方面的宏观指导和支持"等，可见，中小企业面临的发展困境涉及资金、人力、软环境等多个方面。

### （一）钱荒：融资障碍和成本上升

由于政策的限制，中国现在直接融资渠道狭窄，风险投资、产业基金、企业债券等的规模都很有限，适合直接融资的大量中小企业项目都无法获得资金。而在借助银行体系的间接融资上，中小企业由于规模小、可供抵押的固定资产有限等原因，往往被银行认为"成本高、抵押难、风险大"，较难获得资金支持。特别是 2011 年下半年以来，随着国家银根的逐渐收紧，银行市场的竞争加剧，商业银行在利润和风险的双重约束下，愈发不重视这些小微实体，中小企业若融资须承担超出大型企业 6% ~8% 的成本负担（在金融体系健全的欧美国家该成本仅高出大型企业 1.5% ~2%）。虽然《中小企业促进法》出台后，宁波市政府制定了多项法规政策希望改善对中小企业的金融服务，但是，融资难的问题仍然深刻地影响着其健康发展。根据宁波市外经贸局、宁波市民营企业协会分别开展的调查显示，宁波市有六成以上的民营企业受到了"钱荒"的困扰，融资障碍日益突出，既表现为融资难度的加大，也包括融资成本的上升。这种状况进而影响到了企业的生产投入、产品研发投入、技改投入等，其中，有 86% 的被调查企业甚至认为已影响到了自己的流动资金周转。

造成这种"钱荒"的原因其实是双向度的，除了融资无门外，另一方面则是综合成本的普遍上升，原材料价格上涨、出口退税率持续下调、电力短缺、货款回收慢、人民币升值等多座大山，共同逼出了中小企业目前的"钱荒"现象。外汇改革以来，人民币对美元累计升幅已超过了 29%，这对 2010 年出口依存度高达 72.3% 的出口主导型宁波企业而言，利润空间当然受到了大幅挤压。而资金回笼速度放缓、现金流趋紧的状况也会通过产业链的上下游相互传递，如通常

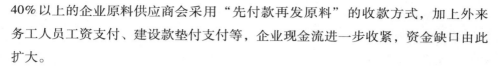

40%以上的企业原料供应商会采用"先付款再发原料"的收款方式，加上外来务工人员工资支付、建设款垫付支付等，企业现金流进一步收紧，资金缺口由此扩大。

### （二）人荒：用工困难和人才断层

近年来宁波市企业劳动用工一直处于相对紧缺状态。首先是一线操作工缺口大，招工困难，而其招工困难的根本原因并不在于缺乏劳动力，而是因为工资太低留不住人。长期以来，中小企业处在产业链的低端，主要是以"高投入、高能耗、高排放"的代价，通过"低成本、低价格、低利润"的方式参与市场的活动，这种薄利多销的发展模式使其对价格成本非常敏感，基本劳动力价格的轻微上升都会成为中小企业难以负担之重。2008年《劳动合同法》实施后，一方面规范了企业用工，维护劳动者权益，提高农民工收入，而与之相应的硬币的另外一面，就是企业人力成本的大幅度提高，包括为员工交纳的劳动保险等"五险一金"和终止劳动合同时支付的补偿金以及职工带薪休假费用等。据测算，《劳动合同法》实施后，宁波工业企业产品成本平均上升2～3个百分点，而对于纺织、服装等劳动密集型企业，劳动力成本更是上升了10%～15%。随着国内外经济形势的这些变化，宁波市中小企业的利润空间被大幅地压缩。

因此，宁波市中小企业要想长期存在下去，就必须转变现有模式，提高生产效率、管理效率，扩大利润空间，需要引进相对高端的技术人才，可在这方面，中小企业由于投入有限、发展空间不明朗等原因，同样不具有竞争力。宁波市科协的一份问卷调查结果显示，38.31%的中小企业没有设立自主创新和知识产权奖励与惩罚制度，21.69%的企业科技工作者认为他们在工作过程中并没有受到足够的重视。除了缺乏研发人才外，中小企业对管理人才的吸引力也不够，有时候即使引进了也难以留住，特别是近年来，随着远高于全国均价的宁波本地房价的暴涨，留住外来人才的成本迅速增加，以至企业难以承担。过去，宁波市中小企业对此采取的应对办法是以进行自我培养为主，但现在由于担心商业秘密泄露、人才迅速流失等，一些企业已不愿放手对经营人员进行全面培养，宁愿消极对待，造成了人才的缺失和低质化，不利于行业的持续发展。

### （三）服务荒：软环境的制约

除了资金、劳动力等实体方面的困难外，宁波市中小企业也受到了整体发展软环境的制约，在市场信息、信用建设、知识产权、法律服务、社会服务体系等各方面都遭遇困境。事实上，前述人、财、物实体方面的困难，根源上同样来自恶劣软环境的制约，如融资困难源于信用缺失、人才断层源于商业秘密侵权等，所以在现代信息社会，可以毫不夸张地认为软环境也是生产力，而且是区域发展中的核心竞争生产力。这个软环境，包括政策环境、政务环境、法治环境、人才环境、市场环境、舆论环境等，如给予中小企业在发展政策上包括税收信贷等方面的倾斜支持，取消不必要的市场准入条件，规范执法环境，避免"乱检查、乱罚款、乱摊派、乱收费"的干扰，提供基础人才培训，培育信用体系等。这些市场宏观环境方面的发展瓶颈是身处市场之中的中小企业本身没有能力去解决的，反过来，则正是身处市场之外的主体——政府发挥其平衡性、公正性作用之处。

事实上，当代科学技术的进步和大工业的发展，不仅改变了人们生活的物理状况，也带来了社会结构上人与人之间关系的变化。一方面，在工业化和城市化进程下，人的生活空间逐渐变得集中和拥挤，人们可能彼此并不相识，但相互之间的关系却比过去任何一个时代都更加密切，任何人在处理自己的事务行使自己的权利时，都有可能意想不到地干涉到他人的利益或带给别人顺风车，产生正外部性或负外部性。另一方面，人们之间的关系结构也在悄然发生变化，过去大多表现为个体当事人之间的简单生活关系，如买卖、借贷和消费关系等，现在由于企业、非营利团体及政府机构等各种组织体的不断壮大，在日益变更为法人或非法人实体与自然人之间的关系，在其交易过程和纠纷解决上，自然就出现了强势群体与弱势个人之间事实上的不平等。即使在个体当事人之间的关系，看起来本应为平等的形式下也出现了双方实质上的不平等，如在医疗、咨询等提供专门服务的专家与接受其服务者之间，当事人在智力体力、知识水平、社会地位等方面都处于完全不对称的状况。一言以蔽之，一个小国寡民、人和人之间在大多数情况下自然平等、从而依靠市民社会自身的协商、妥协进行意思自治的简单时代已经过去，人类经济社会生活的深刻变革开启了一个法治的新时代。换言之，在同时身陷近代、现代、后现代泥潭的今日中国，社会主义法治建设具有了双重内涵要求：政府既要遵守依法治国的基本原理，保护人权、保障自由、约束政府自己有所不为，当好守夜人；另一方面，又必须能够在所有由于不完全竞争、信息不完全或不对称以及外部效应而导致市场失灵的地方有所作为，当好推动者。

对于当代这种纷繁复杂的社会情势，宁波市有着深刻的体会。一方面，作为改革开放先行城市，宁波市也是市场经济先发地区，发展出了较好的市场经济基础，市场的发达带来了人们权利意识的复苏，无论群众还是干部都具备了基本的法治意识，因此，每个公权力代表人员个体都有着一定的尊重市场自觉，从而在其具体行为的处分中能够自然地对公共权力运用有所克制，表现在各级政府整体上，就是随意运用行政权力大肆干预市场的逐渐减少，"凡是市场自己能做的，都交回给市场"。诚如宁波市政府法制办公室一位干部所说，现在的政府管理问题已经是"干部很小心，乱作为很少了，现在最大的问题是不作为"。也就是说，传统的"小政府"概念在此已经失灵，但若就此走向对立面的"大政府"，宁波市的经验同样告诉人们亦不可行。那么，一个现代法治政府究竟应该如何定位自己？面对上述中小企业的瓶颈，发展早、基础好，相应的问题也早发多发从而积累下了丰富管理经验的宁波市政府是如何来破解难题的呢？

## 第二节　宁波市推进中小企业诚信环境建设

中小企业基础薄弱，发展质量低，特别是目光短浅，缺乏战略眼光，在日益加剧的市场竞争下，很多企业"头痛医头，脚痛医脚"，不惜以牺牲产品质量、透支企业信誉为代价铤而走险，有些更是无序竞争，把自己变成了"开关厂"，不但毁坏了自己产品的声誉，还搅浑市场，产生了劣币驱逐良币的恶劣效应，害己又害人。宁波市中小企业为此遭遇了持续的危机，2008 年金融风暴后危机更是加剧。但事实上，这样的不讲诚信、产品不适销对路、高污染高能耗的企业倒掉并不可惜。金融危机是危机也是机遇，其给中小企业带来了最有效和强大的压力，倒逼企业重新洗牌，在产业结构调整中优胜劣汰。

宁波市政府在既往的发展基础上，抓住这一机遇，转变过去单纯从经济上扶持中小企业发展的思路，花了更大更多的力气去理顺市场秩序，提供一个诚信主体能够在其中得到最大收益的基本环境，让企业自己体会到诚信的益处。当诚信给企业带来利益最大化的时候，企业自然就会在这方面进行充分的发掘。务实的宁波人为此"坚定不移调结构，脚踏实地促转变"，由宁波市委牵头打造"信用宁波"，包括工商、金融、司法在内的各个职能部门都从自己工作的角度进行挖掘，创新采取多种配套具体措施，相互联动支撑，形成了一个企业诚信建设的系统性制度体系。

## 一　远见性决策："信用宁波"建设

近代宋汉章、包玉刚等"宁波帮"诚信经营闻名中外，拥有这一历史人文精神的宁波人深深地懂得"诚信兴商，失信难行"。为此，在十年前，宁波市委、市政府就具有远见卓识地作出了建设"信用宁波"的重大决策，并将量大面广的中小民营企业的信用建设作为其中的基础和重点。

### （一）2002～2008：从"宁波企业信用资讯网"到"信用宁波网"

2002 年，宁波市设立了"信用宁波"建设领导小组办公室，开始全面建设政府信用网站——宁波企业信用资讯网，在全市上下掀起了打造"信用宁波"的热情。该网站由"信用宁波"建设领导小组办公室和工商行政管理局主办，宁波市企业信用信息中心承办，通过将工商行政管理局等政府部门内部累积下的企业信息整理公布至公共平台，允许社会自主查阅，不收费、不设卡，提供了一个对宁波市众多企业既展示诚信风采、也曝光老赖形象的有效窗口，通过公示的力量促进企业本身的自我改进，并为社会公众以及企业之间提供方便、快捷的信用信息。至 2008 年 6 月，其网站访问量已达 150 万次，信用信息查询量突破 180 万次。

2008 年 7 月，宁波企业信用资讯网进一步更名为"信用宁波网"，除企业外，还将宁波市个人和中介组织也包括进来，涵盖了企业、个人和中介组织三大主体的登记信息和信用信息。"信用宁波网"主页上逐步确立了"信用预警"、"守信公示"、"失信公示"、"中介信用"、"异议反馈"、"信用专题"、"政策法规"、"公告栏"等栏目，分别披露各类经济组织和个人的守信与失信信息；提供信用建设方面的政策法规知识；为所有登录者提供平等、便利的信用资讯查询服务。

以这一信息共享平台为抓手，宁波市推进中小企业信用体系建设的成效显著。从内部评价上来看，依据宁波市首创的一套企业信用分级制度，企业被分为 A、B、C、D 四个信用等级，而全市 14.2 万家民企中有 96% 的信用等级已达到了最高级 A 级。从外部评价来看，在中国社会科学院牵头的首次国内城市"金融生态"全面调查中，宁波市于"企业诚信"子项指标的排名上抢得头筹，综合排名亦仅次于上海市位列第二，跻身全国金融生态最高级别的城市行列。

**（二）2008～2012："信用宁波网"的完善和普遍应用**

至今，"信用宁波网"已完成信息管理系统的总体框架搭建，建成了宁波市企业信用数据库、重点人群信用信息库和政府部门信息共享系统，广泛运用现代信息技术，为推进社会管理体系创新、优化经济生态环境提供了有效的路径。

截至2012年4月底，该系统实现了18个市级政府部门以及8个县（市）区间的信息共享，将工商、税务、劳动保障、质监、环保、公安、物价、银行、司法等部门多年来掌握的各种企业信息进行整合，建立了一个包括120万户经济主体及42万与经营紧密关联人群的信用信息数据库，覆盖现有52万家在册经济主体、70万家注销经济主体、4万家吊销户以及42万重点人群（包括注册资产评估师、公司高管、执业律师、注册会计师等九大类），各类信息指标共约74类488项，基础信息和信用信息总量合计达3900多万条。这些部门在提供这些信用信息时，需保证信息的准确性、完整性、实时性、更新频率的合理及时性。如工商部门对企业开业登记信息、法定代表人信息、行政处罚信息实行实时更新；地税局对税务登记、注销信息实时更新，对注册会计师信息半年更新一次；质监部门每三天更新一次组织机构代码信息；环保局实时更新行政处罚信息和模范企业信息等。与各地区的同类网站相比，"信用宁波网"公示的主要信息，在企业户均信息量以及更新频率上均处于全国领先地位。2010年，在国家工信部组织的全国电子政务会议上，"信用宁波网"被作为典型案例进行了经验交流。

现在，不管是个人、企业还是政府部门，只要直接登录"信用宁波网"，就可以看到各个中小企业的基础信息和相关信用信息，如商标局多年来留档的对各企业的国家机构原始检验报告、处罚历史等，"守信公示"、"失信公示"等栏目下还公布有政府近期监管过程中对这些企业产生的各种正负评价评级，包括优良信息、荣誉信息或者不良信息、欠税公告、两年之内有没有被处罚过的信息等。如2011年5月，14000余家不诚实信用的"老赖"企业失信记录被记录在案，登上"信用宁波网"供社会查询。"信用宁波网"首页右上即为"未履行生效法律文书义务的被执行人信息"，点击后可以清楚地分两列看到这些不诚信的企业和自然人，也可以在搜索栏中输入中小企业的名称，查看其司法履行情况，综合认定其诚信水平。

在网站信息的不断充实完善下，人们逐渐认可了"信用宁波网"的权威性和在日常生活经营中的不可或缺性，截至2012年4月底，已有1200万人次使用该网站查询了企业及重点人群信用信息，2011 年日均查询量达到 1.5 万次，最高日查询量甚至达到 11 万次之多。企业的信用查询被广泛运用于政府部门对企业的各类荣誉评定、资质认定，招投标机构对参与企业的资质审查，金融机构对信贷企业的年检、资信等级评定，企业间的合同签订、生意往来等。石家庄曾经有一家企业在与"余姚市东港贸易有限公司"签订业务时，对后者只提供营业执照复印件产生了怀疑，遂到"信用宁波网"上查询，发现余姚市根本没有这家企业，其复印的营业执照系伪造而来，由此避免了一次经济风险。上海、深圳等地的政府采购中心、招投标中心也多次利用"信用宁波网"，对宁波市的投标企业进行资格审查。十年来，作为一个开放式的信息平台，"信用宁波网"真实地记录了数百万经济主体在工商、税务、金融、司法、海关等领域的信用情况，无偿为企业、个人和政府提供分级信息查询服务，成效显著，成为引导企业诚实守信的标尺。诚信为本、义中求利，正逐渐成为宁波市大中小企业的自觉行为。

**（三）2012～2015："智慧信用宁波系统"建设**

今天，登录"信用宁波网"，我们看到它并没有裹足不前，而是在已经完善的大框架下，各个政府机构都还在从自己管理的内容出发，深化探索创新，以此平台为推动，发展各项新的企业诚信建设内容。

以消费信用为例，在"信用宁波网"首页右侧的栏目"信用专题"项下，过去主要有"宁波市十大超市综合检查和评价通报"等内容，用以向人们公布政府机构对经营者进行各种检查获得的信息，反映了政府主体与经营者主体之间的一种双向关系。显然，在这里，对经营企业消费信用的确定和维持，是以单一主体——政府的监管为主要办法的。在此基础上，2012 年 1 月 14 日，宁波市颁布实施《宁波市消费信用评价体系暂行办法（试行）》，并依此建立了宁波市"消费信用评价体系"和"远程投诉处理和解平台"，将经营企业的消费信用状况准确录入到"消费信用评价体系"中，公布于"信用宁波网"，供人们查看选择。

该《办法》规定，与宁波市首创的企业信用分级制度总体一致，也按消费信用的总分将经营企业分为 A、B、C、D 四个等级，650 分以上的为 A 级（优秀），550～650 分（含 550 分）的为 B 级（良好），500～550 分（含 500 分）的为 C 级（一般），300～500 分（含 300 分）的为 D 级（差），被扣分至 300 分以下的，则进入"信用宁波网"的黑名单库。在此消费信用分级制度下，经营企业首先获得基础分 600 分，如果在一个自然年度内，没有消费者对其的有效消费投诉记录，就可加 10 分；若因诚信经营获得"消费者信得过单位"荣誉称号，则按县（区）级、市级、省级三个级别，分别获得 50 分、100 分和 150 分的加分。反之，如有消费者提出消费投诉，经核实后经营者故意侵权（同一经营者在一个月前至两年内出现同一性质的问题再次被投诉）的，扣 10 分/次；拒绝调解（发生消费纠纷后，经消保委工作人员两次通知，被投诉主体无故不到场）的，扣 15 分/次；有重大伤亡事故责任或者携预收款逃跑的，则直接扣至 299 分，置入信用宁波黑名单库。对于外地消费者与经营企业间发生的消费纠纷，则通过"远程投诉处理和解平台"来解决，凡入驻该评价体系和平台的企业须作出承诺，对消费者反映的问题 24 小时内给予响应，72 小时内作出初步处理意见。

2012 年 3 月 6 日，宁波家乐福超市北仑店、宁波国贸家电有限公司、三江超市北仑大碶分公司、宁波兴隆房地产有限公司等 120 家经营者现场签约，作为首批入驻者加入上述"消费信用评价体系"和"远程投诉处理和解平台"。这首批 120 家企业涵盖了宁波市场的各重点消费领域，意味着以后消费者在这 120 家店内消费时，与经营企业之间产生的各类情况，都将依上述规定，以加分或者减分的形式反映在"消费信用评价体系"中，置于"信用宁波网"上。所有的消费者，只要登录政府搭建的这个平台，就可轻松查询各经营企业的消费信用等级、分数、排名和加减分相关事项等，从而便捷、低成本地获得其消费信用信息，确定自己的消费选择，对消费信用好的企业会多多光临，对消费信用差的企业自然就会"用脚投票"，从而通过市场的普遍力量，促进企业自觉走向诚实守信。

通过这样一个公共平台的搭建和评价方法的创新，过去主要通过政府监管企业、确定其消费信用的单一办法，已自然转化成了一种市场的多元化方法。本来只能依靠行政力量、消耗财政资金，由政府这个单一主体对企业完成的监管，现在通过政府搭建起"消费信用评价体系"平台，每个消费者都在消费的同时化身为监督主体，企业再也不可能通过突击整顿来躲避政府部门的偶然检查，也不再可能通过寻租单一监管者来规避自己的诚信义务。因为，千千万万主体共同形成的市场评价，公正、客观，且无时无刻、无处不在，成为对企业最好的监督，使得企业再无其他选择而只能回到诚信的本原。

依照宁波市政府的规划，宁波市所有对企业有监管职能的政府部门以及承担公用事业的组织和部门，都将陆续加入"信用宁波网"系统，在信息共享的基础上实现对企业的联合信用监管。进入"十二五"规划以来，"信用宁波网"再度升级，受宁波市人民政府委托，宁波市工商局规划在 2012～2015 年期间，进一步发展一个以"信用宁波网"为出口的"智慧信用宁波系统"，作为宁波"智慧城市"建设的重要组成部分，充分贯彻实施《宁波市企业信用监管和社会责任评价办法》，持之以恒地推进企业信用建设。该系统将进一步扩大信用信息征集范围，完善信用信息数据库，建立跨省、市、县区多级政府的信息征集和共享体系；建立企业信用评价系统、电子签章系统、数据分析系统、对外服务接口系统、企业智慧服务平台，进一步深化数据应用；建立个人信用信息数据库、智慧消费信用体系，进一步丰富信用建设的内涵；建设智慧信用管理标准体系，进一步推动系统建设规范化、信息服务标准化，加速整合政府各部门在监管中产生的各类信用信息全面提供给社会。可以预见，"智慧信用宁波系统"将使宁波的中小企业变得更诚信也更具竞争力。

## 二　联动式执行：实行部门联动信息制

宁波市中小企业诚信恢复的发展实践证明，"信用宁波"的决策高瞻远瞩，为城市发展确立了良好的定位。而良好的决策更需要有效的执行，才能够将正确的方向充分发挥、从而坚持到底。"信用宁波"要能不断见效，推动越来越多的宁波市中小企业重视自身的信用建设，除了通过公共平台引入市场的因素、发挥出"看不见的手"的无形力量在其中进行调整外，还离不开各政府执行部门将无形信用资产转化为有形经济效益的"看得见的手"的辛劳。因为既然让企业争创诚信，诚信就应能让企业得到回报，回报越多，企业的争创努力就会付出越大；回报越快，企业的争创驱动就会越强。这种回报，从长的时间段来看，只能依靠全社会关注企业信用建设氛围的逐步形成，从而通过时间累积下的社会鼓励和市场淘汰，由外而内地给企业带去自觉的压力；而在短时期内，则可以通过行政手段的不断创新，迅速提高"诚信"的含金量，让"诚信企业"享受到更多的优惠——来自多个部门联动的各种各样的优惠，让"不诚信企业"承受更多的损失——来自多个方面联动的各种各样的损失，导致守信者获益、失信者受罚，企业就会产生强烈的动力，主动放弃不诚信的行为，而积极争创诚信金字招牌。

遵循这一思路，宁波市各个政府部门和承担公用事业的组织机构间共同努力，综合建设行政执法管理系统，针对中小企业的诚信提升，在基层管理服务过程中积极作为、大胆创新，搭建银企平台、设立环保警务室、创新劳动矛盾调处机制、创新能动司法等，开创并积累了丰富的经验。当我们跳出每个具体部门的具体工作，从一个整体的角度来审视时，就会发现，这些创新林林总总，最终都汇总趋向于一种系统性的存在：在各个部门机构间建立一种联动信息制，形成横向联动、上下结合的全系统机制，从而能以一种常态系统的方式反馈执行，避免了社会管理中由于行政职能分工带来的生硬分割，支撑起企业信用的全面增长。

**（一）横向联动**

对企业的管理工作，按照传统行政分工，是以工商部门为核心的，各种信息大多局限在工商系统内部，而在促进企业提高信用方面的手段也相对单一。按照过去对行政工作的理解，工商机关更多习惯于通过检查、扣封、处罚、整顿等负面的刚性手段开展工作，容易激化矛盾，即使采取正面手段组织认定"守合同重信用"单位等，对获评企业的激励也非常有限。这样，企业得到的实惠并不多，相关信用信息也主要只是在工商系统内流动，外界既无法了解也不易应用。随着部门间联动信息制的不断建设、完善，宁波市工商部门开始积极主动地将企业工商信用数据与其他部门共享，对中小企业信用的提升，无论是促进的手段、还是参与的部门，都变得多样化起来。

**1. 工商信息的主动外化："市场主体信息报告"制度**

宁波市工商局从 2006 年开始，以"服务需求化"为导向，在全国率先推出了"市场主体信息报告"制度，2010 年再次加以完善和推进。这一制度要求其各分局以日常企业登记管理中获得的统计信息为基础，分析研究这些第一手资料，通过不同的视角提出信息报告，反映宁波市企业和地方经济的总体情况和发展趋势，将工商信息资源的独特优势，外化为市府、企业和社会各界的权威参考。

"市场主体信息报告"制度采取"短信报送"、"月报季报年报报送"、"工商信息专报"、"媒体报道和新闻发布会"四种披露方式，以"日常统计分析"、"综合类报告"、"专题类报告"和"区域比较分析报告"四种形式，全方位提供企业的基本信息、产业和区域分布信息、新设变更与注销信息、企业投资人构成信息、企业市场交易风险信息、企业生命周期信息、本地外来投资信息、近期新设企业的预测信息等，并根据各地实际，对其当地企业发展提出总体评价，有侧重地分析宏观经济形势及国家政策变化在企业层面的反映，提出针对性的意见和建议。

宁波市工商局的这样一种主动创新的信息服务办法，开发了其信息资源的外化应用，打破了由于行政职能分工自然带来的部门间信息障碍。信息的有效流动，既能为市场主体的准入和经营活动提供指南，又为各级政府部门决策当好参谋。而在信息有效流动共享的基础上，各部门间就可能形成联动，实现决策共通，也拓展了工商部门的有效作为空间。

2. 获奖/受罚联动

目前，宁波市的企业一旦依据《浙江省工商企业信用等级"守合同重信用"单位认定管理办法》被新选和审核续展认定为"守合同重信用"单位，除了传统的颁发证书通报表扬办法外，有关部门会将这项荣誉录入上述"信用宁波网"，对社会上的所有潜在消费者投资者产生公示效应，该信用信息还会被其他多个政府部门机构所"共享"，企业为此可能会在特定项目补贴、招工用人、劳动培训以至金融贷款等多个方面，得到其他主管部门给予的多种多样的优惠和便利。

"守合同重信用"单位认定的有效期为三年，凡在有效期内出现严重不符合认定条件的情况，并造成不良社会影响的，该企业将被立即摘牌并抄告相关部门。相应地，获得的政府贷款额度就会减少、贷款利率也会被提高、税收处罚等也都将与企业评级相关联，从而促进企业认真地对待评选，并自觉地保持信用状况。

不仅如此，除了工商部门主导进行的行政评选外，宁波市民营企业协会、工商联民营企业发展服务中心等行业组织、社会机构也可与政府合作积极推进类似工作。截至目前，与"信用宁波"的打造工作相随而行，宁波市"诚信民营企业"、"诚信个体工商户"的评比工作也已走过了10个年头，诞生了318家市级诚信民营企业，207户诚信个体工商户。

"诚信民营企业"的评比要求十分严格，有关部门会综合考察企业信用、劳动用工规范、维护职工合法权益、安全生产等多项条件，并征询当地公安、税务、劳动、质监、环保、卫生、安全生产监督、总工会、银行、消协等10个部门的意见。"诚信民营企业"的认定有效期也是三年，有效期内出现问题的同样会被摘牌抄告。如三年内维持诚信，期满后该企业可向当地民营个体协会提出有效期限延续申请，由认定单位重新确认。对于这些入选企业，认定单位将发给"诚信企业"或"诚信经营户"牌匾和证书；在市级相关媒体予以公告；抄告人民银行记入银行征信系统；在当年年检时由工商部门予以免审便利；加入"伙伴之家"银企俱乐部享受俱乐部4A级以上的优惠待遇；而最重要的是在信用等级上，这些中小企业将被优先作为宁波市信用管理示范企业培育对象，纳入企业信用等级评定条件，带来其信用等级的提高。

### 3. 工商与金融联动：企业信用评价促贷款

上述信用等级不可等闲视之，它实实在在地关联着企业的多项优惠待遇。如前所述，宁波市以工商、财税等10个部门和人民银行实时提供的交换数据为参数，首创了一套企业信用分级制度，自高而低分为AAA、AA、A、B、C、D六个级别，对企业进行信用评价，不同的级别关联着不同的优惠和待遇，如信用等级为A级的中小企业，在贷款时可得到比以往月利率优惠7.14%的贷款，AA级及以上的优惠率更可达到8.57%。在当前融资难的普遍状况下，可获得银行贷款并得到优惠，这对企业、特别是中小企业来说，将打破钳制住其发展瓶颈的首要桎梏，具有非常大的吸引力。

如2009年3月，在国家银根收紧的情况下，宁波市大榭开发区的一家中小企业——大榭虎王保险箱有限公司凭着良好的A级政府信用评价结果，几天内就从当地信用社获得了优惠的低息贷款。显然，虎王公司优惠贷款的获得，离不开公司长期以来的诚信积累。这种无形的诚信行为现在之所以能够被显性化成为有价值的信用资本，进一步高效转化成有形的经济效益，却是与宁波当地大榭工商分局利用政府对企业的信用评价结果，联动搭建"企业信用评价结果促保贷款平台"，主动创新促进银行与中小企业的合作分不开的。2008年底，大榭工商分局对辖区近800家私营企业进行了实地走访和电话询访，了解到辖区中小企业真实的生存困境，决定结合企业信用评价和动产抵押登记两项工作职能，联合区信用社，搭建起"企业信用评价结果促保贷款平台"，帮助金融机构与信用度较好的中小企业牵线搭桥，进行融资。经过研究和努力，大榭工商分局科学地整合了自己的企业工商信用评价数据、其他政府部门的企业信用信息数据和银行信用资源，每年提供给本地信用社一份辖区内所有企业信用评价结果的数据作为备案。当企业去信用社办理贷款时，使用企业数字证书现场登录"信用宁波网"，查询到本企业的政府信用评价结果，与信用社的备案数据进行比对。如果比对结果一致，信用社就会将该信用评价结果作为参考依据，决定是否向企业提供贷款以及贷款利率是上浮还是下浮。如在上述虎王公司的申请过程中，在大榭信用社的信贷科，该公司提交了营业执照和会计报表等基础资料。信用社工作人员受理后，使用该企业数字证书登录"信用宁波网"，查询确定该公司的工商信用等级为 A 级，然后与信用社的备案数据进行比对，完全符合，据此，大榭信用社依照规定很快作出决定，简化贷款审批手续，给予虎王公司贷款，并将该公司贷款月利率设定为标准利率下浮 4‰。短短几天后，虎王公司就与大榭农村信用社签订了贷款协议，以低于标准利率 4‰的利率，获得贷款 100 万元。

　　事实上，自中国计划经济以来形成的要素市场体制障碍迄今并未完全打破，因此在融资市场方面长期存在"两多两难"问题：企业多、融资难；资金多、投资难。其中融资难，特别是中小企业融资瓶颈前文已有多处阐述，同时金融机构也遭遇着投资难，特别是中小金融机构，如农村信用合作社等，一般以人民银行和自身收集的企业信息作为信用评定依据，具有很大的局限性，很多资金在手却不敢投放，影响了金融企业的正常营业增长。为此，大榭工商分局创新联动，构建"企业信用评价结果促保贷款平台"，以企业信用评价结果为基础、将政府各部门信用监管数据作为参考，与金融机构签订合作协议促其有效放贷，是一项真正的有利中小企业、有利银行、有利政府的"三赢"举措。首先，对于中小企业而言，信用度好的中小企业能够因此降低贷款的难度，并获得较为优惠的利率，真正享受到贷款的"绿色通道"服务。这样不但能让守法诚信的中小企业解决资金困难，还能促使更多企业真正重视信用建设。其次，对于银行而言，由于政府部门的提前把关，并共享到了企业信用评价的权威数据，银行对申请贷款企业的授信和评级将更加真实可靠，从而能够有效提高放贷回收率，降低经营风险。同时，企业信用评价结果也有利于银行寻找潜在的优质客户，使其放贷更具有针对性，增加盈利机会。最后，对于政府而言，评价体系与信用社贷款挂钩后，诚信企业就能便捷优惠地获得贷款，从而成功地将无形的信用资产转化为有形的经济效益，缓解社会资金压力，减轻动荡因素，有效扩大了企业信用评价数据的应用面。

　　当然，在这个创新联动的构建中，企业信用评价结果是保障贷款平台能够有效运作的基础，因此，信用信息数据的完整和准确是整个平台的根本所在。为此，大榭工商分局从企业信用信息的征集渠道入手，建立了一套行之有效的征集模式，确保评价的准确性和可靠性。除了在网上年检平台中严把征集质量关外，还与国税、地税和经发等部门开展定期的电子数据交换，利用政府部门间数据模块及时修正更新企业信用信息数据，对其诚信状况形成全面综合评价，以利于银行作出正确的判断。

大榭工商分局这种以政府对企业信用评价结果促保银企合作的创新方案，有效破解了当前诚信中小企业融资难的问题。自 2009 年 3 月"企业信用评价结果促保贷款平台"试运行，短短几个月，大榭就有 16 家诚信企业通过它享受到了6531 万元低息贷款。如大榭榭光电子有限公司也是一家信用等级为 A 级的企业，因为有 A 级作信用保障，信用社允许其将公司设备用于抵押贷款，从而为公司增加了 500 万元流动资金，每年可减少利息支出近 3 万元。据统计，现在大榭区已有超过 100 家信用等级 A 级以上的中小企业获得了贷款，贷款总额达 2.3 亿元。而信用等级 B 级及以下的企业，则需要在此时为以往的失信行为"买单"，对其贷款审批条件都被相应提升，大大增加了它们的贷款融资成本。因此，现在综观上述"三赢"举措带来的局面，越来越多的辖区企业开始重视自身的信用建设，贯彻"诚信兴商，失信难行"的诚信经营意识。越来越多的政府部门及金融机构开始关注企业信用建设，全社会关注企业信用建设的氛围不断形成。

**4. 横向联动创新**

除了破解中小企业首要发展瓶颈融资难的上述联动努力外，为了有效改善中小企业的其他软环境制约，工商部门和其他部门之间还采取了多种多样的横向联动创新，在部门之间建立常态的工作相互交流机制，节省行政资源，彼此促进工作。

如为保证食品安全，慈溪市坎墩卫生监督分所与坎墩工商所自 2008 年起实行部门联动、资源共享的监督检查机制。工商部门在食品流通领域、公共场所等的监督检查中，发现未办理或过期的卫生许可证、健康证等属于卫生部门监督职责的，会提醒经营业主向卫生部门办理，并将名单抄送给卫生部门；卫生部门对办理餐饮服务许可证或卫生许可证的餐饮、公共场所单位，也会告知尽快到工商部门办理营业执照，在日常监督检查中发现未及时办理营业执照的，也会提醒经营业主，并将名单抄送给工商部门。

除了这种点对点的两个部门之间横向联动外，有些部门也使用一对多的部门间联合信息制。如环保部门现在积极探索环境保护新机制，尝试与银行合作，将其所检查中小企业环境保护的信息，如重大环境污染企业名单，报送中国人民银行，以期影响该企业信用等级，从而影响其贷款能力。环保部门还与证券监管部门合作，将上市公司核查结果报送证券监管部门。该部门还与公安合作，设立环保警务室，利用公安系统的拘留权力促使企业主主动交代偷排减排的行为。

此外，宁波市还尝试以8718平台为基础建立多部门的联动。如2011年6月30日，宁波裕江特种胶带有限公司致电8718求助：由于它们的工商注册地属鄞州区，环保主管部门却在江东分局，导致企业在申报ISO14000环境管理体系认证时，因环评归口不明而无法出具环境评估报告，申报工作被迫中止，企业不知该怎么办。8718平台遂与鄞州区和江东区两地企业服务办公室联系，两地企业服务办公室一致认为此事需由宁波市环保局牵头议定；8718平台又随即联系宁波市环保局，环保局接报后迅速商议，10分钟后即向8718平台回复："裕江特种胶带有限公司环评归口问题将由江东区移交到鄞州区，鉴于该公司目前迫切需要获得环评报告的实际情况，可到市环保局直接办理。"裕江公司不久就顺利办理相关业务。现在，多部门联系网络已成为宁波市8718公共服务平台的重要优势。

部门间的横向联动，本质上就是要求各部门摒弃狭小的自我意识，从宁波市智慧信用城市建设的整体角度出发，充分整合分割于规划、卫生、建设、环保、城管、工商、公安、交通等各个部门的资源，使之形成合力。各部门为此应首先建立工作信息定期交流机制，充分利用相互的信息综合考察、监督中小企业对象；进一步逐渐形成日常信息交流、重大事项通报、联合考察调研、邀请参加重要会议（活动）、领导定期走访等一系列配套制度，走向规范化和经常化；再将其制度化、常态化，从而形成部门资源共享的长效监管机制。

**（二）纵向联动创新**

除了部门间的横向联动外，宁波市基层管理工作为把服务做到位，还自创了纵向的上下联动机制。以中小企业中时时困扰人们的劳动纠纷为例，《劳动合同法》颁布后，宁波市的劳动纠纷急剧上升，如北仑区劳动仲裁院受理案件的开庭时间一度排到了一年之后。这样突出的矛盾，逼使基层工作人员在缺乏顶层设计的前提下发挥自我智慧、创新工作办法。

在此过程中，慈溪市立足市、镇、村及规模以上企业建立了上下四级间的联动，完善职工诉求表达机制、畅通举报投诉渠道。慈溪市从 2007 年开始建立"劳动关系四级接访日"制度，由市、镇、村、企业四级领导每月定时定点接待，同时在各层次机构之间建立电子化档案，实现劳动关系接访事项当日上网、联动传送、全程跟踪，做到了事事有办理、件件有回复，由此大大促进了劳动纠纷和劳动者利益诉求的解决。慈溪市还出台政策推动全市所有镇/街道、村/社区及 400 多家规模以上企业建立劳动争议调解组织，其中村、镇两级配备持证上岗的调解人员 600 余名。由于调处网络健全，"十一五"期间，虽然外来务工人员大幅度增加，慈溪市的劳动争议案件总量却实现了持续下滑，基本做到了"小事不出村、大事不出镇"，将全市 80% 以上案件通过镇、村和企业等基层调解组织调处解决。

象山县则创新采取了既有横向联动公安机关，又有纵向乡镇配合的综合劳资纠纷 110 报警联动处置机制。为维护合法劳资关系，及时处置欠薪问题，作为宁波市委、市政府"建立矛盾纠纷联合调解机制"的试点项目之一，2011 年初，象山县在县劳动争议联合调解中心增设"劳资纠纷 110 报警联动处置中心"，成立以劳动保障局为骨干，公安、法院、司法、建设、总工会、工商、经发局、信访等 9 个职能部门、18 个乡镇各司其职协作配合的欠薪、讨薪 110 报警联动处置机制。该处置中心启动后，共受理劳资纠纷 110 报警 57 起，处置调解成功率 100%，有力地维护了劳动者的合法权益。

同样，北仑区也成立了区"劳动纠纷联合调解中心"，由区司法局、总工会、劳动和社会保障局等单位联合开展纠纷调解工作，将矛盾解决机制前移，使得大部分劳动纠纷在进入劳动仲裁前得到解决，最大限度将矛盾纠纷解决在企业、解决在基层、解决在源头。与此同时，还能在基层处理过程中直接接触到引起纠纷的一些不够规范的中小企业管理制度，促使其改进完善，提高了企业管理水平，反过来也有效减少了劳资纠纷的发生。

**（三）能动司法**

除了行政部门的上述法治作为外，宁波市的司法部门也行动起来，由传统的后置、中立型司法形象转化为"信用宁波"建设中的另一支主动性、能动性力量。

**1. 检察院首创"行贿人黑名单"制度**

2002 年初，为从源头上阻断行贿行为，北仑区人民检察院的检察官有了一个大胆的设想：依据现行法律行贿人基本上不承担法律责任，即便够得上犯罪，受到的惩罚也明显过轻，违法成本偏低导致了很多建筑承包商有恃无恐，那么能否给一些不法建筑承包商套上一个"紧箍咒"，用他们的不良历史来约束他们的行为呢？于是，检察官们收集了 1995 年以来北仑区人民检察院立案查处的发生在建筑领域内的所有贿赂案件的资料，并按照查处的年份和行贿人的单位、性质分类整理成册，形成了一个建筑领域的"行贿人资料库"，把情节恶劣的列入"行贿人黑名单"，在全国首创建立"行贿犯罪档案查询"制度。一场检察领域传统理论的革命就此拉开帷幕。

最初的"行贿人黑名单"上重点监控对象有 70 多人，而凡上名单者，随时都可能因为曾经有过的污点而失去竞标机会。通过这种方式，在工程招标中，有行贿犯罪记录者都将被拒之门外，在事实上限制和剥夺了其多项商业资格、机会和利益，使行贿者失去市场、失去信誉、甚至失去饭碗，为其不诚信的行为付出代价，从而能有效地培育诚信、预防工程建设领域的贿赂犯罪。由此，"黑名单"造成了轰动，"它让行贿人比受刑还难过"，迫使一些建筑商不得不对行贿举动三思而后行，甚至纷纷选择回避宁波市的公平环境而改到外地揽活。

毫无疑问，这一创新与传统检察理论确定的后置式检察机构定位、检察制度作用等并不符合，因而创立初始即引起了激烈的争论。但务实的宁波人们并没有放弃它，相反，相关统计数据表明，"行贿人黑名单"制度启用以后，人们纷纷采用而主动查询，仅北仑区人民检察院就累计向工程招标单位、建设主管部门提供行贿档案查询服务 1100 多次，其中有 34 家单位（个人）被查到有行贿记录并被通报，同时被相关主管部门和建设业主依法限制进入招投标市场或被取消了投标资格。如梅山岛开发投资公司曾请求北仑区人民检察院帮助查询参与投标的21 家建设工程公司的行贿犯罪档案，查询后发现，浙江某建筑公司曾因单位行贿罪被判处罚金 30 万元，遂取消了这家公司的投标资格，净化了投资环境。

这种良好的实证应用效果促使人们摆脱了理论的窠臼，在激烈的争辩论证后，认同了这一创新举措的合理性与合法性。半年之后，宁波市检察系统开始普遍推广运用"行贿人黑名单"制度。2003 年 11 月，浙江省人民检察院会同省建设厅、省监察厅联合推出《浙江省建设市场不良行为记录和公示暂行办法》，将"行贿人黑名单"引入全省建设市场。2004 年 4 月，最高人民检察院、建设部、交通部、水利部联合发出通知，在浙江、江苏、重庆、四川和广西五省工程建设领域开展行贿犯罪档案查询试点工作。一段时间后，最高人民检察院又作出决定，把 2005 年底前涉及建设、金融、教育、医药卫生系统和政府采购部门的五大类行贿犯罪档案均录入查询系统，并从 2006 年 1 月 1 日起正式对外受理查询。2012 年 3 月，最高人民检察院举行了"检察机关行贿犯罪档案查询系统"全国联网开通仪式，正式启动行贿犯罪档案全国联网查询平台，标志着十年前北仑人打破常规、大胆破冰创新的"行贿人黑名单"制度实现了全国数据共享和异地查询，在国家制度层面得到了正式的确立，而所有行贿犯罪记录者，将被列入"行贿人黑名单"而无处遁逃。

**2. 法院助力中小企业发展**

受到检察系统创新的影响，宁波法院也根据其审判实践建立了黑名单，针对当事人是否自动履行、是否有案件涉诉等信息，与银行联网成为银行授信时的重要参考因素。

除此之外，宁波市中级人民法院和各级基层人民法院面对本地中小企业发展的困境，都提出要立足法院职能优势，充分延伸司法职能，加强与政府及相关部门的联动、加大司法建议报送工作、积极主动出台举措帮助中小企业渡过难关，为宁波经济主体的发展提供良好的司法环境。

如宁波市中级人民法院出台了 10 个方面 20 条司法保障措施，包括：（1）加大集中管辖的力度，将重大涉企系列案件指定由企业所在地基层法院统一管辖。（2）突出立案工作的社会管理职能，将立案阶段发现的重大涉企诉讼信息及时向有关部门通报。（3）充分运用诉调对接机制解决涉企纠纷，坚持"调解优先"原则，注重平衡各方利益。（4）灵活运用诉讼保全措施，对恶意被告，及时裁定并进行保全。对运转正常的被告，则慎用保全措施，尽量维护企业正常生产经营活动。（5）适度放松对企业间借贷行为的控制，保护企业间为生产经营所需、利率约定合法的借贷行为。（6）依法严厉打击破坏金融管理和扰乱市场秩序的犯罪活动。（7）依法运用破产重整程序维护经济稳定。（8）妥善审理和执行涉中小微企业案件，引导争议方通过和解的方式解决纠纷。（9）注重对企业劳动者合法权益保护和维权的司法引导。（10）在涉企案件执行机制中，必须穷尽一切协调手段、和解方案，而慎用拘留等强制性措施。

而象山县人民法院则主动制定《中小企业防范经营法律风险的三十条提示》，发放给辖区内企业，"提示一：请签署完备的书面合同。完备的书面合同对于保证交易安全乃至维系与客户之间的长久关系十分重要，建议您与客户签署一式多份的书面合同并妥善保管，注意要保持多份合同内容的完全一致。提示二：……"该县境内针织、建筑等行业的 120 余家中小企业都收到了象山县人民法院编撰的这一经营法律风险的防范手册，中小企业普遍认为这本手册为提高中小企业防范经营风险的能力、促进中小企业的平稳健康发展加了一把力，因为其语言言简意赅、紧扣要点，不像法律条文那么抽象、晦涩、难以理解，非常实用。

镇海区人民法院创建了"法企联席会"常态制度，与辖区中小企业定期沟通见面，提供"一企一策"的个性化司法服务。镇海区人民法院在对近三年的涉企案件进行梳理分析的基础上，召集辖区内涉诉较多的 14 家中小企业召开"司法需求与应对联席会"。在会上，法院可以主动征询获知企业的司法需求；建立法庭和企业的预约联系制度，由企业收集需要法院帮助解决的涉法涉诉问题，定期提供给法院，法院则指定相关审判庭的人员开展针对性调查研究；联席会并会对一些审结的案件进行现场回访，听取企业负责人和法务人员对已结案件的意见和建议，对一些法律程序性规定作解释说明；并帮助中小企业排查分析风险，通过典型案例分析和现场答疑释惑，帮助不同类型的企业掌握合同签订履行、应收款催收、及时主张优先权等法律工具，并了解它们在业务结算、营销劳动人员管理等方面存在的问题和隐患，尽可能方便中小企业诉讼，受到中小企业的广泛赞誉。

## 三　中小企业评价体系社会化

"法治"的抽象概念落实到具体行政过程上，就是决策、执行、监督的三部曲。那么，在远见性地作出了决策定位，并给予联动式执行确保后，"信用宁波"创建成功与否的关键因素，就在于第三部——监督体系的有效设计和运作了。

过去，这种监督机制、监督标准大多由政府来单一完成，既增加了行政的负担，也人为带来了可能的寻租空间。为此，宁波市进行了多种探索，创新监督手段、扩展监督资源，特别是现在随着市场经济向纵深方向的发展，人们在评价企业的诚信状况时，已开始注重引入社会因素，以企业职工满意度、企业社会责任的承担等来综合考评企业的发展、政府的作为。在这里，企业就不再只是一个股份持有人的集合体，仅仅需要考虑如何维持股份的收益和增长，而更多是一个相关利害关系持有人的集合体，企业的发展被认为不仅仅来自投资人的努力和所投入资本的运营增值，同样不可或缺的是这些"相关利害关系持有人"各种潜在的默默贡献，如工人的劳动、社区提供的人文场域和生产环境等。为此，一个真正诚信的企业，就不止是要尊重股东（尤其是小股东）、尊重客户，还要能够给这些相关利益者（stake-holder）以充分的尊重，在经营和管理中把他们都纳入行为理性的算度，给予充分的反哺。这正是当代全球化现实下，后工业时代社会变迁带来的发达国家认识的升级，也符合中国社会主义建设的和谐社会长远目标，但显然，要让中国的广大还处在工业化发展初级阶段的中小企业认识到这一点并主动接受，在短期内是有一定困难的。因此，在这方面，也特别需要政府主动作为，积极促进。

**（一）发布"企业和谐指数"**

对此，宁波市的做法就是在前述评选、培育"诚信民营企业"的基础上，从 2006 年开始，在全国率先创建"和谐企业"，以此为抓手引导企业的发展方向，努力实现企业、员工、社会的共赢。

**1. 设计多元指标，评选"和谐企业"**

评选和创建"和谐企业"的工作首先在各区进行试点，从 2009 年起在全市推广，每两年组织评选一次"和谐企业"，2009 年第一次评出 153 个，2011 年评出 181 个，迄今，宁波市 90% 以上规模企业都已参与了和谐企业的创建工作，2011 年开始在中小企业中着力推广普及。

与以往主要由传统工商部门负责，以评价性经济指标、政府单向度考察为主的评选不同，和谐企业的评选工作显现出三个方面的创新。

第一，在评选工作的承担部门上，该工作系由宁波市总工会组织负责。《中国工会章程》规定："中国工会是中国共产党领导的职工自愿结合的工人阶级群众组织"，这表明，工会本质上系劳动者基于共同利益而自发组织形成的社会团体。虽然由于历史的原因，中国现有工会定位与此并不完全符合，而是形成了依赖财政全额拨款和组织的事业单位格局，承担了许多行政职能。但即使如此，它也并不完全等同于公务员体系的政府机构。宁波市政府在推进企业的和谐成长上，选择运用市总工会的力量，而弃用了定位为完全政府机构的传统工商部门，最初当然主要是基于工会对劳动者提供保护方面的考虑，但可以预见，随着现在自上而下的事业单位分类改革加速推进，以及自下而上的市场主体合理诉求反思，工会体系将会更多回归其自治性群众组织的本来属性，作为劳动者自己的组织联合体，思劳动者所虑，行劳动者所需。

第二，在评选指标的设计上，与以往以经济指标为主、评价性粗放指标居多不同，和谐企业的评选中设计了非常细化的标准体系。指标内容涵盖企业发展、社会关系、劳动关系、环境关系、企业文化五大类，多以描述性指标为主，客观反映企业和谐情况；指标类型上则分为正反指标，既有加分的肯定性指标，也有减分的，如企业是否发生过劳动纠纷、欠薪、当过侵犯知识产权被告等否定性指标。

第三，在评选标准上，宁波市首创性地将一元评价标准改为多元评价标准，中小企业是否和谐、是否发展，不再仅由政府单向度从外围观察后说了算，而是由企业内部的职工、企业周边的社会多层别、多向度说了算。所以，和谐企业的评价办法都更多是从后者去设计，如评选中设计了一个职工满意度表，只有职工满意度达到85%以上的企业才有申报"和谐企业"评选的资格；同样，在评选过程中，还有七点社会评价要进行考察，只要其中有一点达不到就可以一票否决其"和谐企业"评选资格。

**2. 发布"企业和谐指数"，创建企业社会责任评估体系**

在全市普遍评选创建"和谐企业"的基础上，宁波市各县（市）区沿着这一思路继续挖掘，深化评价引导，2011年5月13日，江北区政府创新发布了"企业和谐指数"，在以往劳动关系之外，重点反映企业的社会责任承担问题。

自2010年下半年起，江北区就将创建"企业社会责任评估体系"纳入其社会管理创新试点项目中，对此采取的主要手段就是参照"和谐企业"的社会化评价办法，设计多元的企业"和谐指数"指标，进行评估和发布。为此，江北区总工会与相关单位联合成立评估中心，然后与研究机构合作展开了细致的专题调查、研究和确定，最终建立了一个由经济、法律、社会、环境和道德等五方面责任44项指标构成的"和谐指数"综合考评体系。依此考评体系，江北区总工会选择了本区已获市、区两级"和谐企业"称号的48家企业，就其2010年度的和谐创建工作情况进行首次评估测试。测试结果表明，这些企业大多在依法纳税、实施集体合同制度、按时足额支付工资等项目上得分较高，而在职工技能培训教育投入、创新研究能力等项目上失分较多。48家企业中最高分97.2分，最低分 67. 53 分，平均得分即企业平均和谐指数达到 86. 69 分，其中 90 分以上的有 18 家，占 37. 5%；80 分以下的有 6 家，占 12. 5%。通过这一测试，企业获得了未来发展中进一步改进的方向指导，也横向了解了自己所处的社会责任发展水平；而江北区也将把这些和谐指数得分，结合企业代表人士的综合评价、信用指数等，给出"企业社会责任评估"的最终得分，评选出"江北区最具社会责任感企业"，发挥其示范作用。

在工会强有力的制度引导下，在民营企业协会等单位的牵头下，各诚信企业除了注重业务经营上的诚实守信，也开始履行各种社会责任，如开展"民企阳光助学"、"万家民企责任工程"、"民企读书"、建设"流动图书馆"等活动。江北区尝试评价企业社会责任，是对和谐企业创建的深化和拓展，引导更多企业转变发展方式，不断提升企业竞争力。诚信和谐与企业的发展一路相伴，是现代企业立身之本。

令人振奋的是，这些并不是唯一的深化措施，我们看到，在这片"向东是大海"的甬商大地上，各个县（市）区、部门的宁波人们都在积极尝试着类似的制度创新，作出了多方面的拓展。他们秉承着"无信不立"的传统、抱持着对社会主义法治和民主的基本尊重，谨慎而又积极地运用着公权力，不断引入社会因素，综合化、多元化企业考察标准，带给中小企业有力的制度激励，促使企业在这样的大环境下重新寻找确定自己的立足根本。相信随着各种创新探索的不断深化，宁波市的市场环境会随之潜移默化地发生多方面的优化，直至诚信之花在这里焕发异彩，人们在其中共享和谐之蜜。

**（二）用制度固化企业信用监管与社会责任评价**

在前述创建企业信用、"和谐企业"的多种实践努力基础上，2011 年 12 月，宁波市发布宁波市长令，利用中央赋予沿海开放较大城市的地方立法权，将这些好的实践创新及时总结起来，颁布《宁波市企业信用监管与社会责任评价办法》。通过将这些基层创新上升到地方政府规章的规范层面，普遍引导宁波企业注重自身信用，加强社会责任意识，以法律责任为底线更多承担道德责任等，建立以法律责任为核心的企业社会责任评价体系。

《宁波市企业信用监管与社会责任评价办法》分总则、信息记录与共享、企业信用监管、社会责任评价与促进、成果运用、法律责任、附则共 7 章 48 条，自 2012 年 3 月 1 日起施行，是中国首个针对企业信用监管与社会责任评价的规范性文件。它首先确定了企业信用信息记录和分类监管制度。在宁波市十年企业信用体系建设成果的基础上，按照"守信激励，失信惩戒"和"一处违法，处处制约"的原则，设计了联合信用监管模式，对企业信用信息的记录、共享、监管、运用等事项作了具体的规定。明确规定各级行政管理部门以及依法被授权承担公共管理职能的组织应当根据企业的信用分等级标识和行业特征进行分类管理，根据企业信用状况实施有针对性的、有差别的监督管理。接下来，该办法明确了企业社会责任评价和促进的相关内容。规定以企业综合信用等级标识为基础，分别展开企业社会责任评价工作的依申请评价和主动评价。依照该办法，宁波市工商局对全市的企业建立信用信息数据库，把税务、环保、公安、质监、规划、国土等部门获取的企业信用信息都整合起来，纳入市企业信用信息数据交换平台。然后根据信用风险，将企业信用状况由小到大依次分为 A、B、C、D 四类，并相应实施不同的管理和待遇。

1. 信用等级不同，监管方式不同

如对 A 类信用企业，将实施低频率管理，各级行政管理部门将减少或免除日常监督检查，甚至实行跨年度检查等；反之，如果被列入 D 类，各部门就将加强对该企业的日常监督检查或增加抽查频率。简而言之，A 类企业可减免检查。

2. 信用等级不同，社会责任评价和公示不同

利用数据库里的信用信息数据，企业社会责任评价机构将结合不同企业的类型、规模、所在行业发展特点和要求等因素，就企业发展、劳动关系、环境关系、社会关系和企业文化以及企业职工满意度和社会公认度等方面，展开企业社会责任评价，并认定为不达标、达标和优秀三个评价等级。其中企业如果在上年度发生下述情况之一的，可被评价为不达标：发生重大生产安全事故、严重环境污染事故和生产销售假冒伪劣产品；违反劳动保障法律法规而引发群体性事件；重大负面政治事件或者重大恶性刑事案件；企业法定代表人违反计划生育政策；企业违反土地管理法律法规受到重大行政处罚。对于企业信用状况达到 C 类及以上的企业，可以自主决定是否申请社会责任评价。而信用等级标识为 D 类的企业，评价机构则可以主动将其纳入评价范围。如果作出不达标或者社会责任严重缺失的评价结论等，也可向社会公布。简而言之，D 类企业社会责任隐私将公之于众。

### 3. 信用等级不同，政策扶持和金融保险授信不同

对于综合信用等级标识为 A 类或者社会责任评价等级为优秀的企业，将可以在法定权限范围内得到税收的减免；优先享受科学技术、社会保障、节约能源、环境保护等方面的政府资金补贴；在产业发展、建设用地使用权供应等公共资源配置方面得到扶持；政府采购和政府投资项目招标中会将此作为重要的评审因素；企业法定代表人或者主要负责人还可被优先推荐参加各类先进评比、享受有关政治待遇。反之，综合信用等级标识为 D 类或者社会责任评价不达标、社会责任严重缺失的企业，将被依法从重实施行政处罚；取消评选相关荣誉的资格；不得享受税收和政府非税收入减免以及各类政府资金补贴；不得参与政府采购和政府投资项目投标；在产业发展、建设用地使用权供应等公共资源配置方面受到限制；政府并将向社会发出该企业消费、用工、投资等方面的风险警示；金融机构也可以降低其授信等级、保险机构可以不予办理除法定强制保险外的商业保险业务，并将其法定代表人或者主要负责人列入不良信用名单。

## 第三节　宁波市对中小企业的积极外部扶持

在不断加大诚信环境建设、强化企业内功的同时，宁波市政府也注重在市场失灵时从外部给予中小企业各种扶持。2012 年，国家宏观经济整体下滑，7 月16 日，务实的宁波人主动出击，打响了长三角地区刺激经济的第一枪，下发《宁波市政府关于推进工业经济稳增长调结构促转型的若干意见》，从清费减税、有效投资、调整结构、科技创新、要素保障、营造氛围六个方面出台了 26 条"高含金量"的刺激经济新政，力促实体经济稳定增长及宁波市产业结构升级，其中给予中小微企业的优惠包括以下几个方面。

第一，减税。在 2012 ~ 2015 年期间，对年应纳税额低于 30 万元的小型微利企业，将超出国家规定的应纳税额 6 万元以上部分的地方税收贡献，返还给企业用于转型升级；对年应纳税额低于 6 万元的小型微利企业，其所得减半征收，企业所得税率降至 20%。

第二，缓缴。对符合产业政策导向、暂时经营困难的中小微企业，继续执行现行"五缓、四减、三补贴"政策。至 2012 年底，缓缴应由企业缴纳的社会保险费；减征由企业缴纳的基本医疗保险、失业保险、工伤保险和生育保险费；给予 1～6 个月的稳定就业补贴（包括岗位补贴、社会保险补贴）；对符合条件的企业职工参加定点培训机构岗位技能培训的给予培训补贴。

第三，减费。由减负办督查完善涉企收费维权和退出机制，建立全市"小微企业负担监测评估报告"制度，每年向社会公布。2012～2014 年，对小微企业免征管理类、登记类和证照类等行政事业性收费项目，行政事业单位、社会团体对小微企业收取的服务收费和会费，减按 60% 收取；同时进一步清理规范并从低执行涉及小微企业的各类行政审批前置性评估、检测、论证等专业服务收费；公路、铁路、机场、港口、通信、海关、检验检疫等垄断服务价格和收费对小微企业也应予优惠。

第四，鼓励投资。2012 年起，每年新增建设用地中将安排 5% 专项用于建设小微企业集聚区；新设立小微企业首次出资可以只缴纳注册资本的 20%，其余部分在 2 年内缴足；运用科技创新成果创办科技型小微企业的，知识产权可按50%～70% 的比例折算为技术股份；免征注册（变更）费、年检费、补（换）营业执照工本费；特别是自 2012 年起 3 年内，宁波市财政将每年统筹安排 1 亿元专项资金，支持中小微企业尤其是小微企业的发展，其中会切块设立宁波市天使投资引导基金 1 亿元，分 5 年投入，推动科技创新创业。

第五，金融扶持。商业银行对小微企业的贷款利率上浮不得超过基准利率的30%，而低于 10% 的将给予银行年度考评倾斜，对以各种名目超额收取的费用必须全部返还；实行对银行业务的差异化考核，提高小微企业不良贷款容忍度；拓宽融资渠道，推动中小企业私募债发行，并探索发展"区域集优"中小企业集合票据融资模式；优先安排地区短期外债指标支持中小企业贸易融资，地区担保额度支持中小企业利用境外担保境内融资；加大对科技型中小微企业的科技金融支持力度，从 2012 年起安排 3000 万元科技专项经费支持设立科技金融担保风险池等。

第六，政府采购支持。各级政府年度采购项目预算应预留不少于 20% 的比例给小微企业，对小微企业参与政府采购评审的给予 10% 的价格扣除优惠。鼓励小微企业之间或与大中型企业合作组成联合体参与国有投资项目招标和政府采购招投标，对小微企业份额达到 30% 以上的联合体给予 2%～3% 的价格扣除优惠。对采购金额在一定限额以下的项目，允许对小微企业实施定向采购。

此外，26 条新政还要求规范行政审批前置中介服务行为，放宽市场准入，积极培育发展社会中介服务机构；引领带动中小微企业联动发展，促进产业链整体升级；积极普及知识产权知识，开展面向小型微型企业的专利辅导、专利代理、专利预警等服务；对符合条件的大学生、留学生创新创业项目给予相应经费支持；进一步提高人才住房保障力度等。

在经济周期下行的大环境下，2012年上半年的宁波市经济形势也不容乐观，融资难、用地难、国内外市场需求低迷、人工等各项成本上涨迅速、电力供应紧张等难题继续困扰着宁波市的广大中小企业；而相关统计数据表明，规模以上企业的工业增加值虽然同比增长了1.5%，但累计实现工业利税总额、利润总额却分别同比下降了25.1%和39.1%，这种奇怪的反函数关系促使人们对现有投资拉动型经济增长模式作出最深刻的反思。为了保持经济有效的发展，敢为天下先的宁波人精心准备、出台了这26条含金量极高的政策，让正在艰难爬坡的宁波企业"如逢甘霖"。

宁波市政府的这些举措，无一不是当前实体企业特别是中小企业的最大需要，所以它的出台有助于企业打通"经络"。特别是减税返利的政策，尽管已获得了理论上的充分论证，但在中国历次刺激经济计划实践中并不常见，因它毕竟将会减少政府的现金收入，阻力可想而知。而现在，宁波市的选择表明了他们的态度——对经济增长将不再过度倚重投资，而是将企业的减税减负落到实处，将利润更多的让给企业，帮助企业渡过难关，从而将过去拉动经济通过政府投资给钱的外生变量，转变成依靠企业自身力量来拯救自己的内因主导。

这种刺激经济政策，真正符合马克思主义内因决定外因、外因为内因改变提供条件的基本哲学原理，将实实在在地对经济起到改善作用：企业获得利润多了，势必会增加所属的员工待遇；人们就会改善生活，拉动消费提高内需；进而减少对外贸易的依存度。逐渐地，就能让经济整体处于良性循环状态，尽量利用企业自身能力的调节促进高增长，而不是不断增加货币供应量来盲目刺激，最后只会带来通胀水平高企，埋下诸多经济地雷。

宁波市的这种胆略和模式值得在全国尽快推广，因为这不仅仅是一个渡过难关的三年救急政策，从长远来讲，更将是经济整体良性循环发展的关键，并将进一步带来中国政府职能的转变。

按照国际发展规律，人均GDP超过4000美元后，居民的消费习惯开始转变，消费能力和意愿将大大增强，消费支出结构也从生存需求更多转向精神需求，人们将开始追求更高层次的精神或心灵上的满足。当前，宁波市已经跨入了这个现代化的"门槛"，正处在加快科学发展、全面实现转型升级的关键时期。为了让道德回归人心、食品重塑安全、市场经济重新正常且高速地运转，我们需要回到市场与提供公共利益间的正确平衡。也就是说，既要远离英美的自由放任模式和"巫术经济学"（voodoo economics），也要远离欧洲大陆的赤字福利国家模式。

而宁波经验告诉我们，在被工业化、城市化的人类经济社会生活深刻变革开启了的当代新型法治时代下，随着无数中小企业等市场主体的不断出现，随着不同主体流动交往的便捷频繁，"法治"若简单化约为决策、执行、监督的行政三部曲，相应的监管要求和监管力量的现实差距将永远不可弥合。为此，人们需要做的，不是单向度地依靠政府外加强制管制，而是更多依靠社会中的内生性力量，如宁波人们自发产生的"小强热线"、"老娘舅"等，通过社会参与、政府还权，实现人群的自治，这正是宁波市政府高瞻远瞩，十年鼎力打造"信用宁波"的内功之所在。与此同时，我们也可以借助现代信息技术，大力建设一个尽量完整尽量公开的信息化大平台，让政府行政作为始终处于阳光下高效运转，所谓"有为必有据、有为必有序、有为必有责、有为必有果"，"尽职不失职，履职不被问责"；不仅如此，这个平台还应被设计用来聚合分散的个体的力量，从而让社会交往中的各种双方当事人在实质上趋于平衡、也就能够平等地测度自己的利益实现对自己合理的保护，这是能让政府从种种干预中逐渐脱身的根本方式。进而能够真正转换政府和市场之间的关系，逐渐变行政管理基础体制为行政服务基础体制。

换言之，宁波经验告诉我们，应该为自己建立的是一个服务型政府，一个广大社会个体和专业集群之间的良好的介质平台，从而能够在管理性干预性具体行政行为上趋于保守和克制，而同时在引导性服务性行政行为上积极创新、有所作为。

# 第五章　宁波市司法改革与创新

宁波市作为开放程度较高的港口城市，在经济发展与社会建设方面取得了很大的成就，这些成就最终需要得到司法的强有力保障。宁波市各级人民法院大力推进司法改革，在司法公正、司法透明、破解执行难题方面取得了不错的成效。

## 第一节　司法改革概述

### 一　中国司法改革历程

中国现行的司法制度，是 1949 年之后在废除中华民国政府的"六法全书"基础上，采取群众路线和政策思维方式，通过司法改造运动和制定"五四宪法"而奠定的。1957 年至"文化大革命"时期，中国的法制和司法制度遭到严重破坏，因此，目前的司法改革，是从 1978 年改革开放开始的。改革开放以后，中国经济步入快速发展轨道，社会也出现了新的变革，各种社会矛盾凸显、交织，作为国家重要的纠纷解决机制——司法被赋予了更重的历史重任。为了更好地适应新时期法治建设的需要，中国开始了现代意义上的司法改革，国家颁布了一系列文件加以推动和规范，由于法治理念导向的不同，司法改革在不同的时期呈现出不同的特色。

#### （一）改革开放到 20 世纪 90 年代中期：恢复重建司法规范

改革开放之后，法制和司法制度逐步恢复重建。根据党的十三大精神，1988 年 6 月第十四次全国法院工作会议，提出要搞好法院自身的改革，加强和完善自身的机制。从 20 世纪 80 年代中期到 90 年代中期，司法改革以改革法院的审判方式为主要内容。各级人民法院全面落实公开审判制度，进行审判方式改革；强化合议庭和独任审判员的职责，规范审判委员会活动；逐步实行立审分立、审执分立、审监分立的制度。1995 年《法官法》和《检察官法》的出台，开启了司法职业化的序幕，在法官考试、任免和交流等方面，进行了成功的实践和探索。

司法改革分为司法体制改革和司法程序改革。司法体制是指司法机关的组织制度，司法程序则是指司法活动应当遵循的具体步骤和规则，这个时期的司法改革侧重于司法程序改革。

### （二）20 世纪 90 年代中期至 21 世纪初：审判方式与机制改革

1997 年，中共十五大提出"依法治国、建设社会主义法治国家"，并在"政治体制改革和民主法治建设"部分，正式提出"司法改革"，即"推进司法改革，从制度上保证司法机关依法独立公正地行使审判权和检察权，建立冤案、错案责任追究制度。"

为落实党中央关于"司法改革"的要求，最高人民法院出台了《人民法院第一个五年改革纲要（1999～2003）》，系统规划了人民法院的改革，确立了人民法院改革的总体目标，即"紧密围绕社会主义市场经济的发展和建立社会主义法治国家的需要，依据宪法和法律规定的基本原则，健全人民法院的组织体系；进一步完善独立、公正、公开、高效、廉洁，运行良好的审判工作机制；在科学的法官管理制度下，造就一支高素质的法官队伍；建立保障人民法院充分履行审判职能的经费管理体制；真正建立起具有中国特色的社会主义司法制度"。为实现人民法院改革的总体目标，最高人民法院在改革纲要中提出了 39 项具体的改革任务。

除此之外，最高人民检察院也于 2000 年出台了《检察改革三年实施意见》。

### （三）21 世纪初至今：司法体制改革

2002 年十六大报告指出要"推进司法体制改革"，包括完善司法机关的机构设置、职权划分和管理制度，完善诉讼程序并切实解决执行难问题，强调"从制度上保证审判机关和检察机关依法独立公正地行使审判权和检察权"，"逐步实现司法审判和检察同司法行政事务相分离"。该阶段的司法改革更多地触及体制层面，为此，中共中央成立了专门的司法体制改革领导小组，并于 2004 年底转发了《中央司法体制改革领导小组关于司法体制和工作机制改革的初步意见》，提出了改革和完善诉讼制度、诉讼收费制度、检察监督体制等 10 个方面的 35 项改革措施。最高人民法院和最高人民检察院也于 2005 年分别颁布了《人民法院第二个五年改革纲要（2004～2008）》和《关于进一步深化检察改革的三年实施意见》。

该阶段的司法体制改革比较注重司法活动与行政活动的区别，特别是对"司法权力地方化、审判活动行政化、法官职业大众化"等问题提出了有针对性的改革措施。例如，推行立案和审判分立、审判和执行分立、审判和监督分立的"三个分立"，在统一司法考试、严格法官、检察官准入制度、死刑核准制度改革、审判委员会制度改革方面等都取得了重大突破，凸显了司法改革职业化和司法独立的方向。

党的十七大之后，司法体制改革的方向有所调整。2007 年 10 月，中共十七大提出要"深化司法体制改革，优化司法职权配置，规范司法行为，建设公正高效权威的社会主义司法制度，保证审判机关、检察机关依法独立公正地行使审判权、检察权"。2008 年 11 月 28 日，中共中央政治局原则通过了《中央政法委员会关于深化司法体制和工作机制改革若干问题的意见》。该意见是新一轮司法改革的总方案，提出了优化司法职权配置、落实宽严相济刑事政策、加强政法队伍建设、加强政法经费保障等四个方面改革任务。此次改革方案总体基调以"稳定"为重，更多侧重司法政策、人员和经费等实务层面，对于争议较大的一些体制性问题并未过多触及，这也与国家以稳定为改革基调的大的形势息息相关。当前的司法改革强调"中国特色社会主义方向"和从国情出发，明确提出要"研究和吸收借鉴人类法治文明的有益成果，又不照抄照搬外国的司法制度和司法体制"。

## 二　司法改革存在的问题

中国现代意义上的司法改革已经推行了三十余年，经历了由司法规范重建到审判方式改革再到司法体制改革的不断深化过程，改革涉及审判组织、审判程序、机构设置、法官职业化、法官人事制度、管理制度等各个层面，有力地推动了中国的司法现代化，对于建设法治国家、保障人权具有重要意义。但是，纵观司法改革历程和横看现阶段司法各领域存在的问题，司法改革本身还存在着理念不清、改革主体错位和改革着力点存在偏差等问题。

### （一）司法理念不清

理念是行为的先导，要推动司法改革的深入发展，必须有先进科学的司法理念的引导。司法理念是人们在认识司法活动客观规律过程中形成的一系列科学的基本观念，是支配人们在司法过程中的思维和行动的意识形态与精神指导。现代司法理念的内涵十分丰富，包括司法的独立、中立、民主、公正、公开、效率、廉洁、职业化、终局性以及程序正义、无罪推定、人权保障等诸多内容。但是，由于目前中国正处于经济和社会的转型期，各种矛盾集中爆发，群体性纠纷增多，"维稳"成为国家机关的头等要务，法院也不例外。为了能够达到化解矛盾，定分止争的效果，最高人民法院提出要"以人民满意不满意"作为衡量判决公正与否的标准。在维稳的压力下，司法本身的程序性、中立性和专业化等理念变得模糊起来，能否安抚当事人成为最终的衡量标准。目前，学界和媒体有关司法职业化、司法精英化与司法民主化、司法大众化有着激烈的争论，这种争论折射出司法理念的混沌。中国司法改革之所以一直没有一个完善的改革方案、明确的改革目标、健全的组织机构，根源就在于缺乏系统的司法改革理念，改革的目标尚未定位于保障司法的中立性、独立性和权威性。

### （二）改革随意性强

中国的司法改革是在理论准备不够充分、目标模式不很清晰的情况下进行的，改革缺少成熟的理论指导。回顾司法改革历程，中国各个阶段的司法改革都是由中共中央或最高人民法院出台的"意见"、"纲要"等文件加以推动和指导，缺少法律依据，特别是宪法的依据，因此，许多司法改革措施缺少必要的论证，表现出很强的随意性，某些改革措施仍然出于某种"热情"甚至是"政绩"的考虑或者某种宣传的需要，为改革而改革。

### （三）法院单边突进

司法改革是一项宏大的系统工程，牵涉因素纷繁复杂，需要强有力的统一协调指挥。为推进司法改革，中共中央于2003年专门成立了司法体制改革领导小组，承担统一指挥协调全国司法体制改革的职能。但是在实践中，司法改革主要还是由最高人民法院的一系列文件规定推动。司法改革的实质是改革司法，主要是改革司法制度和司法体制，目前，改革的对象成为改革的推动者，对象与主体错位的改革模式制约了司法改革的进展与深度。另外，司法改革是政治体制改革的重要环节，来自司法系统内外的重重阻力使得司法改革举步维艰，单靠法院的力量难以打破司法改革的僵局。

### （四）着力点有失偏颇

目前，中国司法改革坚持走群众路线，主要表现在两个方面。首先，司法改革过分强调司法的"调解"职能，并将"调解"量化为绩效考核指标，导致法院重"调解"轻"审判",出现法院职能上的偏差。其次,就审判方式而言,"马锡五审判方式"备受推崇,强调审判案件要深入群众,主动调查,这无疑加重了司法审判"重实体轻程序"的倾向,不利于树立程序正义原则。值得注意的是,1991年《民事诉讼法》修订的目的之一就是解决当时存在的"当事人动动嘴,法院跑断腿"的举证问题,并且对调解制度进行改革,将原来的"着重调解"原则修正为"根据自愿和合法的原则进行调解"。调解的目的是为了社会稳定和谐,但在调解和审判方面应当保持平衡,不可畸重畸轻,否则会影响到法院的立足之本。

### 三 司法改革的推进路径

#### (一)司法改革的目标

司法改革的目标是建立一个干净(clean)、透明(crystal)、便民利民(considerate)及效能的(competitive)司法。为实现这一目标,应着力于提升裁判品质与效率,建构优质的审判环境,致力于司法改革的成效,分别从人权的保障、诉讼制度的改革、建立合理的审判环境、便民利民的措施及推动法官独立等方面展开。

#### (二)坚持司法独立方向

公正是司法的禀赋,而司法公正以司法独立为前提和保障。没有独立的司法,就不可能有公正的审判。目前,中国司法体制存在的主要问题仍是司法权力地方化、审判活动行政化、法官职业大众化,这些均严重地制约了法院和法官的独立。

#### (三)应由权力机关成立专门机构加以推动

司法改革不仅仅涉及司法制度,还涉及整个政治体制。司法体制改革内容极为复杂,不可能由某一个司法部门或者国家机关单独或分别进行,而应从政治权力的配置和司法权在政治体制中的地位的高度加以总体设计。因此,为系统推进司法改革,应在全国人大设立一个专门的司法改革委员会,全面负责司法改革工作。

#### (四)加强司法改革的法律准备

要使司法改革在法治的轨道上有序运行,就必须保证司法改革的"合宪性",司法改革没有法律作为后盾,就不可能取得最终的成功。考虑到司法改革是一项关系法治全局的系统工程，应当由全国人大或其常委会制定一部专门规范司法改革的法律，内容大致应当包括司法改革的目标、司法改革的步骤、司法改革的原则、司法改革的内容、司法改革中各机关的权力与义务，以确保整个司法改革有法可依。

## 第二节　推动司法公开

### 一　司法公开的含义与作用

司法公开是司法改革的重要内容。司法公开是指司法权的行使过程和结果的公开透明。这里的司法权主要指审判权，不包括检察权。司法公开具体是指，除涉及国家秘密、有关当事人商业秘密或者个人隐私以及可能影响法院正常审判秩序的事项外，法院的各项审判活动以及与审判活动有关的各类信息，均应向案件当事人和社会公众公开。

司法公开对于方便公民行使诉权、保障公民知情权和司法参与权、提升司法审判水平、维护司法权威和公信力、防止司法腐败、最终实现司法正义具有重要作用。

#### （一）方便公民行使诉权

司法公开最基本的一项内容是公开法院组成与职能、告知公民的各种诉讼权利以及实现诉权的途径和流程、对公民进行诉讼风险提示等，这些都有助于公民了解诉权进而有效行使诉权。

#### （二）落实和保障公民知情权和监督权

法院作为国家定分止争的公器，其所有的公务活动除了涉及国家秘密、商业秘密和个人隐私之外，都应该为公众所知晓。知情权是公民的一项重要的政治权利，同时也是实现其他权利，如监督权行使的前提和基础。有的国家甚至将知情权作为一种基本的人权。公民行使对司法的监督权，是宪法赋予的，《宪法》第41条规定了公民对国家机关和国家工作人员有批评、建议、申诉、控告、举报的权利。民众通过旁听司法审判、查阅法院公开的裁判文书，对法院的审判过程和审判结果进行监督。因此，司法公开对于落实公民自由获知和传播司法机关各类信息的权利并实现对法院司法活动的监督具有重要意义。

### （三）提升司法审判水平

传统上，法院的审判工作具有一种神秘感，司法公开有利于破除这种神秘，使更多的人了解法院。司法公开更是将法官的司法审判活动以及相关的公务行为暴露在公众的视野范围内，在公众的监督下，法官会更加谨慎行使司法权，慎重对待司法参与人的意见，准确认定事实，正确地适用法律，认真撰写裁判文书，强调文书的说理性，从而促进司法水平的提高。

### （四）有效提升和维护司法公信力与权威

目前，涉诉上访、判决不执行等现象的普遍存在，折射出民众对司法的不信任，严重挑战司法权威。法院推动司法公开，就是要以公众看得见的方式实现司法正义。公众亲眼目睹司法审判的全过程，对于司法结果也更容易接受，增强了公众对法院的信任感，提高了司法公信力，从而维护了司法权威。

### （五）有效防止司法腐败、实现司法正义

司法公开是将司法权曝晒在阳光下，有助于有效监督司法、防止司法腐败，最终实现司法正义。当前，司法机关饱受"司法不公"、"司法腐败"的指责，原因是多方面的。一是制度设置本身出现问题，如程序设置不合理、证据规则不科学、律师制度存在缺陷等；二是司法机关的司法过程不透明，"暗箱操作"备受诟病。治理司法腐败重要的路径之一是推动司法公开，将迷雾重重的司法程序展示出来，提升司法过程和结果的透明度，将法官行使"自由裁量权"的情况公之于众，接受社会的监督。

当然，司法公开过程中也需要进一步处理好与相关制度和理念的关系。首先，司法公开要防止泄露审判秘密，如国家秘密、审判工作秘密、商业秘密以及不宜公开的审判工作信息等。其次，司法公开过程要注意隐私权的保护，既包括法官等司法工作人员的私人信息，也包括诉讼当事人的个人信息。最后，司法公开不能妨碍审判独立。新闻媒体旁听甚至拍摄庭审情况是司法公开的一项内容，也是一种常见的舆论监督形式，但是需要在细节上加以制度完善，否则会干扰法官审判案件，尤其是在形成判决之前，容易形成"媒体审判"，从而损害审判的独立性。

## 二　宁波市司法公开的制度建设

为落实最高人民法院司法公开的要求，尤其是在最高人民法院确定了 100 个

司法公开示范法院之后，不少地方出台了关于司法公开的规范性文件，如2011年上海市高级人民法院公布了《上海法院着力推进司法公开的实施意见》，广东省高级人民法院公布了《关于在全省法院进一步推进司法公开的意见》，浙江省高级人民法院也于同年颁布了《浙江法院阳光司法实施标准》。

### （一）宁波市司法公开的依据

宁波市司法公开的依据除了最高人民法院为推动司法公开颁发的一系列文件，还有浙江省和宁波市两级人民法院为具体落实最高人民法院司法公开的要求而颁发的规范性文件。

#### 1. 最高人民法院的司法公开文件

最高人民法院推动司法公开从审判公开、执行公开等环节开始，逐步走向全面公开，除了制定全面规定司法公开的文件，还制定了文书上网等某些方面的单项规定。

（1）《最高人民法院关于严格执行公开审判制度的若干规定》。为了严格执行公开审判制度，最高人民法院于1999年出台《最高人民法院关于严格执行公开审判制度的若干规定》，列举了公开审理案件的范围、开庭公告、公开宣判、旁听、媒体拍摄等制度。

（2）《最高人民法院关于人民法院执行公开的若干规定》。为进一步规范人民法院执行行为，增强执行工作的透明度，保障当事人的知情权和监督权，进一步加强对执行工作的监督，确保执行公正，最高人民法院于2007年出台《最高人民法院关于人民法院执行公开的若干规定》，详细列举了执行公开的范围、方式、双方当事人的权利义务等。

（3）《最高人民法院关于加强人民法院审判公开工作的若干意见》。为了认真贯彻实施宪法、法律规定的审判公开原则，最高人民法院于2007年出台《最高人民法院关于加强人民法院审判公开工作的若干意见》，提出司法公开要遵循依法公开、及时公开和全面公开的基本原则和切实加强人民法院审判公开工作的基本要求。

（4）《最高人民法院关于人民法院接受新闻媒体舆论监督的若干规定》。为进一步落实公开审判的宪法原则，规范人民法院接受新闻媒体舆论监督工作，妥善处理法院与媒体的关系，保障公众的知情权、参与权、表达权和监督权，提高司法公信度，最高人民法院于2009年12月公布实施《最高人民法院关于人民法院接受新闻媒体舆论监督的若干规定》，其第 1 条、第 2 条、第 3 条分别规定了人民法院主动接受新闻媒体的舆论监督、向新闻媒体及时发布相关信息的渠道、保障媒体旁听的权利等。

（5）《最高人民法院关于司法公开的六项规定》。为了进一步贯彻落实上述司法公开三原则和审判公开工作的基本要求，最高人民法院又于 2009 年出台《最高人民法院关于司法公开的六项规定》，明确了司法公开的六个方面，即立案公开、庭审公开、执行公开、听证公开、文书公开和审务公开。

（6）《最高人民法院关于确定司法公开示范法院的决定》和《最高人民法院司法公开示范法院标准》。为认真贯彻实施宪法、法律规定的审判公开原则以及《人民法院第三个五年改革纲要（2009～2013）》《最高人民法院关于加强人民法院审判公开的若干意见》和《最高人民法院关于司法公开的六项规定》精神，努力加强和完善司法公开，拓宽司法公开的广度和深度，充分运用现代信息技术和科技手段，不断满足人民群众对司法公开的新要求、新期待，2010 年，最高人民法院印发了《最高人民法院关于确定司法公开示范法院的决定》的通知。经各高级人民法院推荐，最高人民法院研究决定北京市第一中级人民法院等 100个法院为"司法公开示范法院"（其中高级人民法院 11 个、中级人民法院 33个、专门法院 1 个、基层人民法院 55 个），同时下发《最高人民法院司法公开示范法院标准》，要求全国各示范法院严格按照示范标准，全方位地开展司法公开工作。

（7）《最高人民法院关于人民法院在互联网公布裁判文书的规定》和《最高人民法院关于人民法院直播录播庭审活动的规定》。为贯彻落实审判公开原则，最高人民法院还于 2010 年末出台了有关文书上网和直播庭审活动的专项规定。《最高人民法院关于人民法院在互联网公布裁判文书的规定》列举了互联网公布裁判文书的原则、范围、时限、分类与目录设置、个人信息的处理、法院的告知和征求当事人意见的义务以及审核制度等。《最高人民法院关于人民法院直播录播庭审活动的规定》列举了庭审活动直播、录播的范围、注意事项以及审核制度等。

**2. 浙江省高级人民法院的推动司法公开文件**

浙江省高级人民法院于 2011 年 2 月制定了《浙江法院阳光司法实施标准》，从立案公开、庭审公开、执行公开、听证公开、文书公开、审务公开等方面规定了本省法院实行司法公开的具体标准。其中规定，实行诉讼档案公开查询制度，方便当事人和辩护人、诉讼代理人按照有关规定查阅和复印相关卷宗档案，推进诉讼档案电子化，建立当事人和辩护人、诉讼代理人查询服务平台，逐步实现电子化阅卷。在执行方面，要求通过报纸、网络等媒体公布不履行法律文书确定义务的被执行人的基本信息、财产状况、执行标的等信息，建立全省法院执行未结案件信息库，将被执行人失信信息提供给政府监管、金融和招投标等部门，并统一在"信用浙江网"上发布，供公众查询。

**3. 宁波市中级人民法院的司法公开文件**

宁波市中级人民法院作为最高人民法院确定的 100 个司法公开示范法院之一，积极贯彻落实最高人民法院《关于加强人民法院审判公开的若干意见》《最高人民法院关于司法公开的六项规定》《最高人民法院司法公开示范法院标准》和浙江省高级人民法院《浙江法院阳光司法实施标准》等文件精神，制定了《宁波法院实施阳光司法工作方案》，加快在全市法院高标准推进阳光司法各项工作。针对裁判文书上网，宁波市中级人民法院还制定了《宁波市中级人民法院裁判文书上网暂行办法》，并为进一步吸引公众关注公开的裁判文书，提升裁判文书的质量，制定了《宁波市中级人民法院关于促进社会公众监督上网裁判文书质量的若干意见》。

（1）《宁波法院实施阳光司法工作方案》。2011 年《宁波法院实施阳光司法工作方案》（甬中法〔2011〕16 号）明确了阳光司法工作的指导思想，即全方位建立健全开放、透明、便民、信息化的阳光司法工作机制，树立司法公信力与司法权威，保障人民群众的知情权、参与权、表达权、监督权，为宁波市"十二五"规划的顺利实施及经济社会的全面发展提供有力司法保障。该方案对司法公开工作提出了基本要求，即有序推进、责任落实、检查督促、鼓励创新等。同时，宁波市中级人民法院还下发《阳光司法实施任务细化分解表》，对任务进行分解，明确各部门承担的任务和完成期限；规定保障实施与检查督促机制；对基层法院阳光司法工作提出具体要求。

按照宁波市中级人民法院的统一部署，鄞州、余姚、镇海等 11 个县（市）区基层法院先后制定了实施细则，有的称为实施方案、实施办法或工作方案，具体落实司法公开工作。

（2）《宁波市中级人民法院裁判文书上网暂行办法》。根据《最高人民法院关于司法公开的六项规定》及《最高人民法院关于人民法院在互联网公布裁判文书的规定》等规定，宁波市中级人民法院结合工作实际，于 2011 年 8 月制定了《宁波市中级人民法院裁判文书上网暂行办法》，指导裁判文书上网活动。

该暂行办法要求 2011 年 7 月 1 日后生效的判决书、裁定书，除非特殊情况，均应当在"宁波法院网"上公布。该暂行办法规定了不予上网公布的特殊情形，包括：涉及国家秘密、个人隐私或未成年人犯罪的；以调解方式结案的；当事人明确请求不在互联网公布并有正当理由，且不涉及公共利益的。各业务庭（处）在审理案件过程中应告知当事人在互联网公布裁判文书事项，听取当事人意见，并记录在案。当事人请求不公布的，是否准许，由各业务庭（处）审定。各业务庭（处）对拟上网裁判文书的下列内容应作技术处理，如当事人的身份证号码、街道或乡镇以下的具体家庭住址、通讯方式、银行账号等个人信息；刑事裁判文书的被害人、证人等诉讼参与人或者当事人近亲属的个人信息；其他不宜公开的信息。审判管理办公室应加强对裁判文书上网情况的督促检查，对应上网的裁判文书未及时报送的，按照本院部门岗位目标管理考核办法的有关规定予以处罚。

（3）《宁波市中级人民法院关于促进社会公众监督上网裁判文书质量的若干意见》。为增加审判工作透明度，拓宽社会公众监督渠道，进一步提高裁判文书质量，维护司法权威，宁波市中级人民法院出台了《宁波市中级人民法院关于促进社会公众监督上网裁判文书质量的若干意见》，建立在线纠错机制和审核反馈机制，为提高公众对裁判文书监督的积极性，还建立向裁判文书错误发现人支付稿酬制度。

**（二）宁波市司法公开的工作机制**

**1. 领导机构**

根据《宁波法院实施阳光司法工作方案》的要求，宁波市中级人民法院建立了司法公开的领导机构。

（1）阳光司法工作领导小组。宁波市中级人民法院建立了以党组书记、院长为组长，党组副书记、副院长为副组长，党组其他成员，审委会专职委员参加的阳光司法工作领导小组。领导小组负责协调解决该项工作中的重大问题与困难，全面评估本院阳光司法工作的综合状况与实际效果，指导全市各基层法院提升阳光司法工作的整体水平。

（2）阳光司法工作领导小组办公室。宁波市中级人民法院阳光司法工作领导小组下设办公室，办公室设主任、副主任，成员为法院各部门负责人。办公室负责阳光司法的日常工作，统筹组织对《宁波法院实施阳光司法工作方案》开展相关的检查督导与考核评分，日常事务机构设在研究室。

各基层人民法院也高度重视司法公开工作，成立阳光司法领导小组，下设办公室，指定机构和专门人员负责落实司法公开工作，制定具体工作方案，建立分工协作、各负其责的长效机制。

2. 工作目标

通过实施《宁波法院实施阳光司法工作方案》，进一步强化全体干警阳光司法的意识，完善各项司法公开工作机制，力争此项工作达到"全省法院第一、全国法院前列"的目标。同时，充分发挥宁波市中级人民法院的示范作用，推动全市法院在2011年底前全部达到最高人民法院和浙江省高级人民法院规定的阳光司法标准，创造探索出更多富有宁波法院特色的好经验和好做法。

3. 工作机制

（1）阳光司法考核评价机制和督促检查机制。宁波市中级人民法院在全市法院系统建立阳光司法考核评价机制和督促检查机制，加强工作指导，定期或不定期组织专项检查，评估工作开展情况，通报检查结果。

（2）阳光司法物质保障机制。宁波市中级人民法院对立案大厅、法院网站、其他信息公开平台、审判法庭安全检查设备、庭审录音录像、直播设备等方面提供物质保障。

（3）责任追究机制和举报投诉机制。宁波市中级人民法院规定，对于违反司法公开相关规定，损害当事人合法权益，造成严重后果的行为，应当及时严肃查处。设立投诉电话、举报投诉信箱，由各级法院纪检监察部门对当事人和社会公众反映的问题进行核查。

## 三 宁波市司法公开的实践——以法院网站公开为视角

司法公开的途径很多，宣传栏、公告牌、法院公报、新闻发布会、新闻媒体、法院网站等都可成为实现司法透明的重要渠道。随着网络时代的来临和受电子政府（e-Gov）运动的影响和推动，法院网站逐步成为实现司法全方位公开透明最基本、最便捷的途径。为了考察和客观评价宁波市司法公开实践，本节拟集中考察宁波市法院网站的建设和信息公开情况。

**（一）宁波市法院网站建设的整体情况**

宁波市中级人民法院最初是依托中国法院网进行网站建设，网址为 http：//nbzy. chinacourt. org，但是随着需要公开的司法信息量的增大，为了突出本院网站的特色，宁波市中级人民法院于 2011 年对网站进行改版，网址更新为 www. nbcourt. org。网站设置了网站导航板块，提供各栏目及子栏目的链接，方便公众快速准确地查找信息。网站设有"新闻中心"、"服务指南"、"走进法院"、"普法讲坛"、"审务公开"、"裁判文书"、"媒体点击"、"司法调研"、"甬江法潮"、"留言板"等栏目。法院办有《宁波法院调研》、《宁波审判研究》两个刊物，均可以在法院网站上全文下载阅读。

宁波市中级人民法院下辖的 11 个基层法院均建有网站。宁波市中级人民法院还在新浪网开通了官方微博——"宁波法院"（http：//weibo. com/zjnbfy），主要公开开庭公告信息和典型案例。

**（二）法院工作信息**

法院工作信息主要是指法院人（法官及其他司法工作人员信息）、财（年度预决算信息）、物（机构设置信息）以及地理方位、联系方式等信息，具体包括法院方位地址、机构设置与功能、司法机关人员简介、规章制度、联系渠道等信息的公开情况。法院作为公共机构，与每个公民都有着现实或潜在的联系，其职能权限、机构设置等信息都应该向公众公开，方便公众了解。公开这些信息有助于公众和当事人方便快捷地找到法院的位置，对法院工作形成整体的了解和认识，并能通过网站披露的渠道进行咨询、投诉、建议等。

宁波市中级人民法院的法院工作信息主要集中在"走进法院"、"服务指南"、"审务公开"栏目中的部分子栏目，还有些信息在网站首页。"走进法院"栏目，设置了"院长致词"、"法院简介"、"荣誉展室"、"审判委员会"四个子栏目。"法院简介"公开了法院的机构设置及其职能、人员结构、审结案件量等信息。"审判委员会"公开了审判委员会的人员名单，基本上涵盖了院级领导和部门负责人。"服务指南"的"来院地图"子栏目，提供了地图，标明了法院的位置，并提供了详细的公交信息。法院网站首页提供了信访、投诉的渠道。"审务公开"栏目中的"信息发布"子栏目公开了规章制度、预算信息等。

**（三）诉讼指南信息**

诉讼指南是法院对诉讼常识、诉讼风险提示、法律文书范本、立案信息、诉讼费用标准、诉讼流程、司法鉴定以及审判指导意见等作的解释说明。公开诉讼指南的作用，一个是方便当事人参与诉讼程序，另一个则是普及公众的法治知识，提升法治意识，对有诉讼需求的公众来说，通过了解诉讼程序和常识，可以对将要进行的诉讼有一个预期判断。《最高人民法院关于确定司法公开示范法院的决定》明确要求法院"通过宣传栏、公告牌、电子触摸屏或者法院网站等，公开各类案件的立案条件、立案流程、法律文书样式、诉讼费用标准、缓减免交诉讼费程序和条件、当事人权利义务等内容"，并要求在法院网站或者其他信息公开平台公布人民法院的审判指导意见。

宁波市中级人民法院在网站的"服务指南"栏目下设立了"诉讼指南"子栏目，但是"办事导航"、"文书下载"子栏目以及"普法讲坛"栏目下的"法律常识"子栏目也都属于广义上的诉讼指南。"办事导航"提供了"宁波市中级人民法院功能分区图"和"审判大楼内部功能导航图"，让公众对法院的楼层布局一目了然。"诉讼指南"子栏目公开了"审判流程管理规则（试行）"、"法院执行工作流程"、"诉讼费用交纳办法"、"诉讼费用交纳标准"、"宁波市中级人民法院诉讼风险告知书"，让公众对诉讼的一般程序和收费有了较为清晰的了解和认识。"文书下载"提供了十几种法律文书的 DOC 格式文件下载，如申请书一（无对方当事人的申请用）、申请书二（有对方当事人的申请用）、上诉状（民事、行政案件公民当事人提出上诉用）、上诉状（民事、行政案件的法人、其他组织或行政机关提出上诉用）、民事答辩状（法人或其他组织对民事起诉提出答辩用）、民事答辩状（公民对民事起诉提出答辩用）、反诉状（民事被告或刑事自诉案件被告人提起反诉用）、保证书（刑事被告人取保候审用）、代表人身份证明书（共同诉讼的当事人推选的代表人用）、代表人身份证明书（其他组织的当事人用）、法定代表人身份证明书（法人当事人用）、起诉状（公民提起民事、行政诉讼用）等，基本涵盖了所有可能涉及的法律文书的写法。公众下载 DOC 文件之后，只需按照提示在固定格式上填写相关信息即可。"法律常识"子栏目公开了诸如"未成年人、精神病人致人损害由谁承担责任"、"未成年人的主要合法权利"、"什么是夫妻共同财产、家庭财产"、"哪些当事人可申请司法救助"等法律常识信息。

**（四）审判信息**

审判是诉讼的核心环节，司法透明最重要的内容是审判信息的公开透明。审判信息涵盖开庭公告、旁听事项、听证事项、庭审直播、案件审理进度查询、送达公告、裁判文书、典型案件等方面。

宁波市中级人民法院审判信息的公开主要体现在网站"新闻中心"的"案件快报"子栏目、"审务公开"中的"开庭公告"子栏目以及"裁判文书"、"网络直播"栏目中。

开庭公告是指人民法院将未来几日内要审理的案件信息向社会发布，公告内会涉及当事人、案由和开庭时间、地点等信息。《民事诉讼法》、《刑事诉讼法》均要求，公开审判的案件需在开庭三日以前公布案由、被告人姓名、开庭时间和地点。公众有权利知晓法院的主要工作，选择旁听公开审理的案件。宁波市中级人民法院的开庭公告包含时间、地点、当事人、案件号、案由等信息。

"网络直播"栏目设置了"直播预告"、"正在直播"和"直播回顾"等子栏目。

在"裁判文书"栏目，宁波市中级人民法院网站给出了温馨提示："如发现文书错误，请通过电子邮件提交《裁判文书纠错及处理意见表》到 wsjc@nbcourt.org"。《裁判文书纠错及处理意见表》配有链接，可以直接打开和下载。温馨提示下方配有《宁波市中级人民法院关于促进社会公众监督上网裁判文书质量的若干意见》的全文链接，方便公众了解相关的规定。宁波市中级人民法院网站的这种设置，响应了最高人民法院提出的注意搜集公众对裁判文书的意见的要求，显示出法院敢于接受公众监督的勇气和决心。为了便于公众查阅裁判文书，网站还对文书进行了分类，将其分为民事文书、刑事文书、行政文书、执行文书四类，每一类集中摆放显示出案件的当事人、案由的标题链接。裁判文书的全文包括标题、提交日期和正文。对比提交日期和正文中的判决日期，宁波市中级人民法院裁判文书上网非常符合最高人民法院"判决生效起一个月内上网"的要求。法院在公开裁判文书时注意对当事人个人隐私的保护，对当事人的信息作出处理，仅显示姓氏。每一份裁判文书均配有《裁判文书纠错及处理意见表》的链接，方便阅读完裁判文书的公众提出意见。

### （五）执行信息

执行是实现诉讼目的的重要程序，执行公开是司法公开的重要内容。执行信息包括执行案件常识、执行公告、曝光台或不履行债务者名单、拍卖公告、鉴定、评估、拍卖信息、执行案件进度情况查询系统等。

为了进一步强化和推进反规避执行行动，继续加大力度，确保反规避工作取得更大的成效，宁波市中级人民法院与中国宁波网联手推出宁波法院执行网（http：//fyzx.cnnb.com.cn）。网站实时传递宁波市法院的反规避执行行动信息，剖析典型案例，并专题对规避执行者进行曝光。网站设有"执行前线"、"执行公告"、"曝光台"等栏目。网站首页公开了宁波全市法院执行局内设机构和职能分工，并公布各基层法院执行监督联系人名单及电话。在"执行监督"栏目提供案件执行流程，包括申请执行期限、执行立案条件、法院受理与执行、举证责任、强制执行、案外人异议、到期债权、回避、执行终结、执行监督等执行常识。"执行前线"主要反映了法院的执行动态。"执行公告"主要是公布一些拍卖公告，包括拍卖时间、地点、标的、拍卖公司等信息。"曝光台"设置"老赖名单"、"高消费限制"、"出境限制"、"执行悬赏"、"监督电话"。"老赖名单"公布名称、身份证号（法人代码）、案号、履行义务情况、公司法定代表人。"高消费限制"公布名称、身份证号、高消费限制法律事由、高消费限制内容、备注、照片。"出境限制"公布姓名、身份证号、限制出境法律事由、备注。"执行悬赏"公布名称、身份证号（法人代码）、案号、应履行义务及执行悬赏额、公司法定代表人及举报联系方式。"举报电话"公布了各基层人民法院的举报电话和邮箱，还设有在线举报平台。

（六）在线办案系统

宁波市中级人民法院积极开发在线诉讼服务平台，包括网上立案、案件查询、材料收转、文书送达、联系法官等功能。

宁波市中级人民法院的网上立案系统和案件查询系统依托浙江省统一的平台。为全面拓宽当事人与人民法院的联络渠道，进一步方便当事人诉讼和提高立案效率，避免当事人因诉讼材料不全而多次往返法院，浙江省各市两级法院开通网上立案系统，提供网上申请立案服务。浙江省法院设有统一的网上立案系统，全省律师事务所和律师信息自动导入系统，公众可以进行网上注册。网上申请立案的当事人应按照网上申请立案系统的提示正确填写相关的信息，并上传相关证据材料供法院进行网上审查。通过网上申请立案审核后，当事人按照法院网上回复的要求，携带诉讼材料原件及副本到相应法院缴纳诉讼费，办理正式立案手续。为了方便当事人查询案件进度，浙江省高级人民法院建有统一的案件查询系统，从2009年12月1日起，提供全省各级人民法院受理的在审及结案一个月内的

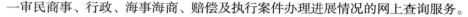

一审民商事、行政、海事海商、赔偿及执行案件办理进展情况的网上查询服务。

宁波市中级人民法院建有自己的材料收转、文书送达平台。为了方便当事人补充资料，当事人可通过宁波市中级人民法院材料收转专用邮箱（nbzyclsz@126.com），向法官上传提交宁波市中级人民法院已立案但尚未审结的相关诉讼材料。平台会及时将上诉材料转给承办法官。为了减轻当事人的诉累，宁波市中级人民法院在线诉讼服务平台特增设诉讼文书送达服务。当事人可通过邮箱（nbzywssd@126.com）或电话（87848172）向法院提出在线送达诉讼文书的申请，可通过本平台送达的诉讼文书包括立案通知书、举证通知书、判决书、裁定书等。用文书送达平台发送诉讼文书只是宁波市中级人民法院利用网络技术为群众提供便捷服务的探索性举措，并不能替代法定的送达方式，也不直接产生法律意义上的送达效果。

宁波市的司法公开走在全国前列。根据2012年《法治蓝皮书》（社会科学文献出版社出版）发布的中国首个《中国司法透明度年度报告（2011）》，宁波市中级人民法院司法透明度在全国43个较大的市中跻身前五名。宁波市中级人民法院在提升司法透明度方面取得的成绩反映出宁波市中级人民法院领导对司法公开工作的重视，同时也说明，宁波市中级人民法院群策群力出台各种司法公开的制度规定为司法公开提供了制度保障。

## 第三节　审判、执行机制创新

审判是司法权的核心职能，为了提升公正司法水平，提高案件审判质量，宁波法院积极进行审判制度创新。公正的司法不仅体现审判环节，更落实在执行上，公正的审判如果最终得不到执行，会使司法公正大打折扣，为此，宁波法院从执行权的内部分解到外部维护全力破解执行难题。

### 一　提升专业案件审判能力

#### （一）提升商事审判能力

宁波市作为商业高度发达的城市，必然涌现海量的商事案件。商事审判中层出不穷的新类型案件和疑难复杂案件增加了基层法院的法律适用难度，导致宁波市中级人民法院二审发回改判率居高不下。

为了推进专业化审判，提升司法应对能力，宁波市中级人民法院专门设立了专司涉外涉港澳台民商事案件的专业化审判庭，并于 2010 年底在民三庭（专门审理商事案件、破产案件的法庭）建立商事审判综合指导组，对 11 个基层法院的商事审判工作进行评查，审查内容包括案件的实体处理、程序规范以及案卷的装订、归档等。商事审判综合指导组专门选调一批业务能力强、调研水平高的法官负责对全市商事审判工作进行调研，及时发现问题、解决问题。商事综合指导组从两级法院审理的案件中挑选一批典型案例进行详细评析，编写《商事案例评析》，不定期下发给各基层法院，指导基层法院商事审判实践。

1. **定期会诊疑难杂症**

为了统一全市法院对于商事审判工作中疑难复杂问题的认识，宁波市中级人民法院邀请各基层法院院长、律师事务所主任、人大代表和政协委员召开座谈会，对于大家反映的疑难复杂问题，认真进行梳理汇总；对其中具有典型性、普遍性的疑难问题进行重点探讨，提出相应的解决对策，并撰写《商事审判若干疑难问题的理解》，下发各基层法院以提升法官的业务水平。

2. **二审案件事后沟通**

针对有些基层法院对中级人民法院改判案件存在抵触想法的情况，宁波市中级人民法院定期邀请基层法院的法官与中院法官一起就上一阶段中级人民法院改判、发回重审的案件进行面对面的交流和探讨，增进相互之间的沟通和交流，彻底解开疙瘩。同时，宁波市中级人民法院还经常深入基层法院、基层法庭开展查案和调研工作，大到案件质量，小到案卷装订，只要发现问题，宁波市中级人民法院都及时提出切实可行的指导意见，帮助基层法院予以规范。

指导和监督促进了审判工作的快速发展。近年来，宁波市中级人民法院受理的二审商事案件的改判及发回重审的比率逐年下降，2011 年 1～10 月更是降到了历史最低，与此同时，全市法院涉及商事案件的息诉息访率却逐年上升，2011 年 1～10 月达到了 98%，实现了全市法院商事审判的良性循环。

（二）**加大知识产权的司法保护**

知识产权的司法保护是国家知识产权保护的关键环节，也是整个知识产权保护体系中最直接、最有力、最稳定的保护方式，在知识产权保护中具有至关重要和不可替代的作用。人民法院通过加大知识产权司法保护力度，依法严厉制裁知识产权侵权行为、不正当竞争行为、商标假冒和盗版等严重违法犯罪行为，依法平等保护中外当事人的合法权益，保障全社会的创造活力和创新能力，增强企业国际竞争力，营造良好投资软环境，树立良好的国际形象。为充分发挥人民法院的审判职能，为建设创新型国家提供强有力的司法保障，最高人民法院于2007年下发的《关于全面加强知识产权审判工作为建设创新型国家提供司法保障的意见》，就全面加强人民法院知识产权审判工作作出部署。宁波市中级人民法院非常重视知识产权案件的审理，在实践中发展出一系列强有力的制度，为宁波产业创新营造了良好的司法环境。

1. **完备的知识产权审判体系**

宁波市中级人民法院早在2005年10月就设立了知识产权审判庭，审理包括部分专利权、商标权、著作权及邻接权、不正当竞争纠纷等各种类型的知识产权民事案件。目前，宁波地区已经形成了较为完备的知识产权审判队伍，受案范围覆盖了大部分知识产权领域，其中审理的众多涉外知识产权案件涉及国际知名企业和品牌。宁波市中级人民法院成立知识产权审判工作领导小组，加强对知识产权审判工作的规划与协调，在全市法院构建起统一、完整的知识产权审判体系。许多基层法院取得了知识产权民事案件管辖权，并涌现出了一批既有扎实理论基础又有丰富审判经验的专家型知识产权法官。

2. **知识产权审执绿色通道**

（1）加强涉商标、专利侵权的知识产权民事、行政案件审判。为了推动创新型企业的发展，宁波法院加大对科技成果权的保护力度，如依法制止侵犯注册商标专用权和不正当竞争的行为，做好驰名商标的司法认定工作，积极推动宁波品牌经济健康发展等。为增强知识产权审判的专业性，宁波市中级人民法院发布了《宁波市法院知识产权审判专业性人民陪审员管理实施办法》，实行专业人民陪审员制度，聘请来自宁波市知识产权局、工商行政管理局等知识产权行政管理部门中的专业人士作为人民陪审员参与到宁波法院的知识产权案件的审判工作中。

（2）加大侵权赔偿、民事制裁和刑事制裁力度。2010年起，宁波法院加大知识产权司法保护力度，制裁各种侵权行为。首先，加大了侵权赔偿力度。宁波法院在知识产权案件审理过程中依法贯彻全面赔偿原则，在确定赔偿数额时，除判令侵权人赔偿因侵权行为给权利人造成的实际损失或者侵权获利外，权利人因制止侵权行为的合理支出也给予充分救济。其次，对于重复侵权、恶意侵权和规模侵权行为，宁波法院加大了侵权人的赔偿责任，提高侵权代价。再次，为了有效解决权利人举证难问题，宁波法院加大了证据保全力度，并适当减轻权利人的赔偿举证责任。最后，加大刑事制裁力度，在依法适用主刑的同时，加大罚金刑的适用与执行力度，积极追缴违法所得、收缴犯罪工具、销毁侵权产品。

为了与行政执法进行合理衔接，形成合力，宁波市中级人民法院积极建立、健全各种协作机制，通过与市知识产权局、工商局、海关等职能部门建立工作协调机制，对侵犯知识产权的违法案件在证据认定和法律适用等方面达成共识。例如，与工商行政管理部门构建协助执行机制，宁波法院作出的要求被告停止侵权的生效案件，要在工商部门备案，若当事人未履行裁判内容，工商部门在企业年检时不予通过。

（3）重视案件的执行工作。为整合执行力量，宁波法院建立了知识产权案件归口执行制度，即在法院执行部门成立负责知识产权案件执行的专执小组，负责执行涉及知识产权的民商事纠纷案件、侵犯知识产权犯罪案件的财产刑部分以及涉及知识产权的行政诉讼案件和非诉行政执行案件中需要强制执行的案件。

宁波市中级人民法院还延伸知识产权审判职能，开展"知识产权特色审判"的相关工作，包括制定和分发《小家电生产相关法律问题手册》和《小家电生产企业预防法律风险指导意见》，以增强企业的知识产权保护意识。

## 二　建立和完善专业化审判管理体系

审判管理是为了有效整合司法资源，科学安排审判工作，严格规范审判过程，客观考评审判质效，服务保障审判权依法、独立、公正、高效、廉洁行使而开展的组织、协调、评估、考核、指导、督办等一系列管理活动的总和。审判管理的对象是审判活动或审判工作，目的是"规范、保障、促进、服务审判"，体现了审判管理由分散化到集约化、由粗放化到精细化、由简单化到科学化的转变。审判管理体系包括审判质量管理制度体系、审判效率管理制度体系和审判绩效管理制度体系三个子系统。

宁波市两级法院秉承"公信立院、从严治院、科技强院"的工作方针，组建专门审判管理机构，围绕案件质量评查、审判流程监管、岗位质效评估建立专业化审判管理体系。

### （一）组建专职审判管理机构

为了保证审判管理的专业性，宁波市两级法院着手组建专门的审判管理机

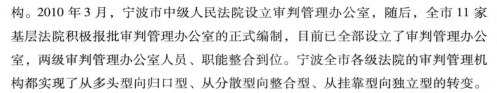

构。2010年3月，宁波市中级人民法院设立审判管理办公室，随后，全市11家基层法院积极报批审判管理办公室的正式编制，目前已全部设立了审判管理办公室，两级审判管理办公室人员、职能整合到位。宁波全市各级法院的审判管理机构都实现了从多头型向归口型、从分散型向整合型、从挂靠型向独立型的转变。

审判管理办公室是协调、沟通整个审判管理体系的平台和枢纽。宁波市中级人民法院的审判管理办公室，也称案件质量评查督查办公室，负责审判执行案件的流程监管，组织开展案件质量评查督查和庭审评查，承担审判绩效管理工作，组织协调各审判庭、综合部门及各审判环节的关系并承办审判委员会交办的其他工作。

宁波市两级法院建立健全审判管理办公室的内部工作机构和工作规范，建立和完善党务工作、政务工作、内部管理等一系列工作制度，目前，审判管理办公室的各项工作已经走上正轨。

**（二）完善案件质量评查机制**

2007年之前，宁波市中级人民法院的案件质量评查工作由监察室下辖的质量评查小组负责。为了强化机构设置，扭转质评工作较为薄弱的局面，2007年7月，宁波市中级人民法院专门成立了案件质量评查（督查）工作领导小组，法院一把手担任领导小组组长，领导小组下设质量评查办公室（现已与审判管理办公室合并），负责评查案件质量。独立的部门设置和强有力的领导班子为质量评查工作的顺利开展提供了组织保障。

为了使质量评估工作能够顺利开展，宁波市中级人民法院在各业务部门选拔了一批业务骨干作为兼职质量评查员，专兼职相结合，建立了一支业务精通、敢查敢管的质量评查员队伍。

宁波市中级人民法院制定并完善了《案件质量评查（督查）实施办法（试行）》、《案件质量评查标准（试行）》、《案件庭审质量评查标准（试行）》、《案件质量评查（督查）操作规则（试行）》等一系列评查工作的规章制度，并汇编成册，印发给全院法官和其他工作人员，从制度层面保证质量评查工作的规范有序。

**（三）创建专业化审判流程管理系统**

创新和加强审判管理是当前法院工作的一项重要课题，审判流程管理是审判管理的有机组成部分。审判流程管理是指在实现立案、审判、执行、审判监督等功能相分离的基础上，根据案件在审理过程中的不同阶段对案件的立案、分案、审限管理、结案、归档案卷移送等环节的运行情况进行规范有序的动态跟踪、监控和协调的综合管理系统。审判流程管理的目的在于及时保护当事人的诉权，提高办案效率和质量，确保司法的公正性，保障程序的公开和透明。

宁波市中级人民法院 2007 年制定的《案件审判流程管理规则》对案件流程的各个环节都规定了具体的时限，并且要求各环节完成后，及时准确地录入计算机信息系统。大体上明确了对立案、分案、排期、送达、审理、结案、执行和卷宗归档与移送等重点环节，初步建立起审判流程管理体系。审判管理办公室成立后，宁波市中级人民法院制定了《进一步规范审判案件报结工作的规定》和《宁波市中级人民法院信息录入工作规程》，完善了信息录入和案件结案的管理。

随着网络技术的发展和推广，2008 年底包括宁波市中级人民法院在内的全市 12 个法院都建立了审判业务管理系统，审判流程管理全部实现网络化，所有案件都进入系统，案件审理执行过程的各项信息都需要录入系统，最终形成完整的案件流程电子档案。大部分基层法院都制定了案件审判流程管理规则以及相关配套规范，确定审判流程管理的职能部门以及根据各类案件流程划分管理节点，审判流程管理已深入人心，成为法院的一项重要工作。

## 三 设置行政非诉审查庭，创新非诉强制执行机制

### （一）行政非诉执行的相关法律规定

行政非诉执行是指，法院依据《行政诉讼法》第 66 条规定，依行政机关的申请，对未经诉讼审查的具体行政行为进行受理、审查和执行的活动。《行政诉讼法》第 66 条规定，"公民、法人或者其他组织对具体行政行为在法定期间不提起诉讼又不履行的，行政机关可以申请人民法院强制执行，或者依法强制执行。"《最高人民法院关于执行〈中华人民共和国行政诉讼法〉若干问题的解释》第 86 条规定了行政机关申请法院执行其具体行政行为应具备的条件，其中包括"具体行政行为依法可以由人民法院执行"，第 87 条第 2 款进一步规定，法律、法规规定既可以由行政机关依法强制执行，也可以申请人民法院强制执行，行政机关申请人民法院强制执行的，人民法院可以依法受理。2011 年 6 月 30 日通过、2012 年 1 月 1 日起施行的《行政强制法》第 13 条规定，法律没有规定行政机关强制执行的，作出行政决定的行政机关应当申请人民法院强制执行。国务院

2011 年 1 月 19 日出台的《国有土地上房屋征收与补偿条例》第 28 条规定，被征收人在法定期限内不申请行政复议或者不提起行政诉讼，在补偿决定规定的期限内又不搬迁的，由作出房屋征收决定的市、县级人民政府依法申请人民法院强制执行。为依法正确办理市、县级人民政府申请人民法院强制执行国有土地上房屋征收补偿决定案件，维护公共利益，保障被征收房屋所有权人的合法权益，最高人民法院 2012 年 4 月 10 日开始施行《关于办理申请人民法院强制执行国有土地上房屋征收补偿决定案件若干问题的规定》。依据该规定第 9 条，申请人民法院强制执行的征收补偿决定案件，人民法院裁定准予执行的，一般由作出征收补偿决定的市、县级人民政府组织实施，也可以由人民法院执行。

综上规定，行政非诉执行案件存在三种情况：一是依照法律规定，行政机关无强制执行权的，行政机关只能申请人民法院执行；二是行政机关依法享有行政强制执行权的，行政机关自行执行而不得申请人民法院执行；三是法律规定既可以由行政机关依法强制执行，也可以申请法院强制执行的，行政机关可以选择自行执行，也可以选择申请法院强制执行。

**（二）设置行政非诉审查庭的背景**

近年来，宁波各级法院受理行政机关申请法院强制执行的非诉行政案件一直高位运行。有的行政机关对违法行为未及时进行遏制和处理，等到违法行为大量发生或已产生严重后果后才申请法院强制执行；有的对非诉行政执行案件"一申请了之"，不配合、协助法院的执行工作，也影响了该项工作的顺利开展。加之 2011 年 1 月 21 日施行的《国有土地上房屋征收与补偿条例》，取消了行政机关自行强制拆迁的规定，仅保留了司法强制拆迁途径，法院面临的压力进一步加大。

为此，宁波市中级人民法院开始探索、创新非诉行政执行工作新机制，力图在市委的领导下，建立健全行政机关与司法机关分工负责的非诉执行工作新机制，以充分整合各种资源，积极调动各方力量，综合运用各类手段，合理破解非诉行政执行难题。为了应对日益增多的行政非诉执行案件，尤其是国有土地上房屋征收与补偿案件，2011 年宁波市中级人民法院发布了《关于办理国有土地上房屋征收与补偿案件审判和执行工作的意见》。该意见提出要完善人民法院审判和执行组织保障体制，即在人民法院内部增设行政非诉审查庭，负责房屋征收补偿案件非诉审查、执行等工作，充实房屋征收补偿案件非诉审查、执行力量。

根据《关于办理国有土地上房屋征收与补偿案件审判和执行工作的意见》，

宁波市中级人民法院于2011年设置行政非诉审查庭（赔偿委员会办公室），主要负责审查县（市）区人民政府申请执行非诉房屋征收补偿决定案件；审查基层人民法院上报的具体强制搬迁措施；监督指导基层法院其他环保、税务、交通等非诉案件的审查和执行工作；负责国家赔偿案件的审理工作。

### （三）健全非诉行政执行工作新机制

宁波各级法院加大非诉执行力度，探索建立与行政机关分工负责的非诉行政执行工作新机制，如试行合并听证审查制度、尝试先予执行机制、改进委托执行机制、促成与政府互动机制等，取得一定成效。

2008年7月以来，在党委、政府的支持下，宁波两级法院在设立驻行政机关司法联络室、实行听证审查制度的基础上，积极探索非诉行政执行工作新机制，取得了一定的成效。一是试行合并听证审查制度。让当事人充分发表意见，并集中释法，不但提高了审查效率，而且在促使被申请人自动履行义务方面，成效显著。二是尝试先予执行机制。对涉及重大公共利益的非诉行政执行案件，如涉重点建设工程拆迁案件、非诉环保行政处罚案件等，进行先予执行，在保障重点工程项目顺利推进、及时制止当事人违法行为等方面，社会效果较好。三是改进委托执行机制。法院积极委托当地政府执行，并以文件形式将委托执行规范化、制度化。慈溪市法院于2007年制定了《关于非诉行政案件委托执行的若干规定（试行）》，在保留行使执行裁决权的前提下，将可与法院职能相分离的部分执行实施权委托给行政机关行使。2009年6月初，慈溪市人民政府发布了《关于加强土地执法监管工作的意见》，明确了各乡镇、街道接受法院非诉案件委托执行的义务及相应后果，开创了法院与行政机关分工负责、良性互动的新局面，有力推动了土地治理工作。四是促成与政府执行互动机制。2009年5月底，余姚市人民政府出台了《关于建立土地监管长效机制的意见》，建立了法院与行政机关在非诉行政案件执行上的分工负责制。

## 四　推进执行创新

### （一）执行权分离机制

目前，"执行难"是困扰司法公正、侵蚀司法公信力的顽症，除了执行不能之外（严格意义上"执行不能"不属于"执行难"），执行难的症结在于法院执行腐败导致的执行不力。执行权独断专行、不受监督是执行腐败的重要原因。执行权可分为执行裁决权与执行实施权，前者属于审判权范畴，后者具有行政权的性质。按照传统的执行模式，执行案件"一人一案一包到底"，执行权力的高度集中导致执行权成为执行案件承办人寻租的资源。为了降低执行腐败的风险，最有效、最直接的改革路径就是分权。

宁波各级法院的做法是，在执行权内部进行适度分离，通过相互制衡机制实现对权力运行的监督，降低了执行腐败的风险。具体做法为，实行执行裁判权、执行实施权和执行监督权分权运行，将财产调查、控制、处分及交付和分配、采取罚款、拘留强制措施等事项交由实施机构办理，对各类执行异议、复议、案外人异议及变更执行法院的申请等事项交由审查机构办理。宁波市中级人民法院在其执行局设立执行裁决处、执行实施处和执行监督处。执行裁决处负责执行裁决和财产刑案件执行实施；执行实施处负责执行案件实施；执行监督处负责对基层法院的执行监督、信访督办、协调执行、信访接待等。目前，宁波市各县（市）区基层法院的执行局大多设置了相应的机构。

（二）联动执行机制

近年来，规避执行的现象日益增多，相当一部分有履行能力的被执行人使用各类手段规避执行：有的隐匿、转移或变卖财产，造成资产状况不明的假象；有的通过假离婚、假破产甚至假诉讼，恶意处理分置名下财产；有的甚至采取对抗措施或外逃。针对逃避执行的种种现象，宁波奉化市人民法院实行联动执行机制，即与相关部门建立联合执行协助机制，形成合力，破解执行难题。2010 年 8 月，奉化市人民法院与奉化市公安局联合下发《关于加强执行协助工作的通知》和《关于强化执行查控系统建设有关问题的意见》两个文件，从四个方面强化执行机制。

1. 通过公安网络查询被执行人相关信息

法院将奉化市公安局信息中心作为终端查询固定场所，查询被执行人身份（户籍）、组织、车辆、出入境记录等信息，并提取其电子照片。信息查询接收、回复由奉化市人民法院、奉化市公安局派人负责，并通过网络传送完成。法院需要查询结果的，由奉化市公安局出具相关的查询材料。

2. 公安部门协助布控逃匿的被执行人

对下落不明或逃避执行的被执行人，奉化市人民法院统一由专人负责将协助执行通知书（应载明协助内容及查找的被执行人人数）及名单交奉化市公安局信息中心，由公安局信息中心在公安机关旅馆业信息系统与暂住人口信息平台进行布控。对正在逃匿的法院已决定司法拘留或涉嫌构成拒不执行判决、裁定罪的被执行人，由法院出具司法拘留决定书、协助执行通知书、执行依据等相关材料，由奉化市公安局信息中心在全省范围内进行网上布控。公安局发现被执行人时，即与奉化市人民法院联系，法院则作出及时回应。

**3. 公安部门协助查控被执行人车辆**

奉化市人民法院对需要查封扣押的被执行人车辆，依法作出裁定，并将查封扣押裁定书、协助执行通知书、执行依据统一由专人交奉化市公安局信息中心。奉化市公安局信息中心应将被执行人车辆信息纳入公安相关数据库。奉化市公安局在 110 巡逻、交通事故处理、车辆年检年审等环节发现后，则对被查封的车辆进行控制，并及时将信息反馈给奉化市人民法院，法院于当日派员交接。

**4. 协助执行激励机制**

对协助执行工作力度大、效果好，在重大案件执行中查控被执行人作出贡献的奉化市公安局的相关部门和个人，奉化市公安局和奉化市人民法院还以合适的方式予以表彰、奖励。

除公安局之外，奉化市人民法院已先后与国土资源局、建设局、税务局、房地产管理中心、工商行政管理局以及各银行单位建立了良好的协助执行关系，通过制度建立健全执行的征信及查控系统。

**（三） 主动执行机制**

为进一步践行司法为民宗旨，提升司法公信力，2011 年 5 月，余姚市人民法院出台了《关于部分案件由审判部门移送执行的若干规定》，规定部分案件可以不经当事人申请而由审判部门直接移送执行，主动执行是基层法院为破解执行难而进行的制度尝试。

**1. 主动执行的范围**

所谓主动执行，即移送执行案件，是指法院对部分已经发生法律效力且超过履行期限一方当事人未自觉履行的判决、裁定书，不经当事人申请而由审判部门直接移送立案执行。余姚市人民法院主动执行的范围包括：追索赡养费、扶养费、抚育费案件的生效判决书；部分双方当事人住所地在本市辖区的人身损害赔偿及劳动争议案件的生效判决书；有财产执行内容的生效刑事法律文书等。

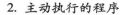

### 2. 主动执行的程序

符合主动执行范围的法律文书在其生效后，债务人到期未履行的，当事人在申请执行前向承办法官开具办案联系单时，由审判人员征求当事人的意见，如当事人同意移送执行的，当事人在《申请移送执行确认书》上签字，在法院内部由审判部门办理移送手续。

### （四）网络司法拍卖平台

司法拍卖是指，人民法院将查封、扣押、冻结的被执行人财产，在被执行人逾期不履行义务时，依法以公开竞价的方式卖与出价最高的竞买人，并用所得金额清偿债务的执行行为，是人民法院执行中的一种强制处分措施。数据显示，近年来查处的司法人员违法违纪案件中，有将近 70% 集中在民事执行阶段，而其中绝大部分发生在资产处置，特别是司法拍卖环节。

为了避免低估贱卖、缩水贬值、暗箱操作等"潜规则"滋生蔓延，2012 年 6 月底，浙江省高级人民法院和淘宝网联合推出网络司法拍卖平台，浙江省各级法院涉诉资产都将在淘宝上进行司法拍卖。与普通的网络竞拍不同的是，司法拍卖需要核实竞买人的真实身份，也就是说竞买人的支付宝必须通过实名认证，否则就无法参与竞拍。整个司法拍卖流程包括报名交纳保证金、出价竞拍、支付拍卖成交款三个环节。按照拍卖规则，淘宝司法拍卖可全程通过网上操作参与竞价，不需要拍卖师、拍卖场地等，实现了零佣金。

司法拍卖平台上线后，首批在淘宝网司法拍卖平台公示的拍卖标的物为北仑区和宁波市鄞州区人民法院的涉诉车辆。

## 第四节　强化司法审查提升行政水平

### 一　宁波市行政诉讼案件的整体情况

在中国，所谓司法审查取其狭义，是指司法机关对行使公权力的行为进行合法性审查，即行政诉讼。司法审查是通过纠正违法的行政行为，确保公权力的行使依法进行，保护公民的权利，是依法行政、建设法治国家的制度保障。宁波市中级人民法院被最高人民法院确定为浙江省内唯一一家行政审判联系点法院，并同时被确定为全国 15 家优化行政诉讼庭审程序试点法院之一。

近年来，宁波市中级人民法院司法审查案件逐年递增，其中资源类（主要指土地资源类）、城建类（主要含规划、拆迁、房屋登记类）、劳动和社会保障类等涉及民生的案件增长势头明显，加之一直保持一定数量的公安类案件，此四类案件构成了行政诉讼案件的主要类型。被诉行政行为的类型一改传统的强制类行为唱主角的格局，行政许可、行政裁决、行政确认等行政行为因为关涉利益日益重大，逐渐成为相对人争讼的重点。除此之外，相对人监督行政机关不履行法定职责的意识也在不断觉醒，力度不断加大，不履行法定职责案件成为行政诉讼中的又一重要类型。2008年7月以来，行政诉讼案件审理难度进一步加大，如群体性案件增多，政府信息公开等新类型案件不断涌现；涉信访老户、诉讼老户案件明显增多；此外，还出现了当事人利用博客、论坛等网络媒体向法院、承办人施压的新情况等，因此，预防和化解行政争议的形势依然严峻。

2010年，宁波市中级人民法院新收一审行政案件511件，二审行政案件255件。与2009年相比，一审收案下降12.35%，二审收案上升30.77%，上诉率增长近15%。扣除一审法院以协调撤诉方式结案及判决行政机关败诉的案件，凡行政相对人败诉的一审案件，几乎全部上诉。一审收案的下降一定程度上反映了宁波市各政府部门在行政执法过程中注重合法、规范，在防止与避免行政纠纷产生方面作出了积极努力。而上诉率的增长，也说明了人民法院的司法审查状况与原告多元化的利益诉求之间还存在一定反差。从涉案行政管理领域看，案件多发生于土地（203件）、拆迁（52件）、公安（46件）、劳动和社会保障（45件）、房屋登记（44件）、工商（20件）、规划（18件）、乡政府（17件）等行政管理领域，八类案件合计445件，占全部案件的87%。其中与市民居住权相关的房地资源类案件，以及与群众生产、生活秩序相关的公安类案件增幅较大，比2009年分别增长18%和31%。与群众权益密切相关的拆迁、劳动和社会保障、规划、乡政府案件同比分别下降41%、36%、33%、29%，部分原因在于随着宁波市重点工程建设项目的稳步推进，前期的土地征收、房屋拆迁工作逐步完成，对应类型的行政案件亦同步下降。

为尽量将矛盾解决在基层、化解在当地，并保证人民法院公正独立审理行政案件，经浙江省高级人民法院同意，宁波市中级人民法院将部分县（市）、区人民政府为被告的本应由市中级人民法院受理的一审案件，指定基层法院交叉管辖，如江东区人民政府为被告的案件指定江北区人民法院，镇海区人民政府为被告的指定北仑区人民法院，宁海县人民政府为被告的指定奉化区人民法院进行审理等。

宁波市中级人民法院将保障重点工程建设项目顺利推进，加快城市发展作为全市法院行政审判工作的重中之重和长期任务。2010 年，全市法院共审结涉轨道交通、东部新城等市重点工程建设项目一审行政诉讼案件 38 件，其中近三成案件以协调撤诉方式结案，其余案件在审理后亦基本维持了行政机关作出的具体行政行为。在行政争议日趋复杂，协调难度日益增大的情况下，能取得如此比例的协调撤诉率，表明行政机关配合宁波市两级法院服务大局理念不断强化，合力化解行政争议意识日益增强。此外，宁波市中级人民法院还充分利用最高人民法院联系点法院及优化行政庭审程序试点法院的独特优势，探索行政附带民事审理方式，寻求行政纠纷实质性解决新途径。

除此之外，宁波市中级人民法院积极采取措施，强化对行政案件的司法审查力度，提升行政管理水平。

## 二　落实行政首长出庭应诉制度

行政首长出庭应诉是指行政诉讼中，被诉行政机关的法定代表人或主持工作的负责人或分管负责人出庭应诉的一项诉讼活动。虽然《行政诉讼法》并未就行政首长是否需要亲自出庭应诉作出明确规定，但行政首长出庭应诉制度对于优化行政审判外部环境、满足民众行政纠纷实质性解决诉求有着更为重要的推动作用。行政首长出庭应诉，既有利于行政领导及时发现当前行政执法中存在的问题并加以改进，提高依法行政水平，从源头上减少行政争议，又有利于通过行政首长亲自释疑解惑增强原告对行政机关依法行政的理解和认同，及时服判息诉。

实践中，行政诉讼中作为被告的行政机关在应诉过程中，负责人不出庭现象较为普遍，原因在于行政机关负责人在观念上存在误区：首先，不重视行政诉讼案件，行政机关负责人事务繁忙，无暇顾及行政诉讼案件；其次，不尊重行政相对人的诉权，认为行政机关作为管理部门，高高在上，作为单位领导，不愿意与行政相对人在法庭上平起平坐；最后，漠视司法权，认为自己代表行政机关，不愿意在法庭上接受法院的审查，反映出行政权相对于司法权的傲慢。

针对行政诉讼中行政机关负责人不出庭这一顽症，国务院《关于加强法治政府建设的意见》第 25 条要求，要完善行政应诉制度，积极配合人民法院的行政审判活动，支持人民法院依法独立行使审判权。对重大行政诉讼案件，行政机关负责人要主动出庭应诉。宁波市人民政府出台的《关于推进法治政府建设的意见》，明确提出倡导并逐步推行行政首长出庭应诉制度。2006 年 3 月，宁波市鄞州区人民政府出台了《鄞州区行政机关负责人出庭应诉办法》，在宁波市内首推"行政首长出庭制度"。2006 年 9 月，宁波市人民政府发布《关于在全市行政机关中倡导和逐步推行行政首长出庭应诉工作的通知》，规定行政首长应当出庭应诉的五种情形，即本年度第一起市、县（市）、区行政机关以本级人民政府名义作出具体行政行为而引起的行政诉讼案件；行政机关本年度行政诉讼案件数量超过 10 件的，其中至少 1 件行政诉讼案件；重大、复杂或群体性的行政诉讼案件，市、县（市）、区人民政府认为行政机关的行政首长应当出庭应诉的；单独提起的行政赔偿案件；行政首长认为需要出庭应诉的其他行政诉讼案件。另外，提倡和鼓励行政首长出庭参加其他行政诉讼案件的诉讼活动。为确保行政首长出庭应诉工作顺利进行，宁波市人民政府将把市级行政机关行政首长出庭应诉的执行情况进行通报并纳入年度行政执法责任制目标管理考核范围。市及县（市）、区人民政府法制办公室对行政应诉中"不应诉、不举证、不出庭、不执行"的情况，可以建议同级人民政府或行政监察部门按有关规定追究相应责任。

具体而言，宁波市两级人民法院为推动和落实行政机关负责人出庭应诉制度做了以下几个方面的工作。

第一，通过各种途径宣传行政机关负责人出庭应诉的重要性。行政机关负责人之所以不愿意出庭应诉，是因为还未意识到行政机关负责人出庭应诉的好处。为此，宁波市中级人民法院还通过司法审查情况通报、定期不定期联席会议、典型案件邀请旁听、"行政首长旁听日"活动、为行政执法人员授课培训等各项举措，切实提高各级行政机关负责人出庭应诉的意识和能力，尤其是重大敏感、社会普遍关注的典型案件，鼓励行政机关负责人勇于出庭应诉，与行政相对人平等对话，疏导其不满情绪，以利于案件的妥善协调化解。市政府在鼓励行政首长出庭的同时，还加强政策的导向性，设计合理的出庭应诉绩效考核体制，对各级政府部门进行正面的引导和反面的激励，同时加强与党委、人大的沟通，保持对此项制度落实情况的长期关注与重视。

第二，及时总结行政机关负责人出庭应诉的案件情况。宁波市中级人民法院通过分析行政机关负责人出庭应诉案件数据，发现公安机关推行这一制度的力度突出、效果明显。大部分公安机关均能严格按照《公安机关执行〈中华人民共和国治安管理处罚法〉有关问题的解释》第 14 条 "关于治安行政诉讼案件的出庭应诉问题" 之规定执行，如江北区公安局局长多年来一直能以身作则，坚持对该局所有的一、二审行政案件出庭应诉，获得了行政相对人的理解，取得了良好的社会效果。相反，行政诉讼案件多发的土地、房管等部门仍然重视不够。个别行政机关尚不能正确对待人民法院行政诉讼司法监督，依法应诉意识和能力不强。

第三，基层法院采取措施推动行政机关负责人出庭应诉制度。宁波市江北区人民法院采取四项措施积极推进行政机关负责人出庭应诉。（1）努力创造条件。考虑到行政机关负责人日常工作繁忙，在开庭时间的安排上，该院提前与行政机关联系，尽量保证行政机关负责人能按时出庭；对行政机关负责人因正当理由不能如期参加庭审的，法院在审限内将安排延期审理。对首次出庭的，安排相应级别的法官担任审判长，调动行政机关负责人出庭应诉的热情。（2）完善应对机制，加大建议力度。确因特殊情况，也可以由分管副职代为参加诉讼。对所有行政诉讼案件，该院都发出《行政首长出庭应诉建议书》，督促行政机关负责人出庭应诉。（3）加强沟通联系。立案受理的行政诉讼案件，在向被诉行政机关发送应诉通知书的同时，将副本抄告同级政府法制机构。然后由区法制机构向有关行政机关发出通知，落实出庭应诉的具体领导。有关单位接到通知后，报告具体出庭人员名单和职务。（4）提高应诉技巧。开庭中，由于行政机关负责人对诉讼程序不熟悉，往往是 "只出庭不出声"。法院根据不同案情、不同部门的实际，有侧重点地选择部分典型案例进行汇编，为行政机关负责人提供一些经验材料；必要时，组织行政机关负责人参加庭审观摩以提高他们的应诉技巧。

宁波市中级人民法院统计数据显示，在宁波市人民政府的推动下，自 2006 年宁波市人民政府出台《关于在全市行政机关中倡导和逐步推行行政首长出庭应诉工作的通知》，要求行政机关负责人出庭应诉以来，全市共有 380 件次案件的行政机关负责人出庭应诉，其中，鄞州区行政机关负责人出庭 49 人次，行政首长出庭率达 100%。宁波市行政机关负责人出庭应诉实践得到省政府的肯定。2011 年 11 月，浙江省全面推进依法行政领导小组办公室、省高级人民法院、省人民政府法制办公室联合下发了《关于全面推进行政机关负责人出庭应诉工作的通知》。

　　为进一步改进行政首长应诉制度，2011 年底，在这项工作中走在前列的鄞州区人民法院再次向当地政府机关提出建议，一把手不但要出庭，更应在庭审时亲自发表答辩意见，回答行政相对人的各种质疑，详释相关的行政法规、行政机关的执法依据，消除群众与政府之间的矛盾分歧，以体现行政机关对行政相对人的尊重。2012 年 1 月，宁波市鄞州区人民法院开始推行"行政首长发言制度"，要求行政机关负责人在出庭的同时，亲自答辩发言，由此开始了行政首长从出庭到"出言"的探索之路。2012 年 1 月，在一起行政案中，作为被告的行政机关负责人面对原告，亲自答辩，详析有关法律依据，取得了较好的效果。

## 三　重视个案司法建议

　　司法建议是指人民法院在审判工作中，以预防纠纷和犯罪的发生为目的，针对案件中有关单位和管理部门在制度上、工作上所存在的问题，提出改进和完善管理工作的建议。人民法院行使审判职能的过程中针对个案提出司法建议，是法院主动参与社会治安综合治理系统工程的重要手段，是人民法院坚持能动司法，加强和创新社会管理，依法延伸审判职能的重要途径。最高人民法院非常重视司法建议工作，于 2007 年 3 月印发了《关于进一步加强司法建议工作为构建社会主义和谐社会提供司法服务的通知》，2012 年 3 月又出台了《关于加强司法建议工作的意见》，指导全国各级法院的司法建议工作。

　　行政诉讼中的司法建议是人民法院在司法审查过程中发现的行政机关在执法及诉讼阶段存在的事实认定、法律适用、程序铺展以及应诉规则遵守等问题的呈现和要求改进的建议。与普通诉讼案件司法建议相比，行政审判司法建议更具有针对性和说服力，因为法院司法审查的对象是行政机关行使行政权力作出的行政行为，法院在审查行政行为的过程中对行政机关的某项工作或某一方面的工作会有更深刻的认识，所提出的建议能直接推动行政机关的工作，进而提高行政机关正确行使行政权力的能力，预防和减少行政争议的产生。为此，浙江省高级人民法院于 2009 年 8 月专门出台了《浙江省高级人民法院关于进一步加强行政审判司法建议工作的通知》。

　　在浙江省高级人民法院的推动下，宁波市两级法院每年都会向涉案行政机关发出一定数量的司法建议，就案件中涉及的有关问题向相关政府部门提出意见和建议。但不足的是，宁波市两级法院提出的司法建议的书面反馈率仅为 40% 左右，真正的落实率更低。2010 年，宁波市中级人民法院进一步加强司法建议工作，完善司法建议的启动机制、跟踪、反馈机制、备案、考核机制等，将其作为推动司法行政良性互动、促进行政机关依法行政、从源头上预防和减少行政争议的新的突破口和生长点。为解决各基层法院司法建议内容不健全、发送不规范、形式不统一等问题，2010 年初，宁波市中级人民法院下发了《关于统一全市行政审判司法建议书格式的若干意见》，并要求各基层法院统一到市中级人民法院备案，以提高司法建议质量，确保司法建议效果。2010 年，宁波全市法院共发放司法建议 19 份，反馈率为 68%。此外，两级法院还通过行政执法咨询、规范性文件论证、典型案件邀请旁听、重大行政案件协调沟通、开展"行政首长旁听日"活动、受邀进行授课培训、发送一案一信息反馈表与《宁波行政审判通讯》等各项举措，加强良性互动，取得了较好的效果。

镇海区人民法院为加大对司法建议工作的重视力度，在法院内部进一步改进司法建议的工作机制。首先，明确了各部门的职能。确定由办公室统一主管司法建议工作，负责组织、协调、指导、督促、检查各审判庭的司法建议工作，并规定了各审判庭和综合部门的基本职责，在分工协作的基础上形成合力，完善司法建议的管理机制。其次，形成了较为规范的程序。司法建议分制作、审核、发送、登记程序，案件承办人制作的司法建议书经有关领导审核签发后，以法院的名义向被建议单位发送，同时由办公室设专人负责司法建议的文号管理，对发送的司法建议书进行登记备案。最后，制定了有关的绩效考核标准。提高了法官发送司法建议书的意识，强化了各审判庭司法建议工作的力度，提升了司法建议的实效性。《镇海区人民法院 2010 年绩效考核办法》规定，各业务庭室的书面司法建议每年不少于一件，做到一事一建议，件件有结果，对未完成司法建议工作任务的庭室将予以扣分。

## 四　及时向行政机关反馈行政审判信息

为提升政府依法行政的水平，宁波市中级人民法院及时向行政机关反馈行政审判信息。行政审判信息反馈包括宏观和微观两个层次，前者指行政审判的总体信息，后者则指个案信息。

在宏观层面，宁波市各级法院坚持发布司法审查白皮书制度。为了总结宁波市行政案件司法审查的基本情况，进一步增强政府各部门依法行政的观念和依法应诉的能力，提升政府和法院依法行政与公正司法互动效果，宁波市中级人民法院对 2006～2010 年的司法审查进行总结，按照时间段分别撰写司法审查报告。司法审查报告总结全市行政诉讼和非诉行政执行工作基本情况，分析行政机关败诉的主要原因以及行政执法的瑕疵情况，对进一步提升依法行政水平提出具体建议。与此同时，宁波市中级人民法院还会附上《全市法院审理（执行）涉重点工程建设项目行政案件情况分析》。司法审查报告送至各行政机关，供行政机关对照检视自身的依法行政工作。对于法院每年报送的司法审查基本情况，宁波市人民政府非常重视，对于涉及依法行政的问题，市长会作出批示，召集有关行政机关参加，以落实改正行政行为，提高依法行政水平。

鄞州区人民法院于 2009 年第一次发布《鄞州人民法院 2005～2008 年行政案件司法审查情况报告》，最近一次是 2012 年发布的《行政案件司法审查情况报告（2010～2011）》。司法审查报告就如何提高依法行政水平提出了建议，对败诉率较高以及在行政执法中容易存在问题的部门进行了重点分析，这些意见和建议非常具有针对性。

在微观层面，宁波市中级人民法院实行行政诉讼案件逐一反馈制度，即在行政案件裁判文书生效后，将司法审查中发现的问题汇总，及时向被诉的行政机关发出《行政诉讼案件信息反馈表》。法院在反馈表中指出行政机关在执法程序、事实认定、法律适用等方面存在的问题，帮助行政机关纠正不当行政行为，指导行政机关依法行政，引导行政机关提升行政执法质量。

## 五　行政审判联席会议制度与行政执法联络室制度

司法与行政的良性互动机制在预防和化解行政争议中可以起到积极的作用。而行政机关执法水平的提高和依法及时主动纠错，对减少行政争议，化解官民矛盾，往往能达到事半功倍的效果。

2008 年，宁波市中级人民法院与宁波市人民政府行政复议办公室联合出台《宁波市行政复议和行政审判联席会议制度》，形成了政府与法院定期或不定期通报行政复议、行政审判以及行政执法相关工作情况的互动机制。联席会议制度的主要工作职能是通报交流行政复议、行政审判以及行政执法的有关工作情况，探讨和解决在这些工作中遇到的难点、热点问题。联席会议的成员除了宁波市两级法院，市政府和各县（市）区政府行政复议办公室外，还有市政府主要行政执法部门。

2010 年宁波市江东区政府印发了《宁波市江东区行政复议和行政审判联席会议制度的通知》，为推动江东区依法行政工作，决定建立江东区行政复议和行政审判联席会议制度。联席会议采取定期和不定期召开形式，但每年定期召开一次成员单位全体会议，此外根据工作需要及具体议题，可不定期召开工作会议。

宁波市中级人民法院和宁波市住房和城乡建设委员会联合发布了《关于建立城建行政执法联络室制度的通知》，明确成员单位为市中级人民法院行政庭和住房和城乡建设委员会法规处，市政府法制办公室行政复议处为联络室特邀单位。联络室主要工作内容为定期召开联席会议，建立信息共享机制，加强案件沟通协调，充分发挥职能作用，积极拓宽合作渠道。城建行政执法联络室制度的建立，标志着宁波市法院系统与行政主管部门的合作进一步深化，双方通过加强沟通，实现良性互动，切实预防和化解行政争议，维护社会和谐稳定。宁波市法院先后与国土、交通、规划、国税、城建、工商等行政执法部门建立了联络室，极大地便利了各方及时进行交流、沟通与协调。

以江东区计生行政执法联络室为例，2011 年 9 月 21 日江东区首家行政执法联络室挂牌成立。联络室由区法院、区人口和计划生育局相关工作人员组成，在区人口和计划生育局挂牌，区法院和区人口和计划生育局均在联络室派驻联络员。该联络室将定期召开会议，主要研究探讨计划生育行政诉讼、非诉执行工作中反映出的热点难点问题，同时建立日常信息互通机制，实现法院、人口和计划生育局对行政执法和审判中最新政策文件、重大案件和工作部署等信息的共享。首先，以上各方共同开展行政执法培训。一方面，定期组织业务能力强、审判执行经验丰富的法官开展行政执法培训，指导人口和计划生育工作者提高社会抚养费征收工作水平，另一方面针对在行政审判中发现的普遍存在的问题，提出切实可行的建议，规范行政行为。其次，定期召开执法座谈。为推进计生行政执法，以"行政执法联络室"为平台，区法院、区人口和计划生育局及相关部门、街道定期召开行政执法座谈会。就社会抚养费征收案件在认定事实、适用法律及执法程序等方面存在的问题进行座谈，对一些存有争议的问题进行研究探讨，并就加强行政执法和行政审判的衔接做好沟通协调工作。最后，加大非诉执行力度。该区坚持"公正司法、一心为民"的指导方针，不断加大社会抚养费征收非诉执行案件的审查和执行力度。针对该类案件执行难的特点，强化执行措施，抓住时机、把握尺度，对于那些拒不履行法定义务且态度蛮横的当事人灵活采取冻结、扣押、划拨及司法拘留等强制措施，充分发挥行政审判与非诉执行职能。

宁波市的实践证明，各行政机关与法院深入研讨总结良性互动，对于提升依法行政水平有重要的作用。通过互动，有助于尽可能通过思想工作、行政复议程序等，将行政争议有效化解在行政程序之中，并进一步增强行政机关在诉讼程序中配合法院化解行政争议的主动性和积极性。当然，法院在与行政机关沟通时，要坚持依法办事，不枉不纵。目的只有一个，就是促进行政机关提高行政水平。

### 六 法院参与完善依法行政考核指标体系

为推动依法行政工作，宁波市人民政府每年都要对行政机关化解行政纠纷、依法履行行政义务等情况进行考核。为了全面客观考核依法行政情况，宁波市政府吸纳法院参与依法行政考核指标体系的设计，将行政机关主动化解行政争议即行政行为成诉率、行政机关应诉答辩、行政机关负责人出庭应诉、落实反馈司法建议、诉讼案件败诉、履行法院生效裁判以及法院的非诉审查结果（裁定准予或不准予执行）等情况纳入行政执法责任制的考核内容。参与完善依法行政考核指标体系，是宁波市中级人民法院发挥法院能动司法职能，提升依法行政水平的路径之一。

## 第五节 司法主动服务经济、社会转型

目前中国正处于经济、社会转型期，各种矛盾交织、纷呈，作为定分止争机关，法院除了化解纠纷之外，还被赋予了服务经济快速发展、维护社会和谐稳定的功能。宁波市各级法院响应中央号召，积极配合地方党委，将司法职能扩展到主动服务当地经济和社会转型上来。

### 一 金融风暴来袭，帮助中小企业

宁波市地处经济发达省份，有着最早开放的通商口岸，经济发展迅速，民营经济活跃。当金融危机来临，以外向型为特点的宁波经济首当其冲，受到较为严重的冲击。2009 年，浙江省和宁波市出现企业停产停业、资金链断裂、企业主逃匿的现象，经济运行下滑压力加大。2011 年 1～9 月，宁波两级法院新收一审

商事案件 19775 件，诉讼标的额为 99.2 亿元，同比上升 39.8%，增幅明显。尤其是第三季度，企业停产、企业主逃债案件明显增加，据不完全统计，宁波全市法院审理执行 900 余件此类案件。为了帮助曾经为繁荣宁波市场经济作出贡献的中小企业渡过难关，宁波市两级人民法院出台文件，采取有力措施为中小企业营造平稳健康发展的司法环境。

为进一步发挥人民法院审判职能，有效应对国际国内经济形势复杂变化，促进社会经济平稳健康发展，实现"强信心、增活力、稳运行、调结构、促转型、保增长"的总体目标，2011 年宁波市中级人民法院出台了《关于为保增促调推进中小微企业平稳健康发展提供有力司法保障的实施意见》。该实施意见提出为推动宁波经济平稳健康发展提供良好的法治环境的具体要求，包括加大集中管辖的力度；突出立案工作的社会管理职能；充分运用诉调对接机制解决涉企纠纷；灵活运用诉讼保全措施；适度放松对企业间借贷行为的控制；依法运用破产重整程序维护经济稳定；妥善审理和执行涉中小微企业案件；注重对企业劳动者合法权益保护和维权的司法引导；加强和完善涉企案件执行机制；依法严厉打击破坏金融管理和扰乱市场秩序的犯罪活动等。法院从加强与政府及相关部门的联动、继续深入开展"服务企业、服务基层"专项行动、加大司法建议报送工作、开展调研和指导工作等四方面充分延伸司法职能。为有效执行该实施意见，宁波市中级人民法院还建立了重大涉企案件诉讼指导小组，加强对涉企案件的监督指导和协调处置力度。

帮助中小企业解困是宁波市各级法院的重要任务。以象山县为例，中小企业占全县企业总数的 99% 以上，其资产总额、全年实现工业增加值、实现利润、纳税额分别占全县接近 80%。2009 年以来，受金融海啸的影响，象山县中小企业亏损额增幅和亏损面均有大幅增加，关闭企业近百家，形势比较严峻。通过对辖区内重点企业走访调研，象山县人民法院发现迫切需要对企业进行诉前法律风险排查与防范指导、诉讼指导以及提高涉企案件审执质量与效率，为此，象山县人民法院建立了以下工作机制。

（1）涉企案件风险预警处置机制。为妥善化解中小企业经营风险，依法支持行政机关对中小企业的规范管理，象山县人民法院出台了《关于涉企案件风险预警处置的暂行规定》，并成立了以院长为组长的工作领导小组，负责涉企案件风险预警和应急处置的启动、协调等工作。规定涉诉企业年涉案件数达 10 件以上、涉诉企业资不抵债可能导致企业破产、涉诉企业管理混乱可能造成较大损失、涉诉企业违法经营可能造成严重后果等 10 种情形，必须及时向县委员会办公室、县政府办公室、企业主管部门和所在地政府作出风险预警。各审判业务部门可视情况采取编制司法审查或调查报告、作出预警报告、进行风险提示、制发司法建议等四种预警方式，形成书面材料提交领导小组研判后统一协调处理。

（2）中小企业诉讼"绿色通道"。为最大限度地减轻企业诉累，象山县人民法院为企业开辟诉讼绿色通道，采取"三快一优"措施，即实行快速立案、快速审理、快速执行、全程优化服务。从 2009 年开始，对涉中小企业案件采取预约立案、上门立案、传真立案等各种快速便捷的方式，依法及时受理，对来院诉讼企业实施一站式服务。对涉及企业的案件审理，在法定审理期限内提高办案效率，及时有效地保护公司、企业的合法权益。

（3）县重点企业实行诉讼"零担保"。为进一步营造相对宽松灵活的司法环境，象山县人民法院出台了《关于对县重点企业实行诉讼"零担保"的暂行规定》。"零担保"意指，在当地重点企业作为申请人依照《民事诉讼法》有关规定向法院提出证据或财产保全申请时，法院可不要求其另行提供担保。重点企业申请保全时，法官对"零担保"规定应作充分释明；重点企业除提交申请书等常规材料外，尚需提交被县委、县政府确定为重点企业的证明材料、财务报表以及以本企业财产提供担保的书面承诺。另外，象山县人民法院还制定了《关于担保机构开展财产保全担保业务管理办法》，在简化手续的基础上实现了减轻当事人诉累、提升司法效率的双重效果。

（4）个案反馈及法律辅导机制。在诉讼结束后，结合之前在案件审理中发现的企业存在的隐患，以司法建议的形式向企业反馈问题，提出改正建议，使企业及时堵塞经营漏洞。同时，注重向县委、县政府有关部门和行业协会等通报典型案例，便于各部门掌握辖区内中小企业涉诉情况及问题，并发挥各自部门资源优势，多方位提出应对措施。

（5）区域性经济法律指导。针对象山县不同地域不同经济构成的特点，象山县人民法院通过走访、座谈、宣讲等形式对不同地域经济主体作了有针对性的法律指导。

（6）以庭室为单位开展对接服务。2010 年，象山县人民法院制定了《关于法官联系服务镇乡（街道）、企业、重点工程实施办法》，将为企业服务落实到具体庭室，构建联系服务机制，实现服务"一对一"；创新服务载体，实现服务"零距离"；拓展服务层面，实现服务"多元化"；加大服务力度，实现服务"无障碍"；规范服务行为，实现服务"零违纪"。2011 年，象山县人民法院特别组成企业服务指导组，由民二庭牵头进一步落实服务企业措施。如第五章所述，象山县人民法院还通过组织法官走访中小企业倾听诉求，并结合审判实践中涉中小企业案件所反映出来的经营与治理问题，组织民商事资深法官历时一个多月编写完成了《中小企业防范经营法律风险的三十条提示》宣传手册。宣传手册就合同订立时、合同履行过程中、企业治理三个方面提出 30 条注意事项，以帮助企业预防和降低经营管理中的法律风险。

## 二　保障民营经济，加速企业转型

在中国，民营经济率先在南方省份发展起来，对于提升民众生活水平，繁荣社会主义市场经济发挥了不可估量的作用。然而，目前民营企业面临着融资困难、经营风险加大、企业转型升级等问题。为此，宁波两级法院采取措施，为保障民营经济发展、加速企业转型升级提供司法保障。

### （一）拓宽民营经济融资渠道

2012 年，宁波市中级人民法院出台《关于为我市民营经济发展提供有力司法保障的实施意见》。该实施意见共 18 条，从立案、审理和执行力度三方面提出为全市民营经济平稳健康发展提供良好的法制环境的具体要求，从五个方面构建保障民营经济发展的长效工作机制。2009 年以来，宁波市中级人民法院法官走访企业达 20 余次，开展主题座谈会 5 次，解决企业上门咨询 20 余次，组织庭审观摩 10 余次，为百家企业开展服务中小企业法律讲座 2 次，向企业发放法律法规宣传手册、典型案例指导 300 余册，将结对服务的精神落实于工作中。

### （二）"三型企业"培育

随着中国经济发展方式转变和经济结构调整的不断深入，企业转型升级迫在眉睫，为此，宁波市各级法院开始探索企业转型保障。2010 年奉化市人民政府办公室颁布《奉化市人民政府关于实施成长型效益型创新型企业培育工程的通知》，将培育成长型、效益型、创新型"三型企业"作为发展市场经济的重要任务。为此奉化市人民法院也颁布《奉化市人民法院关于为成长型效益型创新型企业培育工程提供司法保障的实施意见》，为"三型企业"培育工程提供优质高效的司法保障。具体做法如下。

首先，建立法官联系企业制度，以审判和执行业务部门为责任单位，根据"三型企业"地域分布情况，结合责任部门的管辖范围和职能特点，由院党委委员、审判委员会专职委员牵头，实行分组包片服务，通过上门走访、邀请来访等方式，收集企业对法院的意见和建议，了解企业的司法需求，帮助企业预防和化解法律风险。

其次，建立涉"三型企业"案件快速反应机制，由相关业务庭联合成立快速反应工作小组，及时受理企业法律诉求，对立案、保全、执行等方面的紧急情况，实行快立、快审、快执，做到急事急办，特事特办。

最后，依法审理涉"三型企业"的各类投资纠纷案件、民间借贷纠纷案件、涉财务风险债务纠纷案件、劳动争议案件。对资金周转暂时困难的成长型和创新型企业，加大司法救助的力度，在不违反有关规定的情况下，简化审查、认定标准和办理手续，适当扩大给予诉讼费减、免、缓的范围。切实加强涉"三型企业"案件的调解工作，尤其是金融纠纷案件的调解工作。加大"三型企业"的执行案件的执行力度。

另外，加强对"三型企业"的法律宣传工作，推进企业法务工作者培训基地建设，根据物权法定原则，依法确认"三型企业"的股权、商标权、专利权等权利。大力支持有关部门为改善"三型企业"融资环境而进行的金融创新行为。依法严厉打击商业贿赂、侵犯商业秘密、侵犯著作权、制售假冒伪劣产品等损害"三型企业"利益的违法犯罪行为，引导建立公平有序的市场竞争环境。

针对审判实践中涉中小企业案件所发现的常见法律问题，奉化市人民法院专门组织民商事资深法官编写完成了《中小企业常用法律知识 60 问》手册，帮助企业预防和降低经营管理中的法律风险。手册内容涉及劳动法、合同法、公司法、企业融资法律和不正当竞争及知识产权法五个部分，对 60 个方面的常见问题结合现行法律以通俗的语言进行解说，并给企业提出了具体的指导意见。"这些问题语言简明易懂、紧扣要点，不像法律条文那么抽象、深奥，真的很实用！"有企业负责人表示。

鄞州区人民法院近年来将服务于企业转型升级作为工作重点。2011 年，鄞州区提出"质量新鄞州"的理念，要求鄞州区的企业完成从"鄞州制造"到"鄞州创造"的转变，提高企业良好的资金周转能力、自主创新能力和企业管理能力。然而，鄞州区的很多民营企业是从家族企业演变而来，缺乏品牌意识，内部没有完善的管理机制。为此，鄞州区人民法院将服务企业转型升级作为能动司法的核心任务，从三个方面来服务企业的转型升级：（1）帮助有发展潜力而临时资金周转不灵的企业起死回生；（2）促使企业形成自主品牌意识；（3）帮助企业形成完善的人事管理机制。

鄞州区人民法院在受理与当地民营企业相关的案件后，不是简单判决，而是深入了解企业内部的状况，为其提供有针对性的司法服务。法院通过典型案件的审理，总结出问题，以法律知识小册子、白皮书等形式向企业介绍民营企业存在的通病，让企业学习经验，吸取教训，从源头上预防纠纷的产生。除了"书面传播"之外，鄞州区人民法院还于2011年4月，召开了"服装品牌侵权案诉讼情况通报"新闻发布会，通过新闻发布会的形式传达这些经验。

另外，鄞州区人民法院还定期邀请民营企业代表旁听典型案例，并召开形式多样的座谈会，让企业家与法官面对面交流。法院通过主动延伸司法职能，为区域经济建设保驾护航，为企业转型升级提供服务，为"质量新鄞州"注入活力。

## 三　推进创新型城市建设

创新型城市建设是宁波市近年来提出的城市发展新目标，宁波法院为此作了不少有益的司法保障探索。

象山县人民法院根据宁波市委、市政府《关于深化中心镇加快卫星城市发展的若干意见》和象山县委、县政府《关于深化石浦镇改革加快卫星城市发展的决定》等文件精神，应对当地行政体制改革背景下出现的行政审批、规划等纠纷增多及主体变更等新情势，对卫星城市扩权试运行期间的法律进行研判，在权限下放背景下密切与新设职能主体的联系，主动做好相关法律指导工作。

江北区人民法院出台了《江北区人民法院关于为我区实施"两江战略"与"三区三城"规划提供司法保障的意见》，为"两江战略"、"城乡一体引领区、转型升级示范区、品质生活实践区"、甬江新城、姚江新城和慈城卫星城的开发建设、打造"宜居江北"、"绿色江北"、"创新江北"、"活力江北"提供了司法保障。江北区人民法院坚持能动司法，延伸审判职能，力求法院工作重心前移，如提高服务征收补偿工作的主动性、完善诉前协调机制、参与区重点项目建设的社会稳定风险评估等。

## 四　促进农村和谐稳定

农村稳则城市稳，农村和谐则社会和谐，对于一个城市的健康发展而言，农村的和谐稳定至关重要。在保障农村的和谐稳定方面，宁波市各级法院进行了不少积极探索和创新。

### （一）象山县人民法院发布涉诉矛盾纠纷分析报告

推进社会管理创新，切实增强涉诉矛盾纠纷化解的针对性、实效性和前瞻性，提升人民法庭服务辖区经济社会发展的司法能力是宁波两级法院面临的共同任务。2011 年，象山县人民法院大徐法庭每季度向辖区镇乡制发《涉诉矛盾纠纷分析报告》，为当地镇政府工作人员排查乡村的矛盾纠纷、开展综治工作提供了极大便利。《涉诉矛盾纠纷分析报告》对辖区内乡、镇、村的涉诉矛盾纠纷进行统计排位，并对婚姻家庭、民间借贷、道路交通等高发案件类型特点进行逐镇逐村分析点评，通过"民事案件万人起诉率"、"案件调解撤诉率"等司法指标比对深入探究矛盾纠纷背后的经济发展与人文地缘因素。《涉诉矛盾纠纷分析报告》还针对辖区镇乡社会矛盾纠纷的发案态势，提出了预防和化解的具体对策与建议。《涉诉矛盾纠纷分析报告》为辖区镇乡党委政府开展社会管理创新、社会治安综合治理等工作提供意见参考，获得了辖区镇乡党委政府的高度认同。

### （二）江北区人民法院规范农村土地承包经营权流转

为充分保障农民土地承包各项合法权益，妥善处理农村土地承包经营权流转过程中出现的纠纷，江北区人民法院深化土地承包经营权流转制度改革。对承包方依法采取转让、转包、出租、互换、股份合作等方式，流转其农村土地承包经营权的，只要符合"依法、自愿、有偿"的原则，法院一般应确认有效，对改变集体土地所有性质、改变土地用途、损害农民土地承包权益的流转行为，依法确认无效。

# 第六章　宁波市法治环境建设

## 第一节　法治环境概述

### 一　法治环境的含义和作用

法治环境是社会遵纪守法、依法而治的社会环境。从表现形式看，法治环境的立足点在于控权，即必须从法律和制度上对各级国家权力的实际掌握者加以有效制约与控制；法治环境的出发点与归宿点则在于公民权利的维护与公民权利环境的改善①；法治环境的效果在全社会形成对法治的敬畏和遵从，从而实现倡导数十年的有法可依、有法必依、执法必严、违法必究的氛围。

法治环境对法治建设具有重要影响力，具体表现在：法治环境是法治建设产生存在的基础；法治环境影响决定法治建设实质内容的实现程度；法治环境影响、制约司法组织体制和机构的建设；法治环境影响法治建设的全过程。② 法治环境的树立不仅需要完善制度，构建依法而治的社会管理机制，更需要提升全社会成员信法、守法的意识，形成全社会成员在法的框架下从事各种活动的社会氛围。因此，法治环境的建设离不开法制宣传教育。

### 二　构建良好法治环境的意义

构建良好法治环境的意义主要有经济和社会两方面，一方面是促进市场经济发展，另一方面是建设和谐社会的必然需要。

#### （一）良好的法治环境促进市场经济发展

良好的法治环境为市场经济参与者的理性决策提供可预期性、确定性和稳定

---

① 郑国清：《试论法治环境也是生产力》，南京依法治市网，http：//www. yfzs. gov. cn，2004 年
　　11 月 15 日。
② 城市法治环境评价体系与方法研究课题组：《试论法治及法治环境的内涵》，《公安大学学报》
　　2002 年第 2 期。

性，促进经济发展。市场经济的本质是，每个理性选择（Rational Choice）在以营利为目的的市场行为中基于其所能掌握的信息，审慎地权衡利弊得失，并作出认为对自身最有利的选择。具体而言，良好的法治环境对市场经济的促进作用有以下三点。

**1. 良好的法治环境对市场经济的基础性保障作用**

市场经济本身的运行规律要求公正、公开、高效、有序和稳定，这就要求一个良好的法治环境作为基础，包括两方面。

一是直接的保障作用：建立健全民法、商法、经济法等部门法治，为市场经济的发展、完善创造条件，保障市场经济遵循良性市场规律发展。

二是间接的保障作用：通过宪法、刑法、行政法等，为正确处理政治关系、一般社会管理关系和家庭关系等提供标准，给市场经济的发展创造良好的社会环境和外部条件，间接保障市场经济的发展。①

**2. 良好的法治环境对市场经济的优化治理作用**

尽管市场经济的本质特征就是自由竞争，但仍必须受到一定程度的政府治理。良好的法治环境能够优化市场经济的治理，诚如马克斯·韦伯（Max Weber）所指出，理性化、职业化和遵纪守法的官僚是市场经济得以维持的必要条件。良好的法治环境对治理的优化作用体现在：

一是降低施政成本。良好的法治环境去黑箱化，保证决策的民主、公开，由于扩大了公众参与，政府发展规划的实施难度得以降低，政府在调动资金、技术、人才和克服市场经济的缺陷等方面的重要作用得到进一步发挥，从而提高行政效率。同时，良好的法治环境还具有防止腐败、克服权力滥用的功能，以保障市场机制在配置资源中发挥基础性作用。

二是降低交易成本。伴随着市场经济的进一步复杂化，市场失灵和信息不对称等因素逐渐凸显，主张高度有限政府的自由主义市场经济模式并不见得提高效率和促进发展。为了降低交易成本，以科斯定理为代表的新制度经济学要求政府规制交易。良好的法治环境确认、保护各种产权，充分发挥市场主体的创造性，在促进市场主体成长、引导、调控、规范市场的健康发展，推进市场功能创新，优化市场发展环境，增强商贸业的竞争力等方面具有重要作用。

---

① 李五星、朱凤森：《重视法在市场经济中的作用》，《经济论坛》2001 年 11 期。

　　三是提升行政干预的可预期性与可纠错性。市场经济的基本要求是行政对市场的干预是可以预知、可以预测的，并符合经济发展的规律。良好的法治环境以法律的形式保障经济主体的平等地位，通过法律规范生产要素的自由流动，规范自由交换和竞争行为，完善契约关系，规范企业从内部到外部的调整，使其组合配置达到最优化。此外，良好的法治环境提供了一套系统的责任机制和纠错机制，对政府所制订的发展战略具有"纠差"作用，对发展战略实施过程中出现的偏差与不确定情况予以及时的纠正和完善。良好的法治环境使得经济发展战略、方针受法治的保障和规制，使社会治理具有稳定性和连续性，确保经济发展方向、原则和模式不因领导人的改变而改变，也不因领导人的看法和注意力的改变而改变。

### 3. 良好的法治环境推进矫正正义

　　市场经济是人类经济活动复杂化的具体表现，包含着种种风险，加之主客观条件的限制，在经济的运行过程中，各经济主体间难免会发生利益上的冲突和纠纷，影响经济秩序的建立和规范。亚里士多德将正义分为分配正义和矫正正义，后者是针对资源分配过程中出现的动荡与矛盾而设计的救济性措施，通过它的介入使分配过程得以正常进行，社会秩序才不至于失控，并有效处理经济活动中的各种纠纷，确保正常的经济秩序。市场经济平稳健康运行、维护正常的经济秩序，离不开良好的法律环境、离不开法治作为解决纠纷的依据。

### （二）良好的法治环境是构建社会主义和谐社会的必然选择

　　为了充分调动各方面的积极性和创造性，有效整合社会资源，处理好各方面的利益关系，必须创造良好的法治环境。在法治环境下，各方面的利益关系能运用法律的权利义务机制来调整，各种问题和矛盾就能在法治的框架内得以解决。各方面既能充分享有权利、行使权利、维护权利，同时又切实履行义务、承担责任，做到权利义务的统一，从而实现社会和谐。①

### 1. 建构良好的法治环境促进社会整合

　　不断的分化和整合是任何社会走向更高阶段的必要步骤。在中国改革发展关键阶段，具有不同利益倾向和需求的主体、团体、地区和分配方式日益多样化，具有不同利益倾向和需求的主体、群体、团体、地区、行业等逐渐形成。为了使

---

① 宋福范：《创造公正高效权威的法治环境》，《瞭望》2008 年第 3 期。

得社会存续和发展，首先必须以某种方式，借助某些社会力量来维持社会的基本秩序，使社会系统的各个方面都能够基本稳定，使社会成员之间有一种最基本的、最低限度的团结、共识与合作。世界各国的实践证明，法治作为治理国家的基本方略和操作性的技术体系，是实现基本社会秩序、实行社会控制最重要的手段之一，是达到社会合作与团结的结构性要素。同时，只有在良好的法治环境下，法律在社会生活中方处于一种至上性的、权威性的地位，具有相对于其他社会调整措施的优先性，具有独立于各种具体政治权力斗争的超越性。所以，法治环境可以说就是法治原则在现实生活中的展开。

### 2. 解决社会纠纷，维护社会和谐

法律最显见的功能就是解决社会纠纷。社会学的研究表明，冲突的存在对于社会的整合是必要的，是社会的正常现象。一定范围内的冲突有助于缓和社会中的矛盾，使社会成员不至于把矛盾累积到威胁社会基本架构的程度。一个健康、良性的法治环境允许一定程度的社会冲突出现，否则会对社会课以过高的治理成本，更重要的是容易摧毁社会自由。建构良好的法律环境并非要消灭纠纷，而是减少纠纷、使纠纷得到更为公正的解决，这有助于社会整合。良好的法治环境使得社会冲突被转化为专门的技术问题，而与政治相分离，这会在相当程度上避免政治干涉法律而引发的不公正和更多的社会冲突。同时，良好的法治环境要求建立公正的程序，有助于实现法律过程中的形式合理性，使立法效益达到最优化。最后是良好的法治环境通过明确权利义务，为人们的活动提供了确定的指引，有助于人际关系的和谐，促成人们的合作。良好的法治环境作为一种优化的制度安排，使公民从社会获得更大的福利，从而大大增强公民对这个社会的认同感、依赖感、信任感，使社会更加稳定、和谐。

## 三　构建良好法治环境是政府依法治理的重要任务

基于贯彻落实依法治国方略的客观需要，构建和完善法治环境已成为政府工作的重要议程。构造良好的法治环境需要各方面的协作，党委、政府、司法部门和公众都应在其中发挥积极的作用。前面几章重点论述了党委、政府和司法部门在法治建设中的作用，在本质上也是构建法治环境的主要内容，此处不再赘述。如何通过法律教育使社会成员成为遵纪守法的公民，实现全社会对法律的尊敬是各级政府的重要任务。

《中央宣传部、司法部关于在公民中开展法制宣传教育的第五个五年规划》（2006 年）中明确提出，"按照依法治国基本方略的要求，深入开展法制宣传教育，大力推进依法治理，坚持法制教育与法治实践相结合，坚持法制教育与道德教育相结合，为构建社会主义和谐社会和全面建设小康社会营造良好的法治环境。"《中央宣传部、司法部关于在公民中开展法制宣传教育的第六个五年规划》（2011 年）进一步提出，"按照全面落实依法治国基本方略和建设社会主义政治文明的新要求，坚持法制宣传教育与社会主义核心价值体系教育相结合、与社会主义法治理念教育相结合、与社会主义公民意识教育相结合、与法治实践相结合，深入开展法制宣传教育，深入推进依法治理，大力弘扬社会主义法治精神，努力促进经济平稳较快发展和社会和谐稳定，为夺取全面建设小康社会新胜利营造良好法治环境。"从而为法治环境建设指明了发展方向。

## 第二节　普及法律知识，树立学法懂法观念

对于社会主义法治环境建设而言，全社会学法懂法是最基本的前提条件。领导干部和公务员必须学法懂法，否则根本无从依法执政；民众必须学法懂法，否则难以有效保障自身的合法权益。根据《宁波市法制宣传教育条例》（2010 年），法制宣传教育是指"通过多种形式传播普及宪法、法律和法规的基本知识，增强公民的法律意识，培养公民自觉遵法守法的行为习惯，推进国家机关、社会团体、企事业单位和其他组织依法行政、依法管理和公正司法，形成崇尚法律、遵守法律、依法办事的社会氛围的活动"。近年来，宁波市在法制宣传教育工作中，始终坚持突出重点、分类指导、务实创新的原则，探索和实践了各项行之有效的措施，并在此基础上积极推进普法工作的制度化和规范化建设。具体来看，主要表现在两方面：其一是通过普法教育，推动全民学法懂法，从而为法治环境的建设奠定坚实的社会基础；其二是通过普治并举，促成全民守法用法，从而为法治环境的完善提供"知行合一"的有效路径。

### 一　重点在于教育干部

社会主义法治建设的成败很大程度上取决于领导干部是否能够切实做到依法执政和依法行政。国务院《关于加强法治政府建设的意见》（2010 年）明确指

出，法治政府建设要以"增强领导干部依法行政的意识和能力、提高制度建设质量、规范行政权力运行、保证法律法规严格执行"为着力点。如果领导干部不知法、不懂法，甚至不懂装懂，以权代法，那么，依法执政和依法行政就必然成为空中楼阁。因此，加强对领导干部的法制教育，成为社会主义法治建设的重中之重。

对于领导干部法制教育的内容、形式、监督、考核，国务院《全面推进依法行政实施纲要》（2004年）提出，"各级人民政府及其工作部门的领导干部要带头学习和掌握宪法、法律和法规的规定，不断增强法律意识，提高法律素养，提高依法行政的能力和水平，把依法行政贯穿于行政管理的各个环节，列入各级人民政府经济社会发展的考核内容。要实行领导干部的学法制度，定期或者不定期对领导干部进行依法行政知识培训。积极探索对领导干部任职前实行法律知识考试的制度。"国务院《关于加强市县政府依法行政的决定》（2008年）进一步提出："健全领导干部学法制度。市县政府领导干部要带头学法，增强依法行政、依法办事意识，自觉运用法律手段解决各种矛盾和问题。市县政府要建立健全政府常务会议学法制度；建立健全专题法制讲座制度，制订年度法制讲座计划并组织实施；建立健全集中培训制度，做到学法的计划、内容、时间、人员、效果'五落实'。"并要求："加强对领导干部任职前的法律知识考查和测试。对拟任市县政府及其部门领导职务的干部，在任职前考察时要考查其是否掌握相关法律知识以及依法行政情况，必要时还要对其进行相关法律知识测试，考查和测试结果应当作为任职的依据。"《中央宣传部、司法部关于在公民中开展法制宣传教育的第五个五年规划》中提出，"加强领导干部法制宣传教育，着力提高依法执政能力。领导干部要带头学法用法，树立在宪法和法律范围内活动的观念，树立国家一切权力属于人民的观念，树立国家尊重和保障人权的观念，提高依法管理经济和社会事务的能力，规范决策、管理和服务行为。要大力推进领导干部法制教育制度化、规范化，继续坚持和完善党委（党组）理论学习中心组集体学法制度、领导干部法制讲座制度、法律知识年度考试考核制度，并把学习和掌握法律知识的情况作为领导干部年度考核和任用考察时的重要内容。各级党校、行政学院和干部院校要把法制教育纳入教学计划和培训规划，加强法制课程建设。"

宁波市认真贯彻落实党中央、国务院的方针政策，始终对加强领导干部的法治教育工作给予高度重视。近年来，宁波市各级党委（党组）中心组认真制定年度学法计划，坚持每年组织两次以上集中学法和法制报告讲座，宁波市普法办公室专门印制了《宁波市各级党委（党组）中心组学法记录本》，对中心组学法情况进行监督检查，保证制度落实；各级人大常委会坚持每月一次学法和法制讲座；各级政府结合政府常务会议或县（市）区长办公会议等开展学法活动，并逐渐形成规范化的"政府常务会议学法"制度和"县（市）区长学法日"制度。

在领导干部和公务员的法制宣传教育活动中，宁波市一些县（市）区也积极创新方式方法、提升宣传教育效果。北仑区 2008 年出台《政府常务会议学法制度》，有力地推动了"政府常务会议学法"制度的规范化建设。从学法内容看，《政府常务会议学法制度》规定的学习重点有：实施依法治国方略、推进依法行政的基本理论；规范政府行为的法律、法规、规章和有关规范性文件；与工作密切相关的专业法律、法规和规章；保密、廉政、防止职务犯罪方面的法律、法规和有关政策制度；政府工作规则、公文处理等方面的法律、法规和规章制度；国家、省、市新颁布实施的法律、法规和规章。从学法形式看，《政府常务会议学法制度》规定，应当"坚持个人自学与集中学习相结合，以个人自学为主"，"集中学习法律，主要采取会前学法和专题学法等方式进行"，并要求"区政府常务会议定期或不定期安排一定的时间学法"，且"每年专题学法活动安排一次以上"。从学法范围看，《政府常务会议学法制度》规定，包括"区政府领导班子成员、区府办班子成员"，并且"区政府各部门、各街道办事处、各乡镇人民政府的主要负责同志根据需要列席区政府领导干部集体学法活动"。

余姚市 2001 年率先建立"市长学法日"制度，坚持每月进行一次集体学法，并始终由市委书记、市长亲自主持，从而有力促进了领导干部学法工作的深入开展。各县（市）区相继效仿。慈溪市 2012 年出台《慈溪市人民政府"市长学法日"实施方案》（以下简称《实施方案》），对相关工作进一步完善。从学法内容看，"市长学法日"与"政府常务会议学法"的要求基本相同，但从学法形式和范围看，"市长学法日"的要求在"政府常务会议学法"的基础上有所拓展。学法形式方面，《实施方案》规定，"采取个人自学与集中学习相结合的方式"，集中学习主要采取市政府常务会议学法和专题法律讲座、观摩行政诉讼庭审的形式，并规定"市政府常务会议学法一般每个月安排一次，原则上每次一小时；专题法律讲座一般上下半年各安排一次，每次半天；适时对典型性案件组织行政诉讼庭审观摩学法活动"。学法范围方面，《实施方案》进行了分类规定：

市政府常务会议学法的参加者包括市长、副市长、市长助理，列席的有市政府办公室主任、副主任、党组成员，根据需要列席的有镇人民政府、街道办事处和市政府部门、直属单位的主要负责人；专题法律讲座和行政诉讼庭审观摩的参加者包括市长、副市长、市长助理，市政府办公室主任、副主任、党组成员，各镇人民政府、各街道办事处和市政府各部门、各直属单位的主要负责人。

任何工作的有效开展都离不开完善的监督考核机制。《宁波市法制宣传教育条例》明确规定，"法制宣传教育实行考核、考试制度"。对于考核，《宁波市法制宣传教育条例》要求法制宣传教育工作应当"列入各地区各部门各单位年度工作目标管理考核内容"。2009 年，宁波市考核办下发通知，要求各县（市）区年度考核目标中新增一项法制宣传教育工作作为动态目标，分值为 1 分，同时将法制宣传教育工作与行政执法责任制目标管理考核一并列为对市直各单位的目标考核，分值为 0.4 分，从而将普法依法治理工作全面纳入宁波市委、市政府年度工作目标管理考核体系。对于考试，《宁波市法制宣传教育条例》要求"社会团体、企事业单位及其他组织的管理人员应当参加法律知识考试，考试情况作为选拔任用、晋升、奖惩的条件之一"，并规定"具有人事任免权的国家机关对拟提拔任命担任领导职务的国家工作人员，应当进行相关法律知识考试。考试合格的，方可任命。"从而以领导干部提拔任用的法律知识考试为抓手，有效贯彻落实了领导干部的法制教育工作。宁波市 2008 年出台的《关于开展领导干部学法用法分级考试考核的实施意见》，对考试考核的指导思想、组织领导和内容、对象、方式、结果运用等予以明确规定。2009 年，宁波市首次组织全市市管干部的法律知识考试，840 名市管干部参考，参考率 98%，优良率 99%，从而为各级部门进一步深化领导干部的法制教育工作指明了方向、树立了信心。近年来，象山县等县（市）区相继建立领导干部任职资格或任前法律知识考试考核制度；鄞州区、北仑区、余姚市等地积极组织区管、市管领导干部学法考试，并且与领导干部的考核、任用、奖惩挂钩，有效促进了领导干部学法用法的积极性和能动性。

## 二　法律"六进"

法制宣传教育工作涉及面广，内容复杂，对象多元，相关事项千头万绪，因此在工作中必须点面结合，才能纲举目张地有效推进法治环境构建与完善。《中央宣传部、司法部关于在公民中开展法制宣传教育的第五个五年规划》（2006

年）中明确提出，普法工作必须"坚持从实际出发，分类指导"，各地区各部门各行业要根据不同地域、不同对象和不同行业的特点，确定法制宣传教育重点内容，研究切实可行的方法，提高工作的针对性和实效性，并提出了法制宣传教育"进机关、进乡村、进社区、进学校、进企业、进单位"的工作规划。《中央宣传部、司法部关于在公民中开展法制宣传教育的第六个五年规划》（2011 年）中进一步强调提出，要继续深化法律"六进"主题活动，并要"加强长效机制建设，落实责任单位，明确工作职责，量化工作指标，确保活动取得实效"。近年来，宁波市围绕法律"六进"进行了积极探索与实践，并形成了各项行之有效的制度安排和工作举措。

**（一）法律进机关**

切实提高公务员法律素质，不仅是建设法治政府的重要工作，也是完善法治环境的重要前提。宁波市在公务员法制宣传教育工作方面的重要举措有：要求各级机关公务员每年自学法律的时间不少于 40 个小时，并要联系工作实际，完成公务员学法作业本，撰写学法笔记、心得或论文，增强学习实效。据统计，宁波市普法办 5 年来已经累计发放《公务员学法作业本》20 余万册。健全公务员日常法制教育制度，确定每年 4 月 27 日为"公务员学法日"，将法律作为公务员初任培训、任职培训、专门业务培训和在职培训重要内容，增加法律法规知识在公务员培训中的比重，定期或不定期开展法律知识培训、轮训工作，要求各地各部门每年集中组织公务员学习法律法规不少于 2 次，要求市级机关公务员每年通过网上学习平台、参加法制专题讲座等形式学法不少于 2 次。据统计，宁波市 5 年来已有 7.5 多万人次参加网上法律学习。建立公务员法律知识的统一考试制度。按照"条块结合，以块为主"和"谁主管、谁负责、谁组织实施"的原则，组织开展公务员学法考试，结合工作实际，重点测试公务员掌握法律知识的水平、运用法律知识的能力和树立法治理念的情况。颁行《宁波市法制宣传教育条例》，规定公务员应"参加法律知识考试"，并要求"考试情况作为选拔任用、晋升、奖惩的条件之一"，形成对公务员法制教育工作的有力监督和激励。健全公务员学法用法考核制度，将公务员学用法情况列入"法治县（市）区先进单位"创建考核内容，要求各机关将公务员学法情况和法律素质作为个人年度考核内容，定期对公务员学法情况、法律考试成绩、依法决策、依法行政、依法办事等情况进行考核并登记备案，进一步增强对公务员法制教育工作的日常监管力度。

### （二） 法律进乡村

对于社会主义新农村建设而言，切实提高农民法律知识和法制意识，培养农民参与村民自治活动和其他社会管理的能力，使农民了解和掌握解决矛盾纠纷、维护合法权益的法律途径，具有重要的现实意义。近年来，宁波市的农村法制宣传教育工作成效显著，共涌现 7 个"全国民主法治示范村"、56 个省级"民主法治村"、118 个市级"民主法治示范村"、289 个"四星级民主法治村"，有力推进了社会主义新农村的建设。宁波市在农村法制宣传教育方面的一个重要举措是制定了《关于加强新农村法治建设，广泛开展"法律进农村"活动的实施意见》（2007 年），将普法教育纳入农村公共服务重要内容，从而为法制宣传、法制信息、法制文艺和法律服务进乡村等提供了制度保证。宁波市坚持将农村"两委会"成员、党员和村民代表、小组长等骨干作为普法的重点对象，到 2011 年，全市 2604 个行政村都制定和较好落实了"两委会"成员和骨干学法制度，每年集中学法一般不少于 4 次。全市还利用法律讲座、法制报告、远程教育网、村法制学校、法制宣传栏、法律图书角、农村报刊、"送法下乡"活动等形式开展法制宣传教育。据统计，2007～2011 年，宁波市开展各类"送法下乡"活动和法律咨询服务活动 2400 多次，赠发法律书籍 60 多万册，制作印发法制宣传挂图、横幅 70.8 万余张（条），放映法制电影 8600 多场，发放普法宣传物品 7 万余件。为了提高基层法治工作水平，宁波市还创设了"一村一法律顾问"制度，实行每个行政村与一名律师或者法律工作者挂钩结对，利用专业人士的法律知识开展法制宣传教育工作，帮助农民解决各类涉农、涉诉问题。到 2010 年底，宁波市已有 2540 个行政村配备专门法律顾问，覆盖率高达 97.8%。仅 2009 年，农村法律顾问就参与修订涉法文书 2000 余件，开展法制宣传 5000 多场次，得到农民的广泛认可与好评。

### （三） 法律进社区

社区是现代城市生活的最基本单元，也是开展法制宣传教育工作和化解社会矛盾的最前沿。宁波市在社区法制宣传教育方面的重要举措有：着力抓好社区法制宣传阵地建设，通过建设普法广场、法制公园、法制长廊、法制宣传电子屏、法律图书角等阵地，扎实开展对社区居民的法制宣传教育；着力抓好社区内青少年、下岗职工、闲散人员、归正人员、流动人员和外来务工人员等重点人群的法制宣传教育，最大限度地减少相关人员违法犯罪；积极推行"一社区一法律顾问"制度，每月组织法律工作者定期到社区为居民提供法律咨询和法律服务，到 2010 年底，宁波市 497 个社区已有 283 个建立了法律顾问制度，覆盖率达 57%；扎实开展社区法制文艺活动，其中海曙区 8 个街道组建了总数多达 1000 人的 40 余支法制文艺宣传队，常年开展各类法制文艺演出，成效显著。

### （四）法律进学校

对于世界观和人生观尚处于形成中的青少年学生而言，加强法制宣传教育，引导其树立社会主义法治理念和法治意识，养成遵纪守法的行为习惯，对于培养社会主义的合格公民不仅至关重要，而且能起到事半功倍的良好效果。"五五"普法规划将青少年列为法制教育的重点对象，"六五"普法规划更是将青少年与领导干部并列为"重中之重"。宁波市在学校法制宣传教育方面的重要举措有：抓好校内法制教育，各中小学认真贯彻落实《中小学法制教育纲要》，结合学校教育的实际情况，制订法制教育计划，切实做到计划、课时、师资、教材"四落实"，利用班团队活动、学生社团活动等载体，积极开展各种生动活泼的法制教育活动。各学校还开辟第二法制课堂，发挥家庭、社会在青少年法制教育中的重要作用。加强家校联系，开办"家长学校"、"致家长的一封信"、设立"家校通"、举办家长开放日、聘请法律专家作法制讲座等，向家长宣传法制知识和科学教育方法，组织学生到纪念馆、博物馆、爱国主义教育基地等进行法制教育，邀请政法干警到学校开展法制讲座，积极构建学校、家庭、社会"三位一体"的青少年法制教育网络。为提高法律进学校的效果，宁波市还加强法制师资培训，进一步加强对思想政治等社科类中小学教师的法制培训，聘请有法律从业经验的人员担任中小学校的法制副校长，通过与学生谈心、上法制课、进行案例分析、开设模拟法庭，以及组织学生参观戒毒所、劳教所等方式，从正反两方面向学生传播法制观念和法律知识，积极引导学生树立正确的法制观、世界观和人生观。截至 2010 年底，宁波市各中小学校的法制副校长聘请率已达 100%。

### （五）法律进企业

对于企业法制宣传教育工作，宁波市的工作主要包括两方面内容。其一是要加强企业经营管理人员的法制宣传教育，使其树立诚信守法、依法经营、依法办事的观念，着力提高依法经营、依法管理能力；其二是要加强企业职工特别是外来务工人员的法制宣传教育，使其能通过法律途径切实维护自身正当权益。宁波市在企业法制宣传教育方面的重要举措有：出台《关于开展"法律进企业"活动的实施意见》，从而为相关工作的制度化和规范化提供保证；积极组织律师、公证员等法律服务工作者到企业开展法律咨询和法律服务，截至 2010 年底，已有 77.8% 的大中型企业建立了法律顾问制度；积极推行面向企业经营管理人员的学法用法考试，2009 年宁波市对大型国有企业的 51 名高层管理人员进行了学法用法考试，参考率达 98%；按照"谁管理、谁负责，谁用工、谁培训"的原则，不断强化对企业外来务工人员的法制培训教育。据不完全统计，到 2010 年底，宁波市已有 1930 多家企业建立职工法制学校。此外，慈溪市建立外来务工人员"乡音讲师团"，每年组织 10 万名外来务工人员进行法律知识培训，镇海区建立由外来务工人员组成的法制宣传志愿者队伍，象山县在试点企业建立流动人口法制宣传教育基地等，都取得明显成效。

**（六）法律进单位**

"法律进单位"是指从事服务业的银行、铁路、航运、客运、商店、电信、医院等具有服务职能的窗口单位和各类中介服务机构都要严格遵纪守法、依法管理、依法办事，其干部、管理者和职工要重视法律知识教育学习。宁波市在单位法制宣传教育方面的重要举措有：建立健全单位党委中心组和领导干部、管理者学法制度，不断提高单位领导管理层依法决策、依法管理能力，单位干部与管理者每年学法时间不少于 40 小时，职工学法时间不少于 20 小时；建立法律学习室、读书角，利用开会、集中政治学习等形式，定期组织职工参加法律知识学习，增强职工依法维权、依法履行义务、依法承担责任意识，将法制宣传教育融入管理和服务的每个环节；发挥法制宣传阵地作用，利用宣传栏、广播、电子屏幕、宣传刊物等媒体，定期向社会宣传与各单位业务相关的专业法律法规知识。例如，江东区广告协会和民营企业协会曾联合向全区广告从业单位和从业人员发出倡议书 2000 余份，积极宣传世博知识产权法律知识，取得明显成效。

# 第三节　完善法律服务，增强守法用法意识

社会主义法治环境的根本目的在于实现全民守法用法，从而为全面建设小康社会的总体目标创造有利条件。学法懂法是前提，守法用法是方式，实现社会和谐有序运转是目的。因此，法制宣传教育必须做到"知行合一"才能实现预期

目标。中共中央国务院在转发《中央宣传部、司法部关于在公民中开展法制宣传教育的第五个五年规划》（2006 年）的通知中强调指出，"各地区各部门各行业都要大力开展法制宣传教育工作，坚持学用结合，深入推进依法治理，全面提高全社会法治化管理水平，为构建社会主义和谐社会和全面建设小康社会提供有力的法制保障"。《中央宣传部、司法部关于在公民中开展法制宣传教育的第六个五年规划》（2011 年）中进一步明确指出，法制宣传教育必须坚持"学用结合，普治并举"的原则，坚持"法制宣传教育与法治实践相结合，突出宣传法治实践的重要作用，不断提高法制宣传教育的实际效果"，用法制宣传教育引导法治实践，在法治实践中加强法制宣传教育，深入推进各项事业依法治理。近年来，宁波市通过不断完善公益法律服务，有效提升了社会公众的守法用法意识，有力促进了法制环境的建设与发展。

## 一 百名律师服务千家企业

基于帮扶企业应对国际金融危机冲击的考虑，宁波市司法局、市总工会、市律师协会于 2008 年底联合出台了《关于聘请百名律师进千家企业开展法律服务活动的实施意见》，并于 2009 年初组织开展了"百名律师进千家企业"的法律服务活动。从服务主体来看，主要是宁波市执业经验丰富、综合素质高的执业律师。从服务对象来看，主要是规模以上工业企业、农业龙头企业、规模以下创新型和高成长型的小企业，以及当前面临困难、急需法律服务的企业。从服务内容来看，主要包括：提供法律咨询，从法律专业角度为企业有效实施经营管理提供支持与服务；参与非诉法律服务，通过调解手段化解企业矛盾，促进企业和谐发展；帮助建立和完善企业规章制度，通过对企业规章制度的审查与修改，促进企业管理的制度化、规范化；开展法制宣传教育，通过培训等方法，对企业管理人员及职工进行法制教育，提升企业依法经营和职工依法维权的意识和能力。根据要求，律师在一个服务周期内原则上要求做到"四个一"，即组织一次法制宣传、开展一次法律咨询、提出一条促进企业发展建议，对企业规章制度进行一次"法律体检"。

从实践来看，"百名律师进千家企业"活动成效显著。据统计，到 2009 年底，宁波市共有 602 名律师进 1029 家企业开展法律宣传教育 1160 次，受教育职工达 20.8 万人，为企业提供法律咨询 5676 次，提出发展建议 890 条、风险提示

2670 份，帮助 469 家企业建立完善各项规章制度 1031 份。从活动期间的律师服务工作重点来看，主要包括三方面内容。①

其一是以发展为重点，帮助企业破解发展难题。例如帮助困难企业追讨债权。象山县积极做好对接企业的应收款回笼，通过出具律师函、诉讼等方式，为企业收回应收款 2680 万元。又如帮助企业建立现代管理制度。有的律师对服务企业合同管理、知识产权保护等进行全面审查后，为企业起草和修订了《销售人员行为规范》、《竞业限制协议》、《保密协议》等合同文本，有力推动了企业管理水平的提升。再如服务重大投资项目。据统计，2009 年宁波市参与公益服务的律师共介入重大投资项目谈判、签约服务 32 件，涉及金额 70 多亿元。

其二是以构建和谐劳动关系为重点，帮助企业建立健全劳动合同制度。例如规范劳动关系，从源头上预防劳动纠纷发生。有律师针对企业劳资纠纷突出，专门编写了《关于如何运用〈劳动法〉的若干建议》，针对常见的 50 多个劳动法律问题进行解答和说明，从而为企业负责人和人力资源管理人员提供了指导。再如通过调解劳动纠纷，消除企业不安定因素。据统计，2009 年宁波市参与公益服务的律师共处置群体性案件 191 件，涉及人数 3517 人。

其三是以化解企业危机为重点，帮助企业渡过难关。例如帮助企业处理好资产整合。余姚市一家企业因流动资金周转受困，导致工程停滞，职工闹事，出现较大社会不稳定隐患，公益服务律师多方协调，并为公司找到了合作伙伴，解决了资金周转问题，从而定分止争，消除不安全隐患。又如出示风险提示函和合理化建议，指导企业依法经营，规避法律风险，保障生产经营的正常运作和健康发展。有律师在为一家企业开展"法律体检"时，发现企业使用的合同文本已经过时，因此建议企业改正合同文本，并建议对已签订的合同进行审查，有效防范了企业合同风险。再如帮助濒临破产企业重整重组。据统计，2009 年宁波市参与公益服务的律师共处理破产案件 24 件，涉及金额 67.4 亿元，帮助企业重组重整 40 家，涉及金额 38 亿元，从而有力维护了市场经济平稳发展和社会稳定。

## 二　创新法律服务模式

"法律进楼宇"是宁波市海曙区在"法律进企业"基础上进一步深化创新形

① 《宁波市"百名律师进千家企业"法律服务活动成效突出》，宁波司法行政网，2010 年 2 月 5 日。

成的集群式法律服务模式。随着中心城区现代服务业的迅猛发展，目前海曙区
29 平方公里辖区内，有 9 层以上高层楼宇 90 多幢，总建筑面积近 300 万平方米，
楼宇平均入住率达 90% 以上。尽管商务楼宇的面积仅占全区土地面积的 1%，但
楼宇经济却占到全区 GDP 总量的 30% 以上。商务楼宇集中了 4500 多家国际贸
易、金融、管理、物流、咨询、信息类的现代服务企业，总资产 300 多亿元，从
业人员 6 万余人。因此，如何围绕"创业富民、创新强区"目标，将法律服务
引入商务楼宇，引导企业诚信经营、依法管理，从而进一步提升楼宇经济发展水
平、推动城区经济平稳较快发展、保持社会和谐稳定，也就成为海曙区法制宣传
教育工作的重要课题。

　　2008 年 6 月，海曙区启动"法律进楼宇"试点工作。"法律进楼宇"活动相
继建立江厦街道华联写字楼、鼓楼街道中农信写字楼、恒隆商圈等三个工作试
点，并依托党建工作平台，以南站区域 712 工作室和天一党员服务中心为载体，
形成了月湖银座法律服务工作室和天一商圈法律服务工作室，面向商务楼宇
（商圈）企业、事业单位法人、自然人提供优质、高效、便捷的法律服务，防范
法律风险，破解法律难题，化解矛盾纠纷，促进了法治环境的改善。据统计，近
三年来"法律进楼宇"活动共分发法律宣传资料 50000 多份，举办法制讲座 20
场，解答法律咨询 800 多起，上门服务中小企业 150 多家，化解劳资纠纷 12 起，
帮助企业修订完善规章制度 50 多份，解答企业及职工法律咨询 2000 多人次，引
导申请法律援助 4 起。

　　从组织管理看，"法律进楼宇"的机制设置相当完善，具有覆盖面广、责任
明确、上下联动、信息通畅的特点。具体而言，"法律进楼宇"活动的工作机制
分为三级，海曙区普法办和司法局负责指导协调，街道法制教育领导小组负责统
筹策划，"法律进楼宇"工作小组负责具体实施。其中，"法律进楼宇"工作小
组由街道司法所所长任组长，楼宇物业公司、楼宇服务中心、楼宇企业代表、党
建工作人员、社区专职调解员、和谐促进员、法律援助中心工作人员、执业律师
等为成员，下设法律宣传志愿者、物业志愿者、楼宇服务中心志愿者、律师志愿
者、公证志愿者及法律援助志愿者等 6 支队伍，为楼宇企业和员工提供具体法律
服务。基于"法律进楼宇"活动的制度化需要，海曙区还专门出台《"法律进楼
宇"工作小组职责》、《"法律进楼宇"学法制度》等规定，从而对相关工作提
出了明确的规范和要求。此外，"法律进楼宇"相当重视发挥党群社团的作用，

坚持以党建促普法，发挥商务楼宇中的党组织和工会、共青团、妇联等社会团体的教育引导作用，促进企业员工学法、用法、守法。

从服务内容来看，"法律进楼宇"针对商务楼宇内企业数量众多、类型各异、规模大小不一、从事行业千差万别的重要难点，以及从业人员"三高一低"即高学历、高素质、高收入、低年龄，思想活跃且忙于工作的客观特点，坚持以人为本的服务理念，坚持社会化的服务方向，务实创新，逐渐形成了以"八个一"为基础的工作举措。包括：

（1）设立一个电子触摸屏。在楼宇服务中心设立电子触摸屏，宣传"法律进楼宇"的组织网络、学法制度、人员配备、工作进展等情况。

（2）搭建一个法律服务平台。在楼宇商圈内设立法律服务工作室，由业务能力较强的执业律师负责法律服务工作，采取电话直接服务、预约上门服务、固定值班服务等多种形式相结合的方式，针对企业提供法律服务、上门法律体检等，面向职工开展法律宣传、法律咨询等。

（3）制作一张法律服务卡。法律服务卡印有海曙普法网网址、法律咨询热线电话、律师事务所和法律援助中心电话等信息，统一分发给楼宇内每家企业。

（4）建立一个法制论坛。依托党员学习网等宣传阵地，建立法制论坛，利用网络博客开展以案说法活动，利用天一党员服务中心、"锋领天一"网站、"锋领天一"杂志向楼宇（商圈）内的企业、职工开展网上普法。

（5）开展一堂法制讲座。紧跟时势，不定期地邀请海曙区"五五"普法讲师团和其他专家学者为企业经营管理人员和员工举办法制讲座，普及法律知识，解读最新出台的法律法规。

（6）组建一支法律志愿者队伍。组织企业骨干力量建立志愿者队伍，结合各种宣传日、宣传周、宣传月等专项活动，通过法律知识竞赛、法制辩论赛等活泼形式，宣传政策法规，开展法律服务。

（7）设置一个法律书架。在楼宇内设置"法律书架"，放置法律书籍和各类法制报刊，满足企业人员学法需要。

（8）开通一条法律热线。在楼宇开通法律服务热线，接受企业员工对法律知识的咨询，定期了解企业对法律服务的客观需求。

从实践成效来看，"法律进楼宇"活动的作用主要体现在三方面。首先，楼宇企业依法经营意识和能力有所改善。部分规模较大的企业开始加强法律事务部门建设和法律专业人才的培养，有些企业还开始实行公司重大项目决策先行听取法律事务部门意见的做法，企业自觉守法经营的意识和防范抵御经营风险的能力都得到进一步提升。部分规模较小的企业也改变传统经营模式，开始步入依法经营、诚信经营轨道，有些企业还成为"重合同、守信用"单位。其次，楼宇企业依法管理意识和能力明显提高。楼宇企业经营管理人员通过"学以致用，以用促学"，开始意识到依法实施企业治理对企业发展的重要作用，开始依法制定企业具体管理制度，自觉签订并认真履行劳动合同，主动开展企业员工的法制宣传教育，积极支持职工通过职工大会、职工代表大会依法行使民主权利，从而实现了企业与员工的双赢，有效化解了企业发展中出现的矛盾，保证了企业和谐发展。最后，企业员工依法维权意识和能力显著增强。通过对《劳动法》、《劳动合同法》等相关法律法规的学习和掌握，企业员工在劳动就业、社会保障、生产安全、收入分配等方面的权利意识普遍增强，从而更善于运用法律手段合法、合理、有序、有效地维护自身权益。

## 三　基层法治促进员

"基层法治促进员"是宁波市近年来为有效化解基层矛盾、维护社会稳定而创设的政法干部"下基层"制度。近年来，随着城市化进程的高速发展，涉及土地征用、拆迁安置、工程建设、劳资纠纷、农村发展等方面的矛盾日益增多，并不时出现部分人群集体上访、重复上访、久访不息等情况。面对复杂多变的基层矛盾，部分基层干部缺乏相应的政策法律法规知识，难以妥善应对，基层群众民主意识逐渐增强，但部分群众法制意识淡薄，对政策、法律理解存在偏差，容易导致情绪化的对抗和冲突，甚至引发群体性事件，影响社会稳定和经济发展。

2009 年 8 月，宁波市江北区率先试行基层"法治促进员"制度，选调政法干警进村入户，排查化解矛盾，推动农村民主法治建设。2010 年 6 月，宁波市在全市范围内推广基层"法治促进员"制度。截至调研期间，全市基层"法治促进员"增至 1843 人，进驻单位增至 2150 个。

基层"法治促进员"的主要职责是掌握社情民意，宣传政策法律，化解矛盾纠纷，指导民主法治，推进社会管理。为了很好地发挥其作用，宁波市建立起系统的工作机制。

首先，加强组织领导。宁波市及县（市）区两级成立了以党委政法委书记为组长，公安、检察、法院、司法行政部门分管领导为组员的基层"法治促进员"工作协调小组，在政法委设立办公室，具体负责基层"法治促进员"工作的组织实施和指导督查。政法各部门成立了相应的协调小组，明确分管领导负责抓本系统（单位）基层"法治促进员"工作的指导、组织、联系等工作。在此过程中，宁波市注重充分发挥政法部门优势，明确基层"法治促进员"由政治素质好，有一定政策法律水平，较强工作责任心、组织协调能力和做群众工作能力的政法中层干部和业务骨干担任，分别从县（市）区政法委、公安局、检察院、法院、司法局等部门推选产生。另外，派驻方式也十分灵活。宁波市根据"法治促进员"工作的部署安排，确定了一批矛盾纠纷较多、治安问题复杂、基层基础薄弱、涉及重大项目建设等的重点村（社区）作为"法治促进员"先期派驻单位。宁海、江北、北仑等地还探索建立了基层"法治促进员"片区工作联席制度，把所辖乡镇（街道）划分成若干个工作片区，统筹派驻公公局、检察院、法院、司法局等部门人员。

　　其次，强化制度，确保稳定性。宁波市建立了法治促进员"七个一"日常工作制度、① 为民服务制度、工作信息报送制度、例会交流制度等，使基层法治促进员的工作步入正规化轨道。同时，宁波市还建立了工作融合机制，把"法治促进员"工作与基层平安创建、农村群防群治、信访积案化解工作等有机结合，面向群众大力宣传政策法律，提高群众的法治意识和依法办事的能力。比如，市公安部门结合"严打"整治行动，由基层"法治促进员"牵头，针对社会治安盲点区域，组织部分街道、乡镇干部、治安积极分子，主动上街巡逻，切实维护社会稳定。此外，相关部门还建立社会参与机制，有效整合各方力量，争取社会参与，形成良性工作格局。

　　最后，基层法治促进员的工作还十分注重服务的多样化，确保工作有效。宁波的基层法治促进员把服务的触角延伸到经济发展和社会管理等多个领域，帮助联系村（居）民员落实平安综治工作，促进农村经济发展、社会和谐稳定。各基层单位的"法治促进员"充分发挥"参谋员"、"信息员"、"调处员"、"宣讲

---

① 即每人每半月到村（社区）工作至少半天，每月排查上报一次矛盾纠纷及不稳定因素，每季度参加一次村居（社区）会议，每年给基层群众上一堂法制教育课，每年走访一批基层群众，每年为基层解决一批实际问题，每年撰写一篇调研文章或蹲点日记。

员"的作用，利用举办法制课堂、提供法律援助等手段，延伸服务触角，为上级决策部署、化解矛盾、处置事件提供及时准确可靠的信息，认真抓好矛盾纠纷化解工作，解决群众困惑、平复不满情绪，引导群众正确行使公民权利、履行公民义务，以理性、合法的形式表达利益诉求，解决利益矛盾。

近年来，宁波市推行的基层法治促进员在增强公众守法用法意识，促进社会和谐方面发挥了明显的作用，取得了显著成效。

首先，有效地化解了基层社会矛盾，维护了社会和谐。"法治促进员"运用各方资源，把党委政府的主导作用、政法部门的主力军作用和人民群众的主人翁作用充分发挥出来，并主动了解村情民意，及时分析研判涉及政策、法律的群众关注的热点、焦点、难点问题，提高了基层化解矛盾的能力和水平，筑起维护社会稳定的第一道防线。法治促进员通过拓宽信息来源，参与社会管理，尤其是对社区内重点人员重点走访，切实掌握他们的思想动态，并有针对性地协助街道、社区稳控化解。另外，在发现重大群体性事件苗头或在重大事件处理中，"法治促进员"依托日常走访积累的群众基础，及时排查矛盾的症结，帮助街道、社区制定有针对性的解决方案，进一步优化了社会服务管理。

其次，有效地提升了基层的民主法治意识。"法治促进员"通过法治教育培训，特别是通过发生在本村具体事例的法治教育，有效地改变了村干部以往凭经验办事、凭惯例说话的"陋习"，村干部的法治素养得到了加强。村级基层组织民主决策普遍按照法定程序进行，得到了广大群众的支持。"法治促进员"积极协助开展党的农村政策和法律知识宣讲，通过上法制教育课、开展法律咨询服务、现场以案析法和以案析理教育等形式，还进一步增强了基层群众的民主法治意识，维护了群众的合法权益，调动了大家参与基层民主法治建设的积极性。

最后，有效地改善了党群干群关系。通过推行"法治促进员"制度，一批干部亲身体验群众的生活，了解群众的法律需求，加深了对农村基层情况的熟悉和了解，拉近了干群之间的距离，密切了同人民群众的感情，强化了为民服务意识。"法治促进员"制度的实施也为群众反映诉求、党和政府了解民情搭建起了新的平台。政法各部门在司法执法、维护稳定方面具有独特的组织优势和政治优势，其中层干部在担任"法治促进员"过程中，深入了解基层社情民意，及时运用法律手段帮助解决实际问题，既能取得了群众的信任，也丰富了自身工作经验。

# 第七章　宁波市法治建设的经验与展望

　　宁波市地处沿海地区，是中国首批沿海对外开放城市、计划单列市和副省级城市，拥有地方立法权。宁波市有着深厚的文化底蕴和历史文化传承，作为"海上丝绸之路"的始发地之一，自古就商贸发达，人们普遍具有较高的商业头脑和诚信意识，"宁波帮"享誉海内外。改革开放以来，宁波市的经济以外向型经济为主，民营经济、中小企业居多，甚至成为全市经济主体的主角，因此其市场经济主体培育、政府职能转变比较到位。繁荣的工商贸活动必然会吸引来自全国各地的知识人才与劳动者，外来人口众多，外来文化与本地文化习俗的交融碰撞，给城市管理带来了全新课题，也促成了宁波社会管理的新思路和新方法的产生。宁波人自古就吃苦耐劳，头脑灵活，有开创精神，敢为天下先，这不仅为其经济发展，也为其各种创新提供了先天的优势。近年来，在推动政府透明、司法公开、社会诚信等各个方面，宁波市都颇具开创性。可以说，宁波市的法治建设离不开当地经济、社会、历史、文化背景，但毫无疑问，其在法治建设中遇到的问题是其他很多地方已经遇到、正在遇到或者将会遇到的，其中的不少经验值得总结，并可供其他地区的法治建设参考。同时，宁波市的法治建设同样面临着各种各样的问题与挑战，有些是其自身原因造成的，有些则具有普遍性，但都值得宁波及其他地方甚至国家在法治发展中予以高度重视。

## 一　各级党委依法执政是法治建设的根本前提

　　宁波市在推动法治宁波建设的过程中，各级党委坚持依法执政的理念，加强组织领导，确保了全市法治建设的有序推进，成效明显。依法执政是中国共产党在新的历史条件下转变领导方式和执政方式的重要方面，是不断完善党的领导方式和执政方式的重要内容，也是实行依法治国基本方略、发展社会主义民主政治、建设社会主义政治文明的必然要求。依法执政是建设社会主义法治国家的核心，也是法治建设的根本前提。今后各地加强法治建设，强化党的依法执政，还

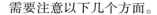

需要注意以下几个方面。

　　首先，加强法治建设必须加强党委的组织领导。法治建设是要以现代"法治"取代传统"人治"，从而在行政管理体制改革、司法体制改革的基础上对公权力形成有效监督和制约，避免不受监督和约束的公权力侵害公共利益和公民权利。从法治建设的推动来看，此项工作涉及多方面的统筹与协调，如果缺乏有效组织、统一领导和有力协调，不仅很难取得预期成效，而且有可能影响工作的正常开展。为了推动法治建设，宁波市委专门成立了建设"法治宁波"领导小组，研究解决法治建设中的重大问题，并在领导小组下设办公室，具体负责指导和协调"法治宁波"建设各项工作，从而为法治政府建设提供了强有力的组织领导核心，使本地法治建设一步一个台阶，法治环境不断优化，保证了相关工作的有序开展和顺利推进。

　　其次，加强法制建设必须切实提高党员领导干部的法治意识。推进法治建设的根本目的在于推动实现从干部到群众普遍形成对法律的尊重和信仰，使所有单位和个人的活动均纳入法治的轨道。坚持依法执政的关键在于切实提高党员领导干部的法治意识，形成尊重法律、依法办事的自觉和氛围。因此，领导干部的法治素养将在很大程度上决定着法治环境建设的实际成效。从宁波市法治环境建设来看，加强对领导干部的法制教育已取得事半功倍的显著效果。对于各地今后加强依法执政和提升法治环境建设而言，继续重视领导干部的法制教育仍不可放松，还必须进一步建立健全党委（党组）中心组集体学法、政府常务会议会前学法、法制讲座、法制培训、法律知识考试考核等相关制度，推进领导干部法制教育工作的规范化、制度化、长效化，不断提高领导干部依法决策、依法行政的意识和能力，从而在法治建设中起到纲举目张的关键作用。

　　最后，完善机制为法治工作提供持久动力。法治建设应打持久战、常规战，避免因领导者注意力转移而转移、因领导人的职务变化而变化。各级领导干部的重视和积极参与为地方的法治建设提供了强劲动力，使得各项工作在短期内取得明显进展。但问题在于，如果仅依赖领导者的决心和影响力来推动改革，虽然有助于突破原有体制束缚，但在体制创新过程中却很容易再次陷入"人治"窠臼，难以摆脱"人走政息"的发展困境。因此，在法治政府建设中，应进一步加强重大行政决策合法性审查、行政规范性文件合法性审查、行政审批服务标准化、行政复议和行政审判联席会议等各项机制建设，逐步实现管理体制的自我发展与自我完善的良性循环，从而在根本上摆脱"人治"束缚，达成"法治"目标。

## 二 服务和保障经济社会发展是法治建设的重要使命

宁波市是中国经济最为发达的地区之一。改革开放 30 多年来，地区生产总值年均增长 14.7%，人均生产总值（按户籍人口计算）年均增长 13.7%，财政一般预算收入年均增长 18.7%，城市综合竞争力连续数年跻身全国十强。以上成就的取得与宁波市地处沿海地区，位居改革开放前沿，民间商业意识发达等得天独厚的条件密不可分，但能够在全国保持经济社会持续稳定快速发展，显然是离不开法治建设的推动力的。正是由于当地较为重视法治建设，政府管理、企业经营、公众生产生活有法可依，自觉守法，这才确保当地不但依靠经济高速发展所带来的强大实力建设了一流的基础设施等硬环境，更依靠法治形成了从公权力行使者到一般民众诚信守法的高水平的软环境。宁波市经验再次证明，法治不是虚无缥缈的，法治建设也不是漫无目的的，而是要以服务经济社会发展为其重要使命；而且，发展法治的目的、过程乃至结果都不是剥夺公众的权益、限制经济发展，而是要保障公众权益，为经济发展保驾护航。宁波市在法治建设过程中，规范行政权力，提升政府管理透明度，以行政审批制度改革为切入点提升政府服务水平，提高司法机关公正性和办案能力，主动服务经济社会转型，建设信用宁波，构建诚信体系，扶持中小企业，改善民生，通过推进"富民、育民、惠民、便民、健民、安民"六大民生工程建设，切实解决群众在就学、就医、住房、出行、养老等方面的实际问题，让人民群众共享改革开放的成果。这一系统化的法治发展过程，全方位地推动了当地经济社会发展，改善了民生，提升了当地软环境，实现了法治建设与经济社会发展的良性循环。

明确法治建设应服务于经济社会发展，首先要树立正确的法治建设观念。当前，个别地方在法治建设过程中，法治成了又一项形象工程，只是被挂在领导的嘴边、写在文件之中，只重形式不看实质，只注重宣扬制定了多少法规政策、削减了多少行政审批、审判了多少案件，而很少关注为什么要推进法治建设、法治建设究竟是否真正推动了经济社会发展。这样的法治建设迷失了目标和使命，一些制度的创设不去关注究竟是为了解决什么问题，自然难以取得实效。宁波在推进法治建设过程中，各项制度的创设紧紧贴近经济社会发展的需求，以解决制约经济健康发展、社会和谐稳定的问题为目标，在法律法规授权的范围内，依法创设各项制度，加强权力监督和规范运行，维持当地稳定的市场秩序、逐步提高公众福利。这值得一些地方在法治建设过程中予以借鉴。

明确法治建设应服务于经济社会发展，还要解决好公权力与私权利之间的关系。处理好公权力与私权利的关系是法治建设的重中之重。在这一点上，宁波市无论是对中小企业的扶持，还是对民生改善的保障，都提供了很好的思路。在计划经济时代，政府以行政命令的形式广泛干预经济运行和企业经营，并全面包办公众的养老、医疗、就学等社会事业。在那个时代，政府的活动也都是为了经济社会的健康发展，但是，实践证明，这种做法不符合经济社会发展的基本规律，最终只能被社会主义市场经济所取代。在向社会主义市场经济转型过程中，有观点认为，法治就是要确保政府管得越少越好，就是要把尽可能多的政府职能转移给社会和市场来解决。这在一些地方的行政审批制度改革、公用事业民营化的实践中可窥其一斑。而实践则又证明，一些领域中公权力的退出非但没有提高资源配置的效率、实现社会公平正义，反倒由此形成了权力真空，导致资源配置的无效、市场失灵，出现各种各样的不公平，经济的持续发展、民众的社会福利都大受影响。因此，推进法治建设服务于经济社会发展还必须处理好公权力与私权利的关系，做到有进有退，把市场能管的交给市场，把社会能解决的还给社会，把市场和社会都无力解决的交给政府并督促其管理好。

## 三　加强法治政府建设是法治建设的重点

法治建设的根本是规范公权力，尤其是要规范行政权力，推进法治政府建设。近年来，宁波市通过完善重大行政决策机制、加强行政规范性文件管理机制、深化行政审批制度改革、规范行政处罚自由裁量权、创新行政复议制度等工作，有力地推动了法治政府建设，初步实现了"依法治市"目标。从宁波市的探索与实践来看，法治政府建设的有效推进主要得益于党委统一领导、全社会齐抓共管、人民群众广泛参与的工作格局。

首先，加强制度建设，严格规章落实。依法行政的前提条件是要有完善的法律法规和制度规范，否则难免"无法可依"，根本无从实现法治政府目标。宁波市在法治政府建设过程中，始终将完善各项制度规范作为首要工作，制定了重大行政决策和规范性文件管理的相关规范，完善了行政审批制度和行政复议制度，细化量化了行政处罚自由裁量权标准等，从而为法治政府建设构筑了相对完善的制度环境。更为重要的是，宁波市围绕"法治宁波"建设的主要环节，切实加强督促检查，坚持探索构建科学的法治建设质量评估体系和考核办法，并将考核情况作为各级党政领导班子和领导干部任期目标、年度述职报告的重要内容，从而有力保证了相关制度规范的贯彻落实。

其次，积极引导和扎实推进公众参与。法治政府建设需要社会公众的广泛参与，这一方面有助于通过集思广益，保证政府决策的合理性，另一方面有助于通过社会监督，保证政府工作的效率与廉洁。宁波市在法治政府建设中对公众参与方式进行了积极的探索与实践，并形成了重大行政决策专家咨询委员会制度、行政规范性文件调研论证制度、行政复议专家库制度等行之有效的工作模式，从而为法治政府建设创造了良好的民意基础和社会环境。

从长期发展来看，宁波市乃至很多地方政府的法治政府建设在进一步深化与完善过程中，都有必要重视以下方面的工作。

首先是坚持"以人为本"的执政理念，切实提高法治工作的可行性与合理性。法治政府建设的最本质要求是"为人民服务"，因此在重视法治工作合法性即"对不对"的大前提下，还需要重视可行性即"行不行"与合理性即"好不好"。相对于合法性而言，可行性与合理性具有很强的不确定性，会随着地点和时间的变化而变化，因此需要加强评估与调整。宁波市法治建设过程中形成的相关文件的后评估与定期清理，行政处罚自由裁量权的细化与量化，行政审批标准的联合编制等各项工作已取得明显成效，具有一定的可行性和合理性，但在实践中，依然存在"走过场"的形式主义问题，以及过于强调条文而缺乏灵活性，难以有效应对复杂环境的问题。因此在法治政府建设中，一方面应进一步加强相关制度规范的创新与完善，另一方面应重点提高公务员的法治意识和工作能力，从而为改善法治工作成效创造有利条件。

其次是推进公众参与的制度化建设，加强对社会组织的扶持与引导。尽管通过建立专家咨询委员会、专家库、研讨会等制度，宁波市法治政府建设将社会精英有效纳入政治参与，但在普通公众的政治参与方面，听证会等常见方式却未能取得预期成效。究其原因，一方面是制度设计特别是听证会的代表遴选制度尚待完善，未能赢得公众的理解与认可，另一方面是由于民意具有松散性和不确定性，使得政府很难明确辨识公众意向与偏好。社会组织的发展有助于筛选和凝聚民意，进而为政府提供更可靠的政策建议与更有效的社会监督。因此在法治政府建设中，应加强对社会组织的扶持与引导，从而为获得更广泛的民意支持奠定坚实基础。

再次，进一步强化规范性文件制定程序，提高政府依法行政水平。制定规范性文件是政府执行法律规定、履行职责、进行社会管理的一种重要方式。政府制定的规范性文件的水平，体现并决定着政府依法行政的水平。明确规范性文件的制定程序，可以减少和防止规范性文件违法问题发生，有利于保护公民、法人或者其他组织的合法权益，提高政府依法行政水平。宁波市虽然对行政规范性文件的评估具有相对完善的工作机制，实现了对评估机构、评估内容、评估方式、评估时限、评估报告等事项的常规化管理。但是从全国来看，规范性文件的制定仍存在一些问题：扩大上位法授权的职责范围，违法设定行政许可，违法设定行政处罚，违法设定行政强制。出现上述现象的一个重要原因是，规范性文件制定程序缺乏明确的规定。仅国务院《全面推进依法行政实施纲要》、《国务院关于加强法治政府建设的意见》中对此作出了一些原则性的规定，包括规范性文件的制定要公开征求社会意见、要由法制机构进行合法性审查、经过集体讨论决定等。宁波市设立了"宁波市人民政府咨询委员会"，专门为政府提供咨询服务，由于仅原则性地规定了委员任职资格，使得咨询委员会的科学性、客观性和公正性可能受到公众的质疑。由于国务院的这些原则，在实践中未能构成有力的约束，部门立法现象得不到规范。因此，今后宁波市乃至其他地区还需要在加强规范性文件的制定程序方面着力解决好如下问题：健全合法性审查机制，未经本级政府或部门的法制工作机构审查，不得发布，加强法制部门或者法制工作机构审查意见的权重，可以基于合法性审查意见实行一票否决制，从而避免规范性文件的合法性审查工作流于形式；将向社会公开征求意见作为必经程序，明确向社会公开征求意见的程序、方式，确定较为合理的征求意见时间（例如不少于30日等），提供便利公众提出反馈意见的途径等；确立规范性文件备案审查机制，应当借鉴一些地方实行的备案审查机制，建立规范性文件目录制度，凡是经过审查合法有效的规范性文件应当列入专门的规范性文件目录，对社会公开；进一步扩大个案审查机制的适用范围，降低适用条件，比如，可以考虑允许可能受到规范性文件中相关规定影响的公民、法人或者其他组织，向规范性文件制定机关的上级部门提起审查申请，且受理申请的上级部门有义务向当事人作出正式回复。

最后，坚持不懈地加强透明政府建设。宁波市在政府信息公开方面取得了不俗的成绩，其政府信息公开做得非常有特点，连续三年在中国社会科学院法学研究所的测评中名列前茅。但正如宁波人自己意识到的那样，即便是排名靠前，总分并不高，说明还有相当多需要改进的地方，这也是许多地方政府同样应予以注意的。第一，应加强政府信息公开机构的建设。政府信息公开工作专业性、政策性强，业务量大，要做好政府信息公开工作，需要专门的人员从事此项工作。但现实中，不止是宁波，全国越到基层政府部门，从事政府信息公开的专门的机构和人员越少。因此，必须高度重视政府信息公开机构的建设问题，设置专门的机构，配备熟悉法律、信息化、行政管理的专门人员。第二，不断提高信息公开质量，进一步强化便民导向。政府机关应该确保所提供信息的有用性和可用性。信息的有用性要求政府向公众提供的信息必须是有用的，强调的是信息与特定事件、特定问题的相关性。信息的可用性要求政府提供的信息是可获取、能理解的信息，意味着公众可以便捷地获取政府所提供的信息，无须具备任何额外的条件，必须使用公众能听得懂的语言、能看得懂的文字，不能自说自话。要实现上述目标，政府网站应根据公众的需求设置和设计政府信息公开平台的栏目和内容，确保网站栏目的设置清晰明了，板块划分合理有序。特别是，应加强对政府信息的整合力度，对各种类似信息板块的信息发布进行整理、归并，提升信息发布的一致性，确保从各个渠道发出的声音都一致，以提升政府公信力和公众获取信息的便利性。第三，不断加强主动公开工作。依申请公开制度是政府信息公开的核心，但政府信息公开的成效如何关键在于主动公开工作做得怎么样。为此，必须正确认识信息公开目录的作用、目的，全面梳理主动公开信息，将主动公开信息全部纳入目录管理，细化、优化政府信息公开目录中的信息分类，降低公众检索信息所花费的时间，建立制度化的信息报送发布机制，统一信息发布的内容和渠道，确保公众在任何地方看到的同类信息都是一致的、准确的。

## 四　推进司法公正、司法为民是持续和谐发展的保障

司法是社会矛盾纠纷的减压阀和排气孔，也是社会正义的最后一道防线。宁波法院在积极推动司法公开透明、创新审判执行机制、通过司法审查提升宁波政府依法行政水平以及主动服务于经济、社会转型等方面取得了突出成效，许多做法在全国来说都具有示范意义。

宁波市在维护司法公正、推动司法为民方面积累了不少经验。首先，推动司法公开的制度化。最高人民法院通过《最高人民法院关于加强人民法院审判公开工作的若干意见》《最高人民法院关于司法公开的六项规定》《最高人民法院司法公开示范法院标准》等文件，推动各地司法公开工作，但是许多地方只是被动执行，文件中的多项要求得不到落实，各地司法公开水平不平衡。宁波法院在积极贯彻最高人民法院司法公开文件精神的同时，根据宁波市当地的实际情况，制定了《宁波法院实施阳光司法工作方案》、《宁波市中级人民法院裁判文书上网暂行办法》、《宁波市中级人民法院关于促进社会公众监督上网裁判文书质量的若干意见》，积极主动地在全市法院高标准推进阳光司法各项工作，取得成效。制度化是可持续地推动和开展一项工作的前提与保障，宁波法院之所以在司法公开方面取得显著成绩，就在于针对司法公开制定了相对完善的规章制度。

其次，将司法公开与互动相结合，提升公众的司法参与。司法公开是为了方便公众参与和监督，但是在司法公开实践中，公众并没有预想的那样积极，许多地方出现了法院自导自演、公众反应冷淡的尴尬局面，最后司法公开成了法院的"独角戏"。为了提升公众对司法信息的关注度，让公众能够参与到司法公开工作中来，成为司法公开的推动者和监督者，宁波市中级人民法院建立了裁判文书的在线纠错机制和审核反馈机制，并向纠错者支付稿酬。宁波法院的这种做法，使得司法公开不仅限于单向提供信息，还增强了司法公开的互动性，吸引公众关注、参与司法公开。

最后，通过反馈机制赢得行政权对司法权的理解和尊重。目前，司法公正面临的一个较为严重的挑战是司法权相对于行政权处于弱势地位，特别是在行政诉讼中，行政权对司法权的不尊重更为突出，出现行政诉讼被告不出庭、败诉的行政机关不执行判决等现象。为了缓和司法权与行政权的紧张对立关系，在司法独立制度尚未完全确立的大环境下，宁波市中级人民法院通过及时向行政机关反馈行政审判信息，赢得行政机关对行政审判的理解和尊重。向行政机关反馈行政审判信息包括个案反馈和年度反馈两种形式，法院通过向行政机关发放《行政诉讼案件信息反馈表》和"年度司法审查白皮书"，指出行政机关在执法程序、事实认定、法律适用等方面存在的问题，帮助行政机关纠正不当行政行为，指导行政机关依法行政，引导行政机关提升行政执法质量。在与行政机关进行充分的事后沟通过程中，司法权赢得了行政权的理解与尊重，使行政诉讼制度发挥出应有的作用。

但是，不可否认的是，在当今复杂的社会大环境下，由于司法制度本身客观上存在着诸多问题，宁波司法的进一步发展和完善将会面临着困境与挑战。要克服这种制度上的困境，不仅需要对一个地方的司法进行微观探索和突破，还有赖于司法改革整体推进和权力的合理配置。宁波市的司法公正和司法为民工作的推动将面临的挑战如下。

第一，司法理念有待澄清。宁波司法在许多具体制度上进行了创新，然而要进一步推动，必然会触及司法改革的深层次问题，即司法改革应该坚持什么样的方向。目前，有关司法改革的方向性问题，理论界存在司法专业化和司法民主化两种观点，并且从最高人民法院的文件看，决策者更倾向于司法民主化，即司法为民，以人民满意不满意作为衡量司法公正的标准。最高人民法院提出"要广泛听取人民群众的意见，自觉接受人民群众的评判"，要求法官主动司法，通过审判职能的延伸，主动介入社会纠纷的预防和处理。目前我国正处于社会转型期，各种矛盾涌现交织，最高人民法院提出主动司法、和谐司法有着一定的现实意义，但是司法权本质上具有的被动性、中立性，意味着司法本身不能承载过多的社会职能，在社会易受舆论绑架的情况下尤其是如此，因此应掌握和谐司法的度。应该说，司法独立仍然是司法改革的目标与方向，司法机关只有独立行使司法权才有可能实现司法公正。

第二，法官不堪重负，有待区分司法权与司法管理权。目前，除了极少数偏远地区的法院之外，法院案多人少的情况非常普遍，而司法公开和主动司法机制相应地增加了法官的工作量，使得法官不堪重负，直接影响到案件的审判质量。要缓解法官压力，提高司法质量和效率，就必须将法官从烦琐的司法行政事务中解脱出来，集中精力从事审判。目前需要做的就是在法院内部区分司法权与司法管理权，将二者分离。比如，实行法官助理制度，让法官专门从事审判，司法公开和司法辅助事务则可以由法官助理完成。

## 五　改善法治环境是法治建设的目标和根本

法治建设的成效如何关键是看当地公众和公职人员是否能够形成对"法"的认同以及对守法的自觉，评判其成效也必须立足于此。不注重改善法治环境，法治建设必然是无源之水、无本之木。

近年来，通过认真贯彻落实"五五普法"工作，宁波市法治环境建设取得明显成效，从而为"法治宁波"创造了良好的外部环境和坚实的社会基础。从实践来看，宁波法治环境建设的成功经验主要包括以下方面。

首先是通过立法为法治环境建设工作提供制度保证。2010年6月，宁波市颁行《宁波市法制宣传教育条例》，从而以地方性法规的形式为法治环境建设提供了有力保证，不仅使工作中的有效举措得以常规化和制度化，而且及时解决了一些制度性的深层次问题。《宁波市法制宣传教育条例》明确规定了各级政府部门、司法机关和社会团体的法制宣传教育工作职责，明确规定了法制宣传教育的经费保障、考核机制以及奖惩措施，明确规定了公务人员法律知识考试的程序、要求和法律后果，从而在制度层面为宁波市法制环境建设工作的开展提供了责任明确、分管到位、保障有力、抓手准确的有利条件。

其次是区别不同对象，分类开展法制宣传教育工作。宁波市在法治环境建设过程中，依据不同地区、不同行业和不同对象的具体特点，分类开展法制宣传教育工作。通过"法律进机关"提高公务员法治理念，增强依法管理和服务社会的能力；通过"法律进乡村"促进农村经济发展和维护社会稳定，服务社会主义新农村建设；通过"法律进社区"推进社会管理创新，提高社区自治和服务的能力；通过"法律进学校"培育青少年法律素养和道德情操；通过"法律进企业"提升企业核心竞争力和依法防范风险的能力；通过"法律进单位"促进法治化管理。深入开展"法律六进"活动，有效增强了宁波市法治环境建设的针对性和实效性。

最后是务实创新，坚持"学用结合，普治并举"原则。宁波市在法治环境建设过程中，着眼于群众的实际法律需求，坚持法制宣传教育与法治实践相结合，相继推出了"百名律师进千家企业"、"法律进楼宇"、"基层法治促进员"等活动，一方面通过法制宣传教育引导法治实践，促进社会公众守法用法；另一方面通过法治实践加强法制宣传教育，鼓励社会公众学法懂法，从而在"学"与"用"相互促进的良性循环中有效推动了法治环境建设的发展与完善。

可以说，对于宁波及其他地区来说，加强法治环境除了要进一步提升领导干部的法治意识之外，还需要重视以下工作。

首先，进一步完善法制宣传教育工作的制度化建设。包括宁波市在内，很多地方在法治环境建设过程中，已初步建立起法制宣传教育工作的制度规范。但从实践来看，相关制度规范在贯彻落实过程中，依然存在有待完善的地方，诸如考核制度的形式主义问题，经费保障问题，奖惩机制的贯彻落实问题等。在今后的法治环境建设中，应重点加强相关制度规范的可行性研究，通过对制度规范的细化和量化，提高相关规定的针对性和实效性，从而为各自的法治建设提供更加可靠的法制保障。

其次，要坚持以人为本，继续加强法律服务工作。宁波市始终坚持在法制宣传中服务群众，坚持将法制宣传教育的过程变成做群众工作的过程，从而在法治环境建设中取得明显成效，这也为其他地区加强法律服务工作提供了重要的借鉴经验。从广度和深度来看，各地法律服务工作还有进一步发展完善的空间。随着改革进入攻坚阶段，经济基础、上层建筑诸多领域中的深层次矛盾开始集中暴露出来，许多问题迫切需要用法律手段来解决，因此，在今后的法治环境建设中，应继续关切社会公众的现实法律需求，进一步拓展法律服务领域，创新法律服务形式，扩大法律服务范围，从而为法治建设奠定更为坚实的民意基础。

# 后　记

　　本书是宁波市委建设"法治宁波"工作领导小组办公室委托中国社会科学院法学研究所开展的"法治宁波——实践与创新"项目的最终成果。该项目负责人为：中国社会科学院法学研究所法治国情调研室主任、法治蓝皮书执行主编、研究员田禾，中共宁波市委副秘书长、办公厅主任、市委法治办主任高浩孟，中共宁波市委副秘书长、市委法治办副主任陆志孟。项目成员有：马春华、王小梅、毛石楚、冉昊、吕艳滨、何兴法、张振华、陆晓晖、陈欣新、周方冶、袁旭瞰、徐小立（按姓氏笔画排序）。

　　需要说明的是，本书是一个合作课题，由多人共同完成。第一章由法学研究所陈欣新撰写，第二章和第六章由亚太与全球战略研究院周方冶完成，法学研究所吕艳滨撰写了第三章、法学研究所冉昊撰写了第四章、法学研究所王小梅撰写了第五章，田禾、吕艳滨根据第一至第六章内容整合完成了第七章。全书的统稿由田禾和吕艳滨完成。法治国情调研室助理研究员粟燕杰、学术助理曹景南、赵干龄参与了稿件校对。此外，法学研究所的领导和同事也对法治国情调研室的工作和该课题的顺利进行给予了无私的支持，在此一并表示感谢。

编者<br>2012 年 9 月

**图书在版编目（CIP）数据**

宁波经验：发展与稳定的平衡/田禾主编. —北京：社会科学
文献出版社，2012.10
（中国地方法治丛书）
ISBN 978 - 7 - 5097 - 3826 - 9

Ⅰ.①宁…　Ⅱ.①田…　Ⅲ.①社会主义法制 - 建设 - 经验 -
宁波市　Ⅳ.①D927.553

中国版本图书馆 CIP 数据核字（2012）第 230097 号

·中国地方法治丛书·

**宁波经验：发展与稳定的平衡**

主　　编／田　禾
副 主 编／吕艳滨

出 版 人／谢寿光
出 版 者／社会科学文献出版社
地　　址／北京市西城区北三环中路甲 29 号院 3 号楼华龙大厦
邮政编码／100029

责任部门／社会政法分社（010）59367156　　责任编辑／李学军　关晶焱
电子信箱／shekebu@ ssap. cn　　责任校对／李海雄
项目统筹／刘晓军　　责任印制／岳　阳
经　　销／社会科学文献出版社市场营销中心（010）59367081　59367089
读者服务／读者服务中心（010）59367028

印　　装／北京鹏润伟业印刷有限公司
开　　本／787mm×1092mm　1/16　　印　张／12.5
版　　次／2012 年 10 月第 1 版　　字　数／218 千字
印　　次／2012 年 10 月第 1 次印刷
书　　号／ISBN 978 - 7 - 5097 - 3826 - 9
定　　价／45.00 元